基于制度质量视角的
湖北自贸区营商环境建设研究

张莉 / 著

中国经济出版社
CHINA ECONOMIC PUBLISHING HOUSE
·北京·

图书在版编目（CIP）数据

基于制度质量视角的湖北自贸区营商环境建设研究／张莉著．—北京：中国经济出版社，2021.11
ISBN 978-7-5136-6709-8

Ⅰ.①基… Ⅱ.①张… Ⅲ.①自由贸易区-商业环境-建设-研究-湖北 Ⅳ.①F832.763

中国版本图书馆 CIP 数据核字（2021）第 212928 号

责任编辑　郭国玺
责任印制　巢新强
封面设计　任燕飞工作室

出版发行　中国经济出版社
印 刷 者　北京九州迅驰传媒文化有限公司
经 销 者　各地新华书店
开　　本　710mm×1000mm　1/16
印　　张　17.75
字　　数　260 千字
版　　次　2021 年 11 月第 1 版
印　　次　2021 年 11 月第 1 次
定　　价　78.00 元
广告经营许可证　京西工商广字第 8179 号

中国经济出版社 **网址** www.economyph.com **社址** 北京市东城区安定门外大街 58 号 **邮编** 100011

本版图书如存在印装质量问题，请与本社销售中心联系调换（联系电话：010-57512564）

目　录

绪　论

良好的营商环境不仅是一个国家或地区重要的软实力和核心竞争力，同时也是参与全球竞争的主要阵地。过去，中国吸引外资主要靠税收、用地等优惠政策以及良好的基础设施，而现在越来越多地靠良好的制度软环境。李克强总理在2019年《政府工作报告》中指出，优化营商环境就是解放生产力、提高竞争力，就是要“破障碍、去烦苛、筑坦途”，为市场主体增添活力，为人民群众增加便利。优化营商环境，就是要对接国际通行的贸易投资规则，建设国际化、法治化和便利化的营商环境。良好的营商环境对经济社会发展具有非常重要的直接和潜在影响，2018年世界银行《营商环境报告》测算，营商环境的DTF（前沿距离分数）值增加1%，一个标准化经济体的投资将增长0.3%，GDP增长0.35%。[①]

党的十九大以来，中国坚持以深化“放管服”改革为重点的营商环境建设，有效激发了市场活力，较好地带动了创新创业发展，经济发展质量逐步优化。据世界银行《营商环境报告》数据库测算，2017年中国整体营商环境在全球190个经济体中排第78位，与2013年的第96位相比前进了18位，2018年则大幅提升至第46位，2019年上升至第31位。[②] 在办理建设工程项目施工许可、获得电力和开办企业等方面取得的进步更为显著。总体来看，中国营商环境有了非常显著的改善。但是，必须要看到的是，中国在营商环境建设方面还存在

① 数据来源于世界银行2018年《营商环境报告》数据库。

② 世界银行《营商环境报告》数据库每年均会对主要经济体营商环境质量进行评分和排名。每年出具报告的依据是上一年该经济体营商环境建设情况，比如2020年《营商环境报告》基于各经济体2019年的建设情况出具。

许多问题，与广大企业和社会公众的需求相比还存在一定差距。

首先，总体营商环境还处在全球中等水平。虽然中国在世界银行《营商环境报告》中的排名已在前50位以内，但与新加坡、美国、中国香港等经济体的差距还很明显。以俄罗斯为例，俄罗斯将营商环境建设情况纳入地方政府考核，在世界银行《营商环境报告》中的排名从2011年的第123位提升至2017年的第35位，上升了88位。印度政府主导国内营商环境评价，2015年以来在28个邦和6个联邦属地及首都新德里地区开展“地方营商环境改革竞赛”，在世界银行《营商环境报告》中的排名从2014年的第142位上升至第100位。因此，与营商环境改革取得更大进步的经济体相比，中国还存在一定差距。

其次，各地区间营商环境质量存在较大差异。中国在世界银行排名是以北京和上海两个地区作为样本的，这两个地区是中国经济社会发展尤其是对外开放的先进地区，其制度质量水平也相应很高。但由于地区经济社会发展水平的差异，中国各地区间制度质量水平也存在较大差异，其他地区营商环境建设水平明显低于这两个地区，所以，世界银行的排名一定程度上高估了中国整体营商环境建设水平，中西部部分经济发展水平相对落后地区的营商环境水平还比较低。

最后，目前中国制度改革已进入瓶颈期，要改革涉及某些部门根本利益的制度，破解阻碍经济社会发展的一些痛点和难点，未来的阻力很大，后期改革的难度也非常大。因此，提升营商环境质量的空间不大。但是，尽管步履维艰，改革仍要继续。未来，各级政府需要对接世界银行标准，以建立国际可比、科学实用、立足本地实际的营商环境评价指标体系为基础，构建具有地方特色的营商环境评价机制。以评促改、以评促建，在评价过程中明确营商环境建设的思路、路径，以发现其中存在的问题，持续优化营商环境，提高营商环境建设的国际化、法治化和便利化水平，进而从本质上促进地区经济社会的高质量发展。

设立中国（湖北）自由贸易试验区（以下简称“湖北自贸区”）是党中央、国务院在新形势下为全面深化改革、扩大开放、加快中部崛起和促进长江经济带发展所做出的重大举措。

根据《中国（湖北）自由贸易试验区总体方案》（以下简称《总体方案》），湖北自贸区的战略定位是“以制度创新为核心”，在主要任务和措施的第一条就提到要“按照打造法治化、国际化、便利化营商环境的要求，深入推进简政放权、放管结合、优化服务改革，加快推动政府管理模式的创新”。《总体方案》的主要内容如下：在加快政府职能转变的深化行政管理体制部分提到，要“对接国际商事争议解决规则，提高商事纠纷仲裁的国际化程度”；在推动创新驱动发展和利用国际创新要素部分提到，要“鼓励在自贸试验区内建设国际化创新创业孵化平台，重点吸引国际知名孵化器、创业投资机构、高端创新创业人才集聚”；在保障机制部分提到，“各有关部门要支持自贸区在各领域深化改革开放试点、加大压力测试、加强监管、防控风险，做好与相关法律立改废释的衔接，及时解决试点过程中的制度保障问题”；在区位布局部分提到，“自贸试验区内的海关特殊监管区域重点探索以贸易便利化为主要内容的制度创新”；在深化投资领域改革的提升利用外资水平部分提到，“探索优化投资准入后的管理流程，提升投资便利化水平”；在推动贸易转型升级的创新通关监管服务模式部分提到，要“加快形成贸易便利化创新举措的标准化制度规范”；在深化金融领域开放创新的扩大金融领域对外开放部分提到，要“探索建立与自贸试验区相适应的本外币账户管理体系，促进跨境贸易、投融资结算便利化”，“提高自贸试验区内企业跨境投资便利化程度”。由此可以看出，法治化、国际化和便利化的营商环境是湖北自贸区建设的基本指导思想和战略目标，它贯穿自贸区发展的始终。

营商环境建设是中国自贸区建设的重要内容，也是全面深化改革、扩大开放和进行制度创新的难点。2017 年 12 月商务部《关于支持自由贸易试验区进一步创新发展的意见》（商资发〔2017〕483 号）就从缩减外商投资负面清单、创新投资促进体系和健全自贸试验区营商环境评价体系三方面提出要持续优化营商环境。2018 年湖北省“两会”《政府工作报告》在谈到自贸区建设时，也要求“全面落实自贸区建设《总体方案》，主动对标国际投资贸易规则体系，突出制度创新，加快推进贸易便利化、投资自由化、监管法治化，探索更多可复制的成功经验”。从 2017 年 4 月 1 日正式挂牌成立以来，湖北自贸区在《总体方案》的指导下立足先行先试，取得了一系列建设成效，对经济社会高质量发展起到了很大的带动和示范作用。但是，与先进国家或地区高标准营商环境建设水平相比，还存在国际化和法治化程度不高、贸易投资便利度不够等问题。本书将围绕建设国际化、法治化和便利化营商环境的目标和理念，构建湖北自贸区营商环境的评价指标体系，分析湖北自贸区营商环境建设方面存在的问题，对标国际先进标准后明确湖北自贸区建设的目标及取得的成效，并对未来湖北自贸区营商环境建设提出有针对性的政策建议。

制度即一系列规则的总和，具有确定性、普适性、禁忌性、符号性和开放性等特点。林毅夫认为，制度可具体化为制度安排，是约束和管理经济主体的一整套行为规则。柯武刚和史漫飞（2008）认为，制度包含一系列内在制度和外在制度。内在制度是人们在经济社会行为过程中产生并长期积累的各种习惯做法、风俗习惯、伦理规范等；外在制度是各种组织（Institutions）比如政府制定并强制性地要求特定主体遵守的规则。

“Institution Matters”（制度非常重要），[1] 这是新制度经济学的重要代表人物——科斯的观点。良好的制度安排能减少经济行为的不确定性，促进人与人之间的交流和相互信任，改善社会经济运行秩序。这一观点被后来一大批学者从不同层面和视角加以证实。在社会主义市场经济建设过程中，正是一系列制度改革为中国经济社会发生翻天覆地的变化、取得巨大成就提供了基础保障，比如实行家庭联产承包责任制、改革开放、自由贸易试验区的建立等。

制度质量，可简单地理解为制度的“优劣”。通常情况下，衡量制度的“优劣”有两个标准：一是制度是否容易被理解；二是制度在规范人们行为过程中的效率有多高。一般情况下，大家会将第二个标准作为测度制度质量的依据。具体来说，假设其他条件不变，A 国的制度安排给经济社会带来的积

① Coase R H. The Nature of the Firm［J］. Economica, 1937, 4（16）: 386-405.

极影响大于B国，则A国的制度优于B国，A国的制度质量更高。中国设立自由贸易试验区，在深化对外开放、促进经济社会发展方面取得了很大成效，则说明设立自由贸易试验区这种制度安排是有利于中国经济社会发展的，这种制度安排是“优”的。

规范研究或政策制定的首要工作是测度制度质量。只有得到科学有效的测度，才能对制度进行横向、纵向比较，评估制度改进的成果并确定未来制度调整的方向，因此，测度制度质量是制度建设的基础。

评估制度质量需要看其带来的经济社会发展效应，比如一项经济制度在促进投资增长、贸易增长、人民生活改善方面的影响程度。但是，鉴于制度内容的复杂性、经济社会发展影响因素的多样性、衡量经济社会发展效应的复杂性，很难直接通过影响效应来评估制度质量。为此，出于研究对象和目的的不同，人们往往会从不同视角测度制度质量，比如分别研究一个经济体的政治制度（或者某项政治制度）、经济制度、法律制度；或者从制度具体的内容构成上展开研究，比如关注某项经济制度（市场制度、产权制度、出口退税制度、科技创新政策）对一国或地区经济社会发展的影响效应并测度该项制度的质量水平。同时，也有学者认为，仅仅关注某项制度不足以把握整个制度体系的好坏，因此会展开综合研究，运用复合指标测度制度质量。目前，具有代表性的衡量制度质量水平的指标体系有世界银行的营商环境指标、世界经济论坛的全球竞争力指数、透明国际的清廉指数、自由屋指数等。

营商环境是各类经济主体从事经济活动（特别是商业活动）的一系列外部环境的总和。同时，由于经济活动需要良好、透明、科学、开放的制度加以规范，这里的制度不仅局限于经济制度，而是包含各类制度。因此，笔者认为，营商环境是制度环境的重要组成部分，同样地，营商环境建设也是制度建设的重要内容。

本书研究湖北自贸区营商环境建设的路径、现状、取得的成效以及存在的问题，并提出未来优化营商环境的政策建议。如果仅仅从营商环境层面加以分析，则会囿于营商环境本身的内容，甚至会拘泥于湖北自贸区这一特定地区，这样会使得本书的研究结果受限，提出的政策建议开放性和可复制性不强。为此，本书基于提升制度质量的视角，在测度营商环境质量水平的基础上，评估湖北自贸区营商环境建设水平，并将此结果与世界先进国家或国内外先进地区进行横向比较，找出存在的问题，据此提出有针对性的政策建议。虽然研究对象是营商环境，但基于制度质量视角展开，因此，最后的优化建议也能更好地满足开放性、普适性、确定性等特点，能更有效地指导未来湖北自贸区乃至湖北省的营商环境建设工作。

第一节　湖北自贸区建设背景

一、自由贸易区的概念界定

（一）自由贸易区及其特点

为鼓励和促进出口，一个国家或地区往往会在其国境内划出一片区域，在这片区域内实行特殊经济政策，尤其是对外贸易政策。政府通过减免进口关税、促进通关便利化、放宽外汇管制和贸易管制、降低地价、实行税收减免等一系列优惠政策和制度创新，大力吸引中外企业（尤其是外资企业）入驻，以发展转口贸易和加工贸易，引进先进技术和管理经验，进而促进该区域扩大出口、增加外汇收入，最终达到带动该国产业结构升级和经济社会全面协调快速发展的目的。根据功能定位的不同，这些在一国国境内关境外设立的特殊区域主要有自由港（Free Port）、自由贸易区（Free Trade Zone）、保税区（Bonded Area）、出口加工区（Export Processing Zone）、自由边境区（Free Perimeter）、过境区（Transit Zone）等。这些形式各异的特殊区域具有很多相似的基本功能，比如，鼓励发展对外贸易尤其是转口贸易、放宽外汇管制等。同时，这些区域在功能上还具有某些微小差异。比如，出口加工区除了鼓励发展对外贸易和放松外汇管制外，还具有良好的基础设施环境以鼓励和满足区内企业开展生产和发展加工贸易的需要。

在自由贸易区（以下简称“自贸区”）内，企业进口商品全部或部分免征关税及进口环节税，进口商品被允许在区内自由展览、储存、更换包装、拆散、改装、再加工。与其他形式的经济特区相比，自贸区具有以下特点：

第一，没有关税或其他贸易限制措施，实行贸易自由化和投资自由化。对进口商品而言，免征进口关税、进口环节增值税和消费税。由于自贸区内商品进口的主要目的是再出口，其进口不会对国内生产及消费市场带来明显冲击，所以关境内其他地区限制进口的商品，区内企业可以自由进口。就算是区内企业进口自用设备或物品，其进口政策也相对更加自由。不仅如此，区内企业进出口通关措施也非常便利，极大地降低了企业的贸易成本。同时，自贸区对外资进入实行相对更优惠的政策。目前，国内设立的自贸区均在最新版《自由贸易试验区外商投资准入特别管理措施（负面清单）》基础上，全面贯彻实行准入前国民待遇加负面清单制度。此外，区内企业出口政策相比国内其他地区也更加宽松、便捷。

第二，自贸区内的人、财、物及信息流动非常自由。由于区内集聚了大量从事相同或相似业务的各类企业，同时加上政策优势，区内产业、经济社会发展的集聚效应得以充分发挥，为企业间人才流动、信息交流、资源共享提供了极大便利。

第三，政府为经济主体提供简便透明的政务服务。各级政府部门集成办公，办事效率高、通关速度快、资金融通便利。以进出口通关为例，自贸区在国内率先推出“单一窗口”制度，只需在一个窗口一次性提交材料，即可办理报检、报关、港口、海事等部门的所有手续，同时强化通关环节的信息化建设力度，使得原有3~5天才能完成的通关程序现在只需几个小时就能完成，为企业提供极大便利的同时还降低了贸易制度性成本。

第四，完善的交通基础设施。一方面，自贸区通常选择在靠近港口、码头、机场的地方，使其具有天然的交通运输优势；另一方面，加强对外开放是自贸区建设的最基本职能，为促进贸易和投资发展，政府不仅会加大自贸区与外界之间的基础设施互联互通，还会强化区内基础设施建设，以便为区内企业提供最优的经营环境，最大限度地降低区内企业的物流成本。

第五，尽管自贸区设立的初衷是对进出口的双向激励，但多数国家设立自贸区的根本目的是促进出口。对于绝大多数国家尤其是发展中国家来说，与限制进口措施相比，鼓励出口更能激励国内企业积极参与国际市场竞争。因此，出口政策在一国对外贸易政策中具有不可替代的重要作用。作为出口政策中的一种，设立自贸区就是为区内企业提供良好的营商环境，极大地发挥产业集聚效应和政策利好放大效应，促进区内出口。当然，鼓励进口也是设立自贸区的重要目的，而进口商品主要用于发展转口贸易和加工贸易，这对于促进区内甚至国内就业以及产业结构转型升级均十分重要。此外，吸引外商直接投资也是自贸区设立的重要目标之一。

（二）与其他类型自由贸易区的区别

本书提到的自由贸易区是一国或地区在其“境内关外”设立的经济特区。这种经济特区享受了政府给予的许多优惠政策，具有良好的营商环境。同时需要注意的是，这是由该国或地区根据其经济社会发展需要而自主设立的，而非国家之间或国家与地区之间设立的自由贸易区。在国际贸易领域，还有另外一种自由贸易区（Free Trade Area，FTA），这种自由贸易区是区域经济一体化发展的结果，是国土邻近的几个国家或地区基于促进区域内各成员贸易发展的需要而建立的区域一体化组织，是国家与国家之间或国家与地区之间进行经贸合作的结果。后者具有两个特征：一是各成员间的相互进出口取消关税和其他限制贸易的措施，即促进区域内的贸易自由化；二是各成员相互独立，保留自己原有的对外贸易政策，尤其是关税政策。由于这类自由贸易区既体现了区域内成员间的相互开放和紧密联系，又让各成员的贸易政策相对独立，不受或少受外界干扰，所以这种区域一体化组织广受欢迎。目前，存在许多这种自由贸易区。比如北美自由贸易区（North American Free Trade Area，NAFTA）、中国—东盟自由贸易区（China and ASEAN Free Trade Area，CAFTA）等。由此可知，与本书分析的自贸区相比，区域经济一体化过程中的自由贸易区地理范围更广、建设内容更丰富、涉及的利益相关方更多，是各经济体之间相互协商一致的结果。为了以示区别，许多文献将类似于本书研究对象的自贸区理解为自由贸易园区。在中国，由于其具有探索性，所以叫自由贸易试验区，简称“自贸区”。

二、中国自由贸易（试验）区建设的历程

（一）创新阶段

在近现代中国经济社会发展史上，上海历来都具有非常重要的战略地位，对全国经济社会发展具有很强的示范和带动作用。作为世界货物和集装箱吞吐量最大的港口，上海港有其天然的地理优势和经济基础。为更好地开发开放浦东，发挥浦东在上海经济发展中的重要作用，促进上海对长三角地区乃至全国经济社会发展的辐射带动作用，2013 年 9 月，党中央、国务院决定在上海浦东设立区域性自由贸易园区，开创了设立自由贸易园区的先河，是中国改革开放的试验田。政府给予园区最大的改革自主权、政策支持和优惠，鼓励园区积极探索，在以贸易便利化为核心的外贸管理、以负面清单为核心的外资监管、以转变政府职能为核心的政府事中事后监管和金融监管等方面进行制度创新，并将创新成果在全国范围内复制推广，进而促进全国范围内更深层次、更大范围的对外开放。早期的中国（上海）自由贸易试验区［China (Shanghai) Pilot Free Trade Zone，以下简称“上海自贸区”］以原有的外高桥保税区为核心，另外还包含外高桥保税物流园区、洋山保税港区和上海浦东机场综合保税区三个区域，占地面积 28.78 平方公里。2014 年 12 月，国务院决定将金桥出口加工区、张江高科技园区和陆家嘴金融贸易区纳入上海自贸区建设的范围，至此，自贸区占地面积增加到 120.72 平方公里。2019 年 7 月，增设上海自贸区临港新片区，先行启动区域占地面积为 119.5 平方公里。

（二）发展阶段

上海自贸区设立以来，已形成了许多可供借鉴的制度创新成果。为更好地推动这些创新成果在全国范围内复制推广，巩固对外开放成果，促进中国经济在复杂国际国内形势下更好地发展，2014 年 12 月，国务院决定在广东、

福建和天津设立自由贸易试验区。至此，中国自由贸易试验区进入快速发展阶段。在吸收上海自贸区建设经验基础上，国务院还给予第二批自由贸易试验区更多制度创新和管理自主权，并要求各自贸区根据自身产业发展和区位优势特点，有针对性地明确各自的战略定位和发展目标。第二批自由贸易试验区的基本情况见表 0-1。

表 0-1　第二批自由贸易试验区的基本情况

项目	广东自由贸易试验区	福建自由贸易试验区	天津自由贸易试验区
园区范围	南沙新区 前海蛇口片区 珠海横琴新区	福州片区 厦门片区 平潭片区	天津港片区 天津机场片区 滨海新区中心商务片区
面向重点区域	推动金融体制创新；促进与港澳地区服务贸易自由化及贸易规则对接	对接台湾，深化两岸经贸合作	服务带动环渤海经济，促进京津冀协同发展，重点推动航运相关产业开放发展，如航运金融等
战略定位	建设粤港澳深度合作示范区、"一带一路"建设重要枢纽、改革开放和制度创新先行区	深化两岸经济合作示范区建设，建成"一带一路"建设核心区和开放合作新高地	建设制度创新试验田和高水平对外开放平台
发展目标	力争建成符合国际高标准的法制环境规范、投资贸易便利、辐射带动功能突出、监管安全高效的自由贸易园区	投资贸易便利、金融创新功能突出、服务体系健全、监管高效便捷、法制环境规范的自由贸易园区	贸易自由、投资便利、高端产业集聚、金融服务完善、法制环境规范、监管高效便捷、辐射带动效应明显的国际一流自由贸易园区
主要任务	优化营商环境，推进粤港澳服务贸易自由化，强化国际贸易功能集成，创新开放金融领域，增强区域辐射带动功能，创新通关和税收服务模式	转变政府职能，改革投资管理体制，转变对外贸易发展方式，推进两岸贸易和投资自由化，创新开放金融领域，培育平潭开发开放新优势	转变政府职能，扩大开放投资领域，推动贸易转型升级，创新开放金融领域，推动京津冀区域经济协同发展
占地面积/平方公里	116.2（0.065%）	118.04（0.0095%）	119.9（1.0%）

注：括号里的数据是指标占全省（市）的比重。

资料来源：国务院网站并经笔者整理而得。

2019 年三个自贸区的经济运行情况见表 0-2。从表 0-1 和表 0-2 可以看出，三个自贸区土地面积占所在省（市）的比重均不超过 1%，但其经济发展状况远远优于所在省（市）的其他地区。以广东自贸区为例，其占地面积只有全省国土面积的 0.065%，但 2019 年实际利用外资金额占全省的比重高达 32.86%，进出口总额占比为 16.15%。天津自贸区的经济发展情况更好，2019 年实际利用外资金额和进出口总额占全市的比重分别达到 76.56%和 74.27%。

表 0-2　2019 年第二批自由贸易试验区经济运行情况

指标	广东自由贸易试验区	福建自由贸易试验区	天津自由贸易试验区
实际利用外资/亿美元	73.38（32.86%）	5.97（1.89%）	36.23（76.56%）
进出口总额/亿元	11535.35（16.15%）	2176.9（16.4%）	5456.30（74.27%）
税收/亿元	798.8（7.94%）	190.8（6.25%）	502.68（20.86%）
集装箱吞吐量/万标准箱	2700	309.08	1730.07

注：括号里的数据是各指标占全省（市）的比重。
资料来源：各自贸区网站，经笔者计算而得。

（三）成熟阶段

为继续扩大制度创新和对外开放对全国经济社会高质量发展的影响，2017 年 3 月，党中央、国务院决定分别在辽宁、浙江、河南、湖北、重庆、四川、陕西七省（市）设立第三批自由贸易试验区；2018 年 10 月，决定设立海南自由贸易试验区；2019 年 8 月，决定分别在山东、江苏、广西、河北、云南、黑龙江设立自由贸易试验区；2020 年 6 月，决定建设海南自由贸易港。至此，中国自由贸易园区发展进入成熟阶段，并在全国形成“1+3+7+1+6”的基本格局，覆盖全国大部分地区。

根据所在地区经济社会发展特点，各自贸区建设内容、战略定位、发展目标等均有所差异。但毋庸置疑的是，在一系列制度创新、优惠政策的共同推动下，各自贸区已经且必将对地区经济社会发展起到很好的辐射带动作用，并最终从整体上对国家经济社会发展做出重大贡献。根据中国战略文化促进会、中国连锁经营协会、中国经济传媒协会和第一财经研究院联合发布的《后疫情时代中国城市营商环境指数评价报告（2020）》，营商环境质量较高、营商环境指数排名前10的城市已全部布局自贸区。同时，除南京市排第11位以外，其余9个城市2019年的经济总量均位居全国前10位以内。毫无疑问，这些城市营商环境质量的整体提升与其自由贸易区建设紧密相关。

三、湖北自贸区建设的主要内容

中国（湖北）自由贸易试验区［China（Hubei）Pilot Free Trade Zone，以下简称“湖北自贸区”］于2017年4月1日挂牌成立，包括三个片区：武汉片区、襄阳片区和宜昌片区。湖北自贸区基本情况见表0-3。

表0-3　湖北自贸区基本情况

内容	武汉片区	襄阳片区	宜昌片区
占地面积/平方公里	70	21.99	27.97
建设基础	武汉东湖新技术开发区（含东湖综保区）	襄阳国家高新技术产业开发区	宜昌高新技术产业开发区
区域产业布局	制造业：新一代信息技术、智能制造、生命健康等战略性新兴产业 服务业：金融服务、检验检测、现代物流、信息服务、研发设计等现代服务业	制造业：高端装备、新能源汽车 服务业：大数据、云计算、检验检测、商贸物流	制造业：新材料、先进制造业、生物医药、电子信息产业等高新技术产业 服务业：电子商务、研发设计、总部经济
制度创新重点	海关特殊监管区域：贸易便利化 非海关特殊监管区域：投资体制、政府监管制度及金融领域等方面的改革创新	海关特殊监管区域：贸易便利化 非海关特殊监管区域：改革创新投资体制及金融监管制度	海关特殊监管区域：贸易便利化 非海关特殊监管区域：改革创新投资体制、政府监管模式及金融监管制度
发展目标	制度创新方面：建设高标准的国际化、市场化、法治化营商环境 产业发展方面：中部地区先进制造业和现代化服务业的示范区，高新技术产业集聚区以及对外开放新高地	制度创新方面：改革政府治理模式，建设一流营商环境 产业发展方面：深度融入汉江经济带建设，建设先进服务业和现代化高端制造业	制度创新方面：对接国际贸易及投资规则体系，建设一流营商环境 产业发展方面：集聚高新技术产业，深度融入“一带一路”建设和长江经济带建设

资料来源：根据各自贸片区网站资料整理而得。

《总体方案》中明确规定了湖北自贸区建设的主要内容。总体来看，湖北自贸区建设的主要内容是对照高标准的国际贸易投资规则体系并进行制度创新，将制度创新成果在全省乃至全国其他自贸区或更广范围内复制推广。建设主要目标是：从产业发展上看，要将自贸区建设成为“两区”“一田”“一高地”，即“中部地区有序承接产业转移示范区”“战略性新兴产业和高技术产业集聚区”“全面改革开放试验田”“内陆对外开放新高地”。作为自贸区建设的重要目标，制度创新的成果体现为高效便捷的监管体系、科学完善的金融服务体系、高水平高标准的自由贸易区。

具体来说，湖北自贸区建设的主要内容包括转变政府职能、深化投资领域改革、推动贸易转型升级、深化金融领域开放创新、推动创新驱动发展、促进中部地区和长江经济带产业转型升级六个方面，共计 174 项试验改革任务，具体内容见表 0-4。从表 0-4 中可以看出，转变政府职能是基础，占整个建设任务的 10.4%；深化投资领域改革的重点是提升利用外资水平；推动贸易转型升级是自贸区建设的传统任务，也是重要内容之一，占整个改革试验任务的 16.8%，创新通关监管服务模式是其重中之重；深化金融领域开放创新占比最大，达到 29.5%，既是制度创新的重点，也是中国未来全方位深化改革开放的重点，还是自贸区建设的难点；推动创新驱动发展的重点在于构建有利于创新驱动发展的人才支撑系统，其在此项建设任务中的比重达到了 42.4%；促进中部地区和长江经济带产业转型升级占总建设任务的 17.3%，其中以促进区域产业转型升级和绿色发展以及构建国际物流枢纽为主，占比分别为 6.4%和 4.6%。

表 0-4 湖北自贸区建设的主要内容

内容		具体内容	试验改革任务数量/项	占总改革任务比重/%	
1	转变政府职能（18）	深化行政管理体制改革	11	6.4	10.4
		强化事中事后监管	7	4	
2	深化投资领域改革（12）	提升利用外资水平	8	4.6	6.9
		完善对外投资合作促进体系	4	2.3	

续表

内容		具体内容	试验改革任务数量/项	占总改革任务比重/%	
3	推动贸易转型升级（29）	培育新型贸易方式	7	4.0	16.8
		加快服务贸易创新发展	4	2.3	
		创新通关监管服务模式	18	10.5	
4	深化金融领域开放创新（51）	扩大金融领域对外开放	16	9.2	29.5
		增强金融服务功能	20	11.6	
		推进科技金融创新	10	5.7	
		建立健全金融风险防控体系	5	2.9	
5	推动创新驱动发展（33）	深化科技体制改革	5	2.9	19.1
		健全知识产权保护运用机制	7	4.0	
		集聚和利用国际创新要素	7	4.0	
		构建人才支撑系统	14	8.1	
6	促进中部地区和长江经济带产业转型升级（31）	加快建设长江中游航运中心	7	4.0	17.3
		构建国际物流枢纽	8	4.6	
		促进区域产业转型升级和绿色发展	12	6.4	
		打造区域发展综合服务平台	4	2.3	
合计	（174）	—	174	100	100

注：括号里的数据代表每项建设内容中的总试验任务数量。

资料来源：《中国（湖北）自由贸易试验区总体方案》，经笔者整理而得。

出于经济社会发展基础、区位因素等方面的原因，武汉片区、襄阳片区、宜昌片区的建设内容、建设重点、发展目标和功能定位等方面均有所差异。

由表 0-5 可知，武汉片区建设内容主要体现在推进行政审批与服务改革、深化实施创新驱动发展、深化金融领域开放创新、积极扩大对外开放四个方面，共涉及 242 项更为具体的改革试验任务，四个方面占总任务的比重分别为 19.4%、24.7%、24.0%、31.7%。在推进行政审批与服务改革方面，深化行政管理体制改革是重点，占该方面的比重达到 42.6%；深化实施创新驱动发展是武汉片区建设的重点任务之一，提升科技创新能力和引领中部地区和长江经济带产业转型升级占该方面的比重分别为33.3%和28.3%，强化创新人才支撑和构建创新创业生态环境分别占比25%和13.3%；在深化金融领域开放创新方面，推进科技金融创新和增强金融服务功能是重点，占该方面任务的比重均为37.9%；积极扩大对外开放是武汉片区建设的重中之重，提升贸易便利化水平（25项改革试验任务）、拓展全面对外开放能力（20项改革试验任务）、增强国际商贸物流服务功能（17项改革试验任务）、拓展新型贸易业态（9项改革试验任务）、扩大服务贸易范围（6项改革试验任务）五个方面在总建设任务中的比重分别为10.3%、8.3%、7.0%、3.7%、2.4%。

表0-5　湖北自贸区武汉片区建设的主要内容

<table>
<tr><th colspan="2">建设内容</th><th>二级内容</th><th>具体内容</th><th>任务数/项</th><th colspan="2">占总改革任务比重/%</th></tr>
<tr><td rowspan="13">1</td><td rowspan="13">推进行政审批与服务改革（47）</td><td rowspan="5">深化行政管理体制改革（20）</td><td>加快推动政府管理模式创新</td><td>4</td><td>1.6</td><td rowspan="5">8.3</td></tr>
<tr><td>加快行政审批制度改革</td><td>5</td><td>2.1</td></tr>
<tr><td>加快“马上办、网上办、一次办”政务服务改革</td><td>5</td><td>2.1</td></tr>
<tr><td>加快实现内外政务服务一体化</td><td>4</td><td>1.6</td></tr>
<tr><td>加快推动税收服务创新</td><td>2</td><td>0.8</td></tr>
<tr><td rowspan="3">强化事中事后监管（12）</td><td>完善社会信用体系</td><td>5</td><td>2.1</td><td rowspan="3">5.0</td></tr>
<tr><td>提高执法效能</td><td>4</td><td>1.7</td></tr>
<tr><td>健全社会服务体系</td><td>3</td><td>1.2</td></tr>
<tr><td rowspan="3">推进外商投资管理体制改革（11）</td><td>实施外商投资负面清单管理制度</td><td>5</td><td>2.1</td><td rowspan="3">4.5</td></tr>
<tr><td>完善外商投资审查及管理服务</td><td>3</td><td>1.2</td></tr>
<tr><td>支持外商投资企业同等适用产业扶持政策</td><td>3</td><td>1.2</td></tr>
<tr><td rowspan="2">扩大开放外商投资领域（4）</td><td>进一步放开外资准入限制</td><td>3</td><td>1.2</td><td rowspan="2">1.6</td></tr>
<tr><td>开展境外自然人从业流动和资质认可</td><td>1</td><td>0.4</td></tr>
</table>

续表

建设内容		二级内容	具体内容	任务数/项	占总改革任务比重/%	
2	深化实施创新驱动发展（60）	提升科技创新能力（20）	深化科技体制改革	7	2.9	8.3
			集聚和利用国际创新要素	6	2.5	
			加强知识产权保护和运用	7	2.9	
		构建创新创业生态环境（8）	建设创新创业集聚区	3	1.2	3.2
			研究和发布“光谷创新发展指数”	2	0.8	
			完善“创业—瞪羚—独角兽”培育机制	3	1.2	
		强化创新人才支撑（15）	加强人才引进和培养	4	1.6	6.2
			完善外籍人才管理与服务	8	3.3	
			健全人才激励与流动机制	3	1.2	
		引领中部地区和长江经济带产业转型升级（17）	大力发展战略性新兴产业	11	4.5	7.0
			加快发展现代服务业	3	1.2	
			推动产业绿色发展	3	1.2	
3	深化金融领域开放创新（58）	扩大金融领域对外开放（14）	探索和实践资本项目可兑换改革	7	2.9	5.8
			进一步简化经常项目外汇收支手续	2	0.8	
			积极推进跨境交易新模式改革	5	2.1	
		增强金融服务功能（22）	聚集新型金融机构	5	2.1	9.1
			开展新型金融业务	8	3.3	
			大力发展融资租赁业务	9	3.7	
		推进科技金融创新（22）	搭建科技金融服务平台	6	2.5	9.1
			建立科技金融投融资体系	5	2.1	
			发展特色科技金融产品	5	2.1	
			建立健全金融风险防控体系	6	2.5	

续表

建设内容		二级内容	具体内容	任务数/项	占总改革任务比重/%	
4	积极扩大对外开放（77）	拓展新型贸易业态（9）	支持贸易创新发展	3	1.2	3.7
			支持保税交割和展示交易发展	3	1.2	
			支持跨境电子商务发展	3	1.2	
		扩大服务贸易范围（6）	推进保税研发及测试业务	1	0.4	2.4
			推进保税检测维修及再制造业务	2	0.8	
			促进服务贸易创新发展	3	1.2	
		提升贸易便利化水平（25）	推进通关监管制度创新	9	3.7	10.3
			推进检验检疫制度创新	3	1.2	
			创新口岸通关模式	5	2.1	
			拓展口岸服务功能	1	0.4	
			加强指定口岸建设	4	1.6	
			促进通关合作与交流	3	1.2	
		增强国际商贸物流服务功能（17）	加快建设长江中游航运中心	8	3.3	7.0
			全面提升国际航空运输能力	2	0.8	
			构建多式联运的交通运输体系	3	1.2	
			建设国际商贸物流枢纽	4	1.6	
		拓展全面对外开放能力（20）	完善对外投资合作促进体系	6	2.4	8.3
			鼓励开展境外投资业务	3	1.2	
			积极融入全球创新网络	5	2.1	
			面向全球招商引资	2	0.8	
			加大区域合作力度	4	1.6	

注：括号里的数据代表每项建设内容中改革任务数量。

资料来源：《中国（湖北）自由贸易试验区武汉片区实施方案》，经笔者整理而得。

依据《中国（湖北）自由贸易试验区襄阳片区实施方案》，襄阳片区建设的主要内容见表 0-6。在襄阳国家级高新区建设基础上，襄阳片区建设的主要内容体现在转变政府职能、促进贸易便利化、突出发展优势产业、深化金融领域开放创新和深入推进创新创业发展五个方面，分别涉及 24 项、24 项、20 项、35 项和 19 项更为具体的改革试验任务，共计 122 项，各自占总试验任务的比重分别为 19.7%、19.7%、16.4%、28.7%和 15.6%。从数量上来看，未来襄阳自贸片区建设最重要的任务是深化金融领域的开放创新。具体来看，转变政府职能的主要任务是深化投资管理体制改革和强化事中事后监管，其改革任务数量分别为 7 项和 6 项，占全部改革试验任务的比重分别为 5.7%和 4.9%；深化通关监管制度改革是未来襄阳片区促进贸易便利化改革的重要任务，涉及 10 项改革试验任务，占比为 8.2%；依托襄阳原有的制造业发展优势和基础，加快发展检验检测产业和高端装备制造产业是突出发展优势产业方面的重点方向；深化金融领域开放创新的重点体现在大力发展融资租赁业务、推进科技金融创新、完善金融风险防控体系等方面；在深入推进创新创业发展方面，需要重点关注加强知识产权保护与服务、支持科技制度创新、集聚高层次创新创业人才等方面。

表 0-6　湖北自贸区襄阳片区建设的主要内容

建设内容		二级内容	任务数量/项	占总改革任务比重/%	
1	转变政府职能（24）	加快行政审批制度改革	3	2.4	19.7
		推动商事制度改革	4	3.3	
		深化投资管理体制改革	7	5.7	
		推动政府服务模式创新	4	3.3	
		强化事中事后监管	6	4.9	
2	促进贸易便利化（24）	深化通关监管制度改革	10	8.2	19.7
		推动检验检疫监管制度创新	3	2.4	
		完善口岸服务功能	5	4.1	
		培育贸易发展新载体	6	4.9	

续表

建设内容		二级内容	任务数量/项	占总改革任务比重/%	
3	突出发展优势产业（20）	探索襄阳片区内外联动发展模式	1	0.8	16.4
		加快发展高端装备制造产业	4	3.3	
		加快发展新能源汽车产业	3	2.4	
		加快发展大数据、云计算产业	1	0.8	
		加快发展商贸物流产业	2	1.6	
		加快发展检验检测产业	7	5.7	
		加快发展其他服务产业	2	1.6	
4	深化金融领域开放创新（35）	加大金融业开放	2	1.6	28.7
		拓展金融服务功能	4	3.3	
		大力发展融资租赁业务	9	7.4	
		推进科技金融创新	8	6.5	
		支持跨境投融资业务	3	2.4	
		积极探索政府与社会资本合作	4	3.3	
		完善金融风险防控体系	5	4.1	
5	深入推进创新创业发展（19）	支持科技制度创新	5	4.1	15.6
		集聚高层次创新创业人才	3	2.4	
		支持创新创业集聚区建设	2	1.6	
		实施“雨露—星火—龙腾”企业培育计划	3	2.4	
		加强知识产权保护与服务	6	4.9	

注：括号里的数据代表每项建设内容中改革任务数量。

资料来源：《中国（湖北）自由贸易试验区襄阳片区实施方案》，经笔者整理而得。

依据《中国（湖北）自由贸易试验区宜昌片区实施方案》，宜昌片区制度创新的重点是建设高水平、法治化、国际化、便利化的营商环境，经济社会发展目标锁定在高新产业集聚、辐射功能突出、创新创业活跃的自由贸易试验区。由此可知，制度创新是实现宜昌片区经济社会发展目标的重要保障。宜昌自贸片区建设的主要内容见表0-7。宜昌片区建设的主要内容体现在转变政府职能、深化投资领域改革、促进贸易便利化、推进金融领域开放创新、推动创新驱动发展、促进产业转型升级、构建双向开放新体系等七个方面，共计169项更为具体的改革试验任务。从数量上看，建设重点是促进贸易便利化发展，共涉及39项任务，占比达23.1%。具体来看，构建便捷高效的审批服务系统是转变政府职能的主要内容，在整个24项任务中占比高达45.8%；深化投资领域改革的主要内容包括改革投资准入机制、促进对外投资合作、完善投资权益保障机制三个方面，分别有6项、5项、4项改革任务；在促进贸易便利化发展方面，重点十分突出，即构建安全、便捷、高效的通关管理模式，有19项任务，占本项内容的比重高达48.7%；推进科技金融创新、提高跨境投资便利化程度、大力发展融资租赁和商业保理业务是推进金融领域开放创新的主要内容；推动创新驱动发展的重点体现在构建人才支撑系统、集聚和利用国际创新要素两个方面，占整个改革任务的比重分别为4.1%和3.5%；构建新型产业支撑体系和承接国内外高新产业转移是未来宜昌片区促进产业转型升级的重点；构建双向开放新体系的重点在于强化综合交通枢纽功能和加快外向型市场体系培育两个方面，其占比分别为5.3%和4.7%。

表0-7 湖北自贸区宜昌片区建设的主要内容

建设内容		二级内容	任务数量/项	占总改革任务比重/%	
1	转变政府职能（24）	构建便捷高效的审批服务系统	11	6.5	14.2
		建立健全事中事后监管体系	9	5.3	
		完善社会化服务机制	4	2.4	
2	深化投资领域改革（15）	改革投资准入机制	6	3.5	8.9
		促进对外投资合作	5	3.0	
		完善投资权益保障机制	4	2.4	
3	促进贸易便利化（39）	积极培育、拓展新型贸易业态	8	4.7	23.1
		促进加工贸易承接发展	7	4.1	
		加快服务贸易创新发展	5	3.0	
		构建安全、便捷、高效的通关管理模式	19	5.3	

续表

建设内容		二级内容	任务数量/项	占总改革任务比重/%	
4	推进金融领域开放创新（34）	扩大金融领域开放	4	2.4	20.1
		提高跨境投资便利化程度	6	3.5	
		增强金融服务功能	4	2.4	
		大力发展融资租赁和商业保理业务	6	3.5	
		推进科技金融创新	11	6.5	
		建立健全金融风险防控体系	3	1.8	
5	推动创新驱动发展（21）	完善科技创新体系	5	3.0	12.4
		健全知识产权保护运用机制	3	1.8	
		构建人才支撑系统	7	4.1	
		集聚和利用国际创新要素	6	3.5	
6	促进产业转型升级（15）	承接国内外高新产业转移	6	3.5	8.9
		构建新型产业支撑体系	9	5.3	
7	构建双向开放新体系（21）	加快外向型市场体系培育	8	4.7	12.4
		强化综合交通枢纽功能	9	5.3	
		打造区域发展综合平台	4	2.4	

注：括号里的数据代表每项建设内容改革任务数量。

资料来源：《中国（湖北）自由贸易试验区宜昌片区实施方案》，并经笔者整理而得。

第二节　湖北自贸区营商环境建设的基础

湖北省地处中国中部地区，九省通衢，交通便利，总面积 18.59 万平方千米，占全国国土面积的 1.94%。2019 年，全省共有 17 个地级行政区。[①] 改革开放以来，湖北省经济社会发展迅速，各项经济社会发展指标在全国 31 个省（自治区、直辖市，以下简称“省份”）中的排名逐渐上升，在促进区域

① 包括武汉市、黄石市、十堰市、宜昌市、襄阳市、鄂州市、荆门市、孝感市、荆州市、黄冈市、咸宁市、随州市、恩施州、仙桃市、潜江市、天门市、神农架林区。

经济协调发展、带动长江中游城市群经济社会发展方面发挥着越来越重要的作用。因此，湖北自贸区的设立不仅具有良好的经济社会发展基础，还能通过自贸区建设带动湖北省乃至全国经济社会发展。

一、湖北省经济发展基本情况

（一）经济快速增长

湖北省国内生产总值从 2009 年的 13082.03 亿元增加到 2019 年的 45828.31 亿元，11 年间平均增速为 12.07%，而同期全国 GDP 的年均增速为 9.96%，说明湖北省经济增长绩效优于全国平均水平。特别值得关注的是，湖北省 2010 年和 2011 年 GDP 同比增速分别为 23.18%和 22.97%，在经历缓慢回落之后，2017—2019 年 GDP 同比增速分别为 8.61%、10.96%和 16.4%。2017 年，湖北自贸区的设立是湖北省经济社会发展中的一件大事，而这之后经济持续快速增长与自贸区设立之间必然存在某种相互促进、相互影响的关系。从湖北省 GDP 在全国 GDP 中的占比来看，11 年来占比增加（2017 年和 2018 年占比小幅下降），从 2009 年的 3.75%增加到 2019 年的 4.63%。

（二）产业结构逐步优化

1. 产业发展迅速

分产业来看，湖北省三次产业增加值均呈上升趋势。第一产业增速非常缓慢，甚至 2017 年和 2018 年还连续两年出现小幅下滑，2009—2019 年平均增速为 7.07%。2010—2012 年，全省制造业迎来快速增长，3 年间产业增加值同比增速分别达到 28.55%、26.42%和 14.23%。受外部环境的影响，此后的 5 年呈现缓慢增长。从 2017 年开始，制造业增加值增速加快，2019 年同比增速达 11.76%。总的来看，11 年间，全省制造业产值平均增速为 10.90%，快于第一产业。从 2013 年开始，全省第三产业增速超过第二产业，而且从 2015 年开始，服务业增加值加速增长，2019 年全省服务业产值同比增速为 22.37%，而第二产业为 11.76%，超过 10.90%的平均增速。11 年间全省服务业产值平均增速为 14.51%，快于第二产业，更快于第一产业。同时，从总量上看，2017 年开始，服务业产值的绝对值已超过第二产业，成为全省经济增长的最重要来源，且与第二产业间的差距有逐步扩大的趋势。

2. 制造业市场地位巩固，服务业竞争力增强

2009 年，湖北省第一产业和第二产业增加值占比分别为 13.73%和 46.79%，均高于全国平均水平，第三产业增加值占比却远低于全国平均水平，说明全省农业经济占比还处于较高水平，制造业是经济增长的重点，服务业竞争力不强。经过 11 年的发展，2019 年，从全国平均水平上看，第一产业和第二产业增加值占比均减少，分别为 7.11%和 38.97%，而服务业占比增加到 53.92%。与全国总体情况相似，湖北省第一、第二产业增加值占比分别减少到 8.31%和 41.67%，服务业占比增加到 50.01%，服务业竞争力增强。但第三产业占比仍低于全国平均水平，当然，这与湖北省“工业强省”的经济基础有关。总的来说，湖北省制造业市场地位得到巩固，第三产业竞争力增强，产业结构逐步优化。

3. 第二、第三产业增速快于全国平均水平

从 2009—2019 年湖北省第二和第三产业增加值同比增速与全国平均水平的对比来看，除 2013 年和 2017 年以外，湖北省制造业增加值同比增速均超过全国平均水平，说明湖北省在承接东部地区产业转移和提升制造业竞争力方面取得了很好的成绩。总体来看，湖北省 2009—2019 年第二产业增加值增速的平均值为 12.05%，而全国第二产业增加值的平均增速为 9.20%，湖北省高于全国平均水平。尤其是 2019 年，在全国平均增速呈现下降趋势的背景下，湖北省制造业增加值同比增速还在逐渐增加，进一步说明湖北省制造业竞争优势已被逐渐释放。

2009—2019 年，除 2012 年和 2015 年全国第三产业增加值同比平均增速小幅超过湖北省以外，其他年份湖北省第三产业增加值同比增速均超过全国平均水平。2019 年，湖北省第三产业增加值同比增速为 22.37%，远高于全国平均值 9.09%，这进一步说明湖北省服务业增长势头强劲，市场竞争力快速

提升，产业附加值提高，经济社会发展潜力巨大。

二、湖北省对外开放情况

（一）进出口总额快速增加

从2009—2019年湖北省进出口总体情况可以看出，除2012年和2018年进口额、出口额双双下降以外，其他年份均出现不同程度的增长。总的来看，11年间进口额、出口额以及进出口总额平均增速分别为10.64%、12.82%和11.95%，而全国11年间进口额、出口额以及进出口总额平均增速分别为6.81%、6.88%和6.85%。由此可见，该期间湖北省对外贸易增长情况优于全国平均水平。

（二）在全国对外贸易发展中的作用逐渐增强

总体来看，作为内陆省份，湖北省对外贸易在全国占比很小，不超过2%，但是，湖北省进出口在全国进出口中的占比却连续多年呈上升趋势。全省进口额占全国进口额的比重从2009年的0.72%增加到2019年的1.06%。虽有少数年份占比下降，但从2017年开始，已连续3年上升。全省出口额占全国出口额的比重高于进口额占比，且从2009年的0.83%增长到2019年的1.50%。与进口额占比变化情况类似，除2012年和2016年下降之外，占比均在缓慢增加。这从一定程度上说明湖北省对外开放已取得一定成效，在全国对外贸易发展中的作用逐渐增强。

（三）外贸依存度仍远低于全国平均水平

外贸依存度反映一个国家或地区经济增长对对外贸易的依赖程度，或者对外贸易对该国或地区经济增长的贡献程度，分为进口依存度和出口依存度，分别用进口总额和出口总额与国内生产总值的比重来表示，进口依存度和出口依存度之和为外贸依存度。总的来说，2009—2019年湖北省出口依存度大于进口依存度，说明出口对经济增长的贡献大于进口。进口、出口对经济增长的贡献度分别在4%和6%左右。出口依存度从2009年的5.21%增加到2019年的5.66%，期间经历了2012年和2016年的迅速下降，在2011年曾达到最高值 6.37%。11 年间进口依存度有小幅下降，从 3.80% 下降到 3.33%，期间在 2010 年曾达到最大值 4.83%。

由湖北省进出口依存度与全国平均水平的比较可知，全国出口依存度虽远高于湖北省，但其绝对值在逐年下降，2019 年达到最低，为 17.40%。同时，湖北省出口依存度缓慢上升，湖北省与全国平均水平间的差距逐渐缩小。进口依存度与全国平均水平间的关系与出口依存度类似。因此，对于湖北省经济社会发展来说，未来发展重点之一就是进一步扩大对外开放，把对外开放作为拉动经济发展的重要动力，这也是党中央、国务院布局在湖北省设立自贸区的重要原因之一。

（四）吸引外资规模逐渐增加

湖北省合同外资金额从 2009 年的 20.49 亿美元增长到 2019 年的 162.5 亿美元，年均增速高达 20.71%，远远高于全国平均水平。与对外贸易的变化情况类似，除 2012 年和 2016 年以外，其余年份均有不同程度增加，尤其是 2017 年和 2018 年。而实际利用外资规模 11 年来实现平稳增长，从 2009 年的 36.58 亿美元增长到 2019 年的 129.1 亿美元，年均增速为 12.15%。

三、湖北省区域经济社会发展情况

（一）经济增长具有区域差异性

2009 年和 2019 年湖北省各地市州地区生产总值及占比情况见表 0-8。从表 0-8 中可以看出，湖北省经济增长具有显著的区域差异性，具体体现在以下方面：

第一，武汉市在湖北省地区生产总值中占比最大，是湖北省经济发展非常重要的“一主”。2009 年武汉市地区生产总值占全省的比重为 35.59%，2019 年占比为 35.37%。

第二，宜昌市和襄阳市是湖北省经济发展非常重要的“两副”。宜昌市 2009 年和 2019 年地区生产总值分别占全省的 9.80% 和 9.72%；襄阳市 2009 年和 2019 年地区生产总值分别占全省的 9.25% 和 10.49%。武汉市、宜昌市、襄阳市三市地区生产总值之和占全省的比重从2009年的54.64%增加到2019年的55.58%。由此可见，由三地组成的“一主两副”在全省经济增长中的占比超过一半，且有逐步扩大的趋势。一方面，这为湖北自贸区的设立奠定了良好的经济基础；另一方面，自贸区发展也能更好地带动全省经济社会的整体发展。

表0-8　2009年和2019年湖北省各地市州地区生产总值及占比情况

地区	2009年地区生产总值/亿元	2019年地区生产总值/亿元	2009年占比/%	2019年占比/%
武汉	4620.18	16223.21	35.59	35.37
黄石	571.59	1767.19	4.40	3.85
十堰	550.96	2012.72	4.24	4.39
宜昌	1272.33	4460.82	9.80	9.72
襄阳	1201.01	4812.84	9.25	10.49
鄂州	323.71	1140.07	2.49	2.49
荆门	600.10	2033.77	4.62	4.43
孝感	672.88	2301.40	5.18	5.02
荆州	709.58	2516.48	5.47	5.49
黄冈	730.19	2322.73	5.63	5.06
咸宁	418.45	1594.98	3.22	3.48
随州	341.91	1162.23	2.63	2.53
恩施	294.26	1159.37	2.27	2.53
仙桃	242.55	868.47	1.87	1.89
潜江	234.01	812.63	1.80	1.77
天门	186.86	650.82	1.44	1.42
神农架	10.29	32.86	0.08	0.07

资料来源：2010年和2020年《湖北统计年鉴》，经笔者整理而得。

第三，经济增长集中度较高。以2009年为例，湖北省地区生产总值的70.92%集中于17个地市州中的6个，即武汉、宜昌、襄阳、黄冈、荆州、孝感，到 2019 年，这 6 个地区的占比增长到 71.15%。2009 年前 10 个地市州（除上述 6 个地区外，还有荆门、黄石、十堰、咸宁）地区生产总值的占比就接近 90%，为 87.42%，2019 年为 87.30%。

（二）产业发展具有地区差异性

2009 年和 2019 年湖北省各地市州三次产业占比情况见表 0-9。从表 0-9 中可以看出，11 年来各地市州产业结构均逐渐优化，第三产业占比显著增加，同时，产业结构分布具有显著的地区差异性。首先，产业分布具有很强的偏向性。有的地区第二产业占比较大，有的地区第三产业占比较大，比如，2009 年和 2019 年黄石和潜江工业增加值占比均超过 50%，第二产业在经济发展中发挥着非常重要的作用，而以武汉、神农架、恩施州为代表的地区服务业增加值占比较大，其中 2019 年武汉和神农架第三产业占比已超过 60%。尤其是纳入湖北自贸区建设的武汉、襄阳和宜昌，其产业结构具有较强的差异性和互补性。其次，11 年间各地区三次产业增加值占比变化各异。部分地区第三产业增加值占比增幅较大，以武汉、宜昌和恩施州为例，第三产业增加值占比分别从 2009 年的 50.41%、32.75%和 40.51%增加到 2019 年的 60.75%、44.62%和 58.57%，增幅均超过 10 个百分点，尤其是恩施州，而有的地区则变化不大，如随州、黄石和十堰。最后，虽然产业结构不断优化，但产业结构优化的来源存在地区差异。比如，武汉和宜昌第三产业增加值占比增加主要源于第二产业增加值占比的减少，而恩施州则源于第一产业增加值占比的大幅减少。

表 0-9 2009 年和 2019 年湖北省各地市州三次产业占比情况 单位：%

地区	2009 年			2019 年		
	第一产业	第二产业	第三产业	第一产业	第二产业	第三产业
武汉	3.23	46.36	50.41	2.34	36.92	60.75
黄石	7.92	54.96	37.13	5.87	50.95	43.18
十堰	12.07	46.24	41.69	8.52	43.93	47.55
宜昌	11.84	55.41	32.75	9.33	46.05	44.62

续表

地区	2009 年			2019 年		
	第一产业	第二产业	第三产业	第一产业	第二产业	第三产业
襄阳	16.67	47.90	35.43	9.33	48.40	42.27
鄂州	13.59	55.36	31.05	8.81	48.27	42.92
荆门	22.42	44.20	33.38	11.94	47.28	40.78
孝感	21.57	43.43	35.00	13.49	42.73	43.79
荆州	29.20	35.81	34.99	17.27	37.11	45.62
黄冈	29.50	37.45	33.05	17.35	37.74	44.91
咸宁	20.80	42.82	36.38	12.54	44.19	43.27
随州	21.91	43.98	34.11	13.44	46.81	39.75
恩施州	32.63	26.86	40.51	15.61	25.83	58.57
仙桃	19.58	47.65	32.77	10.65	46.14	43.21
潜江	17.60	51.75	30.65	9.95	50.20	39.85
天门	25.67	45.80	28.53	13.11	47.16	39.73
神农架	12.54	38.39	49.08	7.20	30.91	61.89

资料来源：2010 年和 2020 年《湖北统计年鉴》，经笔者整理而得。

（三）固定资产投资规模具有地区差异性

2009—2019 年湖北省各地市州固定资产投资同比变化情况见表 0-10。总的来说，11 年来全省固定资产投资增幅逐渐减小，从 2009 年的 41.62%减少到 2019 年的 10.6%。当然，这与固定资产投资存量（即投资基数）逐年增加有很大关系。不管是在理论上还是在实践中，我们均可以发现，固定资产投资及其存量情况能较好地反映一个国家或地区经济增长绩效尤其是经济增长潜力。但是，湖北省各地市州固定资产投资增幅具有显著的地区差异性。以 2016 年为例，全省固定资产投资同比增幅为 13.1%，武汉最低，为 -2.8%，而宜昌、襄阳、十堰等地区增幅均超过 18%。

表 0-10 2009—2019 年湖北省各地市州固定资产投资同比变化情况 单位：%

地区	2009 年	2010 年	2011 年	2012 年	2013 年	2014 年	2015 年	2016 年	2017 年	2018 年	2019 年
全省	41.62	25.0	28.9	27.6	25.8	20.4	16.2	13.1	11.0	11.0	10.6
武汉	35.01	39.3	22.5	20.1	19.1	16.5	10.3	-2.8	11.0	10.6	9.8
黄石	47.3	47.7	34.1	25.2	28.7	21.3	17.6	10.2	14.0	11.1	12.6
十堰	50.1	25.4	30.8	34.5	30.5	21.9	17.8	18.0	16.6	11.7	11.8
宜昌	43.33	44.8	33.7	34.3	29.4	22.1	18.2	18.8	-19.1	11.3	12.1
襄阳	53.78	33.4	42.5	40.1	29.9	22.5	19.3	18.7	15.3	11.5	12.1
鄂州	47.06	43.7	37.9	34.6	28.1	21.1	17.3	17.0	15.3	10.8	12.2
荆门	50.98	43.7	40.8	35.7	28.5	21.6	18.0	18.9	16.9	11.5	12.0
孝感	46.68	37.9	37.2	35.7	29.3	22.0	18.8	17.3	7.5	11.4	12.3
荆州	49.3	34.2	38.0	36.1	29.3	22.0	18.0	18.0	11.5	11.0	11.7
黄冈	49.19	47.3	35.5	34.9	28.8	21.4	18.1	13.4	8.1	11.0	11.3
咸宁	50.17	38.1	41.3	34.6	28.9	20.5	17.5	17.6	16.5	11.3	11.7
随州	41.9	30.6	40.8	34.9	28.4	22.3	18.1	17.7	16.3	11.2	11.3
恩施州	30.74	43.1	37.3	29.7	25.4	20.5	17.3	17.0	15.5	11.2	11.0
仙桃	40.83	43.2	39.5	36.2	30.1	22.1	18.9	18.8	16.9	11.9	11.4
潜江	40.35	32.9	37.5	36.0	29.3	21.8	17.9	16.3	16.7	11.3	12.4
天门	35.36	32.9	37.3	36.1	30.3	21.5	17.9	17.8	16.4	11.3	4.3
神农架	42.03	25.0	36.9	27.2	28.1	20.7	16.9	15.3	9.2	10.2	10.2

资料来源：2010 年和 2020 年《湖北统计年鉴》，经笔者整理而得。

（四）创新发展具有地区差异性

2009 年和 2019 年湖北省各地市州三项专利授权数量和年均增速情况见表 0-11。总体来看，湖北省含发明专利、实用新型专利和外观设计专利在内的三项专利总数从 2009 年的 11357 件增加到 2019 年的 73940 件，增长了 5.51 倍，年均增速达 18.57%，反映了全省创新能力在 11 年间得到快速提升，经济社会发展后劲强大。但是，通过专利授权数量反映的全省创新发展水平具有显著的地区差异性，具体体现在以下方面：第一，武汉专利申请授权数量占据全省的半壁江山。2009 年全市三项专利合计授权数量占全省的比重为 60.3%，2019 年占全省的 52.9%；发明专利占比更高，2009 年发明专利占全省的比重为 85.4%，2019 年占全省的 82.8%。第二，全省三项专利授权数量增速具有显著差异。由于基数较大，武汉的年均增速低于全省平均增速，为 17.16%，鄂州、荆州、荆门、孝感、咸宁等地的年均增速超过 20%，而 11 年间襄阳市三项专利授权数量的平均增速为-2.34%。第三，湖北自贸区三个片区所在地区专利授权数量之和占全省的比重很大。2009 年，武汉、宜昌、襄阳三地专利授权数量占全省的比重为 74.6%，2019 年占全省的 68.1%。尤其需要关注的是，这三个地区发明专利占全省的比重更大，2009 年和 2019 年分别达到 90.8%和 90.3%。

表 0-11 2009 年和 2019 年湖北省各地市州三项专利授权数量和年均增速情况

地区	2009 年/件				2019 年/件				年均增速/%			
	合计	发明	实用新型	外观设计	合计	发明	实用新型	外观设计	合计	发明	实用新型	外观设计
全省	11357	1478	6285	3594	73940	14178	50159	9603	18.57	22.82	20.78	9.35
武汉	6853	1262	3749	1842	39126	11745	23327	4054	17.16	22.48	18.08	7.43
黄石	433	13	161	259	2960	101	2588	271	19.09	20.49	28.72	0.41
十堰	444	19	244	181	2544	57	2177	310	17.20	10.50	22.01	5.01
荆州	439	28	295	116	7093	694	6049	350	28.78	33.89	31.60	10.56
宜昌	657	54	457	146	4121	365	3219	537	18.17	18.97	19.42	12.57
襄阳	965	26	594	345	744	70	518	156	-2.34	9.42	-1.24	-6.96
鄂州	133	7	46	80	2607	259	1949	399	31.06	38.86	40.58	15.73
荆门	195	10	125	60	3077	320	2167	590	28.50	37.04	29.61	23.10
孝感	271	22	190	59	3674	207	2632	835	26.74	22.60	26.99	27.24
黄冈	343	8	134	201	2603	120	1784	699	20.23	27.91	26.53	12.00
咸宁	234	5	61	168	2158	83	1589	486	22.38	29.10	34.50	10.14
随州	111	7	78	26	993	34	672	287	22.04	15.45	21.63	24.40
恩施州	56	8	29	19	762	54	394	314	26.79	18.96	26.77	29.05
仙桃	65	3	30	32	546	35	326	185	21.35	25.02	24.22	17.29
潜江	67	2	49	16	307	24	240	43	14.84	25.35	15.54	9.40

续表

地区	2009 年/件				2019 年/件				年均增速/%			
	合计	发明	实用新型	外观设计	合计	发明	实用新型	外观设计	合计	发明	实用新型	外观设计
天门	63	2	42	19	577	6	495	76	22.30	10.50	25.14	13.43
神农架	28	2	1	25	48	4	33	11	5.02	6.50	37.42	-7.19

资料来源：2010 年和 2020 年《湖北统计年鉴》，经笔者整理而得。

（五）对外贸易发展具有地区差异性

2009—2019 年武汉、襄阳、宜昌进出口规模见表 0-12。2009—2019 年，湖北省对外贸易快速发展，取得了骄人的成绩，但是，全省对外贸易呈现出显著的地区差异性特征。首先，武汉市作为地区中心城市，其进出口占全省的比重维持在 60%以上，呈现出“一市独大”的局面。① 其次，湖北自贸区三个片区所在地区的进出口规模占全省的比重更高，维持在 70%以上。从表 0-13 中可以看到，2009 年以来，武汉、襄阳、宜昌三地进口总额占全省的比重尽管有所降低，从 2009 年的 82.4%下降到 2019 年的 77.64%，但比例仍然非常高，甚至 2010 年还高达 86.60%。三地出口总额占比基本维持在 70%左右，2010 年达到最高，为 73.47%，11 年间的最低水平为 2014 年的 66.75%。由此可见，全省对外贸易主要集中于以上三地，湖北自贸区建设不仅是湖北对外开放中的大事，同时其建设还能有效带动全省的对外开放乃至经济社会的高质量发展。

表 0-12　2009—2019 年武汉、襄阳、宜昌进出口规模　单位：亿美元

年份	进出口总额			出口总额			进口总额		
	武汉	襄阳	宜昌	武汉	襄阳	宜昌	武汉	襄阳	宜昌
2009	114.59	4.34	10.35	58.26	3.29	7.76	56.33	1.04	2.58
2010	180.79	7.14	17.69	87.54	5.54	13.03	93.25	1.6	4.65

① 以 2009 年和 2019 年为例，2009 年武汉进出口总额占全省的比重为 66.40%，进、出口总额占全省的比重分别为 77.5%和 58.4%，2019 年这三个比重分别为 61.82%、73.80%、54.77%。

续表

年份	进出口总额			出口总额			进口总额		
	武汉	襄阳	宜昌	武汉	襄阳	宜昌	武汉	襄阳	宜昌
2011	228. 68	10. 03	22. 89	117. 33	7. 66	17. 16	111. 35	2. 37	5. 72
2012	203. 52	12. 58	21. 9	107. 46	10. 65	16. 63	96. 06	1. 93	5. 26
2013	217. 52	16. 2	23. 5	119. 43	14. 34	20. 17	98. 09	1. 85	3. 33
2014	264. 29	19. 66	26. 97	137. 91	17. 38	22. 56	126. 38	2. 27	4. 41
2015	280. 5	24. 12	30. 86	151. 52	21. 58	26. 91	128. 98	2. 55	3. 95
2016	237. 81	19. 36	26. 74	137. 23	16. 66	23. 31	100. 58	2. 7	3. 42
2017	285. 91	22. 4	27. 22	170. 01	19	23. 53	114. 9	3. 4	3. 68
2018	317. 07	28. 51	30. 7	187. 01	24. 08	26. 55	130. 06	4. 42	4. 16
2019	353. 15	32. 96	31. 98	197. 06	28. 57	28. 27	156. 09	4. 39	3. 72

资料来源：2010—2020年《武汉统计年鉴》《襄阳统计年鉴》《宜昌统计年鉴》，经笔者整理而得。

表0-13　2009—2019年武汉、襄阳、宜昌进出口总规模及其全省占比

年份	进出口总额			出口总额			进口总额		
	三地/亿美元	全省/亿美元	三地占比/%	三地/亿美元	全省/亿美元	三地占比/%	三地/亿美元	全省/亿美元	三地占比/%
2009	129. 28	172. 51	74. 94	69. 31	99. 79	69. 46	59. 95	72. 72	82. 44
2010	205. 62	259. 32	79. 29	106. 11	144. 42	73. 47	99. 50	114. 9	86. 60
2011	261. 60	335. 87	77. 89	142. 15	195. 35	72. 77	119. 44	140. 52	85. 00
2012	238. 00	319. 64	74. 46	134. 74	193. 99	69. 46	103. 25	125. 65	82. 17
2013	257. 22	363. 89	70. 69	153. 94	228. 38	67. 41	103. 27	135. 52	76. 20
2014	310. 92	430. 64	72. 20	177. 85	266. 46	66. 75	133. 06	164. 18	81. 05
2015	335. 48	456. 05	73. 56	200. 01	292. 20	68. 45	135. 48	163. 85	82. 69
2016	283. 91	393. 98	72. 06	177. 20	260. 73	67. 96	106. 7	133. 25	80. 08
2017	335. 53	463. 09	72. 45	212. 54	304. 99	69. 69	121. 98	158. 09	77. 16
2018	376. 28	528. 02	71. 26	237. 64	340. 89	69. 71	138. 64	187. 14	74. 08
2019	418. 09	571. 28	73. 18	253. 90	359. 80	70. 57	164. 20	211. 49	77. 64

资料来源：2010—2020年《武汉统计年鉴》《襄阳统计年鉴》《宜昌统计年鉴》，全省数据来自2010—2020年《湖北统计年鉴》，经笔者整理而得。

第三节　良好的营商环境对湖北自贸区发展的重要意义

一、营商环境建设是湖北自贸区制度创新的具体体现

制度创新是制度层面的创新和变革，其目的是通过修改和创立更有效的制度和政策制度规范体系，以更好地激励微观主体的经济行为，实现特定组织或地区的高效发展。创新的前提首先是制度创新。除包括风俗习惯、意识形态、价值观念等在内的非正式制度之外，几乎所有经济活动尤其是创新活动都依赖于制度的创新。因为只有通过制度建设及制度创新，经济社会生活的行为规范才能得以确定和固化，有助于经济主体形成良好预期，并以此规范和激励微观主体，促进资源的合理高效配置以及财富积累，最终推动全社会的快速发展和进步。

湖北自贸区建立的初衷是通过先行先试，给予自贸区充分的改革自主权，对自贸区经济社会发展的制度体系进行有针对性的、小范围的改革，以便其适应自贸区充分开放的发展环境。当将创新的制度安排在自贸区，经过压力测试取得良好发展效果，自贸区外的经济社会发展环境成熟时，这些创新制度成果将在自贸区外的湖北省其他地区（甚至包括全国范围内）得到复制推广，并最终推动宏观层面上普遍的制度进步，形成对经济社会发展的长期有效驱动。而以建设市场化、法治化、国际化营商环境为主要内容的湖北自贸区营商环境建设就是需要对接高标准的国际贸易投资规则体系，优化创新不适应自贸区发展的制度环境，建设对外开放试验田并打造内陆对外开放新高地。因此，营商环境建设是湖北自贸区制度创新的具体体现，它将成为推动湖北自贸区制度建设的重要力量。

二、制度创新是湖北自贸区建设的核心内容

《总体方案》中明确规定，湖北自贸区建设的战略定位是：“以制度创新为核心，以可复制推广为基本要求，立足中部、辐射全国、走向世界，努力成为中部有序承接产业转移示范区、战略性新兴产业和高技术产业集聚区、全面改革开放试验田和内陆对外开放新高地。”从中可以看出，不管是实现“承接产业转移示范区”“战略性新兴产业和高技术产业集聚区”还是“改革开放试验田和内陆对外开放新高地”建设目标，最基本的途径都是制度创新，制度创新是实现这些建设目标的根本保证。不仅如此，湖北自贸区建设的主要内容均体现在制度创新上，比如，加快转变政府职能、深化投资领域改革、推动贸易转型升级、深化金融领域开放创新、推动创新驱动发展等方面。此外，从全国自由贸易（试验）区的整体建设情况来看，制度创新同样是核心内容。截至 2019 年底，自贸区建设已形成了 53 项可在全国范围内可复制推广的创新成果（另有 8 个“最佳实践案例”）。

三、营商环境是湖北自贸区核心竞争力和软实力的集中体现

据世界银行的最新研究，良好的营商环境可以促进经济增长。按照世界银行的营商环境指标来测算，从平均水平来看，一个国家或地区营商环境质量提高 1%，将带动该国或地区吸引外资增长 0.3%，GDP 增长 0.36%。习近平总书记在 2018 年博鳌亚洲论坛年会开幕式上指出,“投资环境就像空气，空气清新才能吸引更多投资”，因此，中国需要营造更有吸引力的投资环境，让依靠优惠政策吸引外资逐步转变为依靠改善投资经营环境吸引外资，让投资环境成为中国最重要的核心竞争力和软实力，成为中国参与全球竞争的又一主战场。2019 年 10 月 22 日，国务院发布《优化营商环境条例》。中国第一次从国家层面出台行政法规，用以规范、指导和推动全国营商环境建设工作。2020 年 8 月，习近平总书记在吉林考察时再一次强调，“要转变政府职能，培育市场化法治化国际化营商环境”。可以看出，营商环境建设工作是全国范围

内经济社会发展的重要任务。自贸区建设的重要使命就是制度创新，就是通过优化营商环境，为企业提供公平竞争、开放、自由、便利、低成本的经营环境。反过来，营商环境质量的好坏也成为评价和衡量湖北自贸区核心竞争力和软实力最重要的指标，它不仅直接关系到湖北自贸区经济社会是否能实现高质量发展，同时还关系到湖北自贸区是否能成为引领湖北乃至中西部地区经济社会高质量发展的重要引擎。

四、高质量的营商环境是湖北自贸区发展的重要制度保障

营商环境建设是一国或地区制度建设的重要内容。制度是促进经济社会发展的根本驱动力，这已得到广大学者的普遍认可。North（1994）甚至认为，传统经济发展理论认为的“资本和劳动力驱动经济增长”的说法是错误的。North 认为，资本积累和劳动力数量增加、质量优化不是经济增长的源泉，而是经济增长本身，真正推动经济增长的，是制度要素。对湖北自贸区来说，更是如此。作为中西部地区第一批自由贸易试验区，湖北自贸区建设的重点在于通过制度创新，充分调动区域各要素的生产积极性，在带动中部崛起和长江经济带发展过程中起到引领和示范作用。由此可见，湖北自贸区战略定位和发展目标的实现，均高度依赖营商环境建设。没有良好的营商环境，吸引外资难以实现、生产效率难以提高、竞争优势无从体现也无法发挥，企业经营制度性成本提高，制度性保障缺失，自贸区的发展目标难以实现。

事实上，自挂牌成立以来，湖北自贸区营商环境建设已取得良好成效。对标国际先进标准、围绕制度创新和产业发展，湖北自贸区在转变政府职能、金融领域改革创新、贸易投资自由化便利化等方面形成了“船员远程计算机终端考试”等近 400 项制度创新成果。其中，仅在全国第六批自贸试验区改革试点经验推广中，就有“股权转让登记远程确认服务”等 3 项制度创新成果被批准在全国范围内复制推广。湖北自贸区自成立以来，共有超过 20 项成果得到国家各级行政主管部门的高度认可，并同意在全国范围内复制推广。在《中国自由贸易试验区发展蓝皮书（2018—2019）》中，湖北自贸区武汉

片区制度创新水平在全国第三批自由贸易试验区中排名第一，在全国所有自由贸易试验区中排名第七，营商环境必将为湖北自贸区乃至全省经济社会发展提供良好的制度保障。

第四节 自贸区营商环境建设对湖北省经济社会发展的重要意义

一、自贸区建设是湖北省经济社会发展的重要引擎

通过自贸区的先行先试，在体制机制创新方面进行大胆改革，最大限度地激发创新活力，并最终促进产业转型升级和经济社会高质量发展，这是中国自由贸易试验区设立的初衷。自挂牌成立以来的建设经验表明，湖北自贸区已成为湖北省经济社会发展的重要引擎。未来，其还将继续发挥这一功能。

湖北自贸区占地面积约 120 平方公里，占全省面积的比例不足 1%，但是，其经济社会发展活动异常活跃。截至 2020 年 2 月，自贸区新设立外商投资企业共计 279 家，是全省同时期新设外商投资企业总数的 24. 8%；实际使用外资规模为 41. 3 亿美元，是全省同时期实际使用外资规模总数的 12. 4%；累计进出口总值为 3 117. 4 亿元，是全省同时期进出口规模总数的 30. 2%①。以上数据说明湖北自贸区是全省对外贸易和投资的主要阵地。自贸区扩大对外开放的政策创新不仅有利于其自身进出口，还能在很大程度上带动全省的对外开放和经济社会发展。同时，湖北自贸区引领全省的科技创新活动。截至 2020 年 2 月，湖北自贸区新增企业主体累计数量为 47273 家，是自贸区设立之前企业主体总数量的 1. 7 倍，企业经营活动异常活跃，发展潜力巨大。

① 湖北自贸区显现开放高地效应 3 年新增企业 4 万余家 累计进出口额超 3000 亿元 [EB/OL]. (2020-04-29) [2021-04-10]. 湖北网络广播电视台，http: //news. hbtv. com. cn/p/1835442. html.

二、良好的营商环境能有效推动湖北省经济社会高质量发展

营商环境是一个国家或地区经济社会发展环境的重要组成部分。作为中部省份，虽然是九省通衢，交通基础设施、创新要素、产业发展也已具备良好的基础性条件，但与东部沿海省份相比，湖北省经济基础相对薄弱，发展动力不足，区位优势不甚显著。要形成强劲的经济发展动力，湖北省具有许多先天的不足。2020 年初的新冠肺炎疫情使得风险、挑战以及不确定性因素显著增加，国内外经济发展环境恶化，湖北省经济社会发展遭遇重创。虽然有来自中央层面的一揽子支持政策，但湖北省经济社会发展的根本还是其自身的主动作为。此时，湖北省面临巨大考验。要实现快速发展甚至弯道超车，湖北省只有集中精力抓经济社会建设，尤其是营商环境建设，因为这是发展的根本驱动力，是各类微观主体形成稳定预期并积极参与建设的重要保障。2020 年 5 月，湖北省印发《中共湖北省委省人民政府关于更大力度优化营商环境激发市场活力的若干措施》，全面对标国际、国内一流营商环境，提出 30 条优化营商环境的具体政策措施，内容涵盖政务服务环节、市场环境和法治环境三大领域，这是后疫情时代有效推动湖北经济社会高质量发展的根本动力。

三、自贸区制度创新为湖北省制度创新提供最直接有效的经验借鉴

作为制度创新高地，湖北自贸区将制度创新作为其建设发展的核心任务，多项制度创新成果首先在湖北省内复制推广，很好地助推了全省范围内的制度改革，为经济社会发展提供了最重要的原动力。

自挂牌成立以来，湖北自贸区 174 项改革试验任务已全面铺开，同时，已完成《国务院关于支持自由贸易试验区深化改革创新若干措施的通知》（国发〔2018〕38 号）中列明的 39 项试验任务中的 32 项，改革实施率为 82%。通过改革实践，湖北自贸区已形成一大批制度创新成果。截至 2020 年

5月，湖北自贸区已形成132项创新成果，且这些成果首先在全省范围内推广，这种复制应用必将带动并倒逼省内其他部门和地区主动作为，积极改革。132项创新成果中有17项已被批准在全国范围内复制推广。在中山大学自贸区综合研究院发布的《中国自由贸易试验区发展蓝皮书（2019—2020）》中，武汉片区、襄阳片区和宜昌片区的制度创新成果指数在全国43个自贸区（片区）中分别排第7位、第18位、第20位，在第三批设立的自贸区中，武汉片区排在第1位。在全国第三批自由贸易试验区最佳实践案例选取活动中，湖北自贸区的“全通版”食品药品许可证、推行不动产抵押权变更登记、涉税执法容缺容错机制、“两无一免”简化退税流程等入选。

第一章
国内外文献综述

第一节　国外文献综述

自2003年《营商环境报告》第一次公布以来，已有大量文章引用其研究成果并在重要学术期刊上发表，同时有超过1万篇线上工作论文。[①] 这些文献从各个领域讨论营商环境如何影响经济发展。为了更好地认识营商环境在经济发展中的重要作用，本部分对以往发表在顶级学术刊物上的文章或工作论文进行了详细梳理。

表1-1和表1-2对相关文献进行了分类总结。表1-1按研究领域或方法对使用《营商环境报告》相关指标的最新研究成果进行了总结：研究方法主要分为自然实验和差分估计方法、工具变量面板估计方法、其他面板估计方法、工具变量截面数据估计以及其他截面数据估计方法；研究领域主要包括开办企业和劳动力市场监管，贸易监管，法院、信贷市场、破产法及投资者保护方面的制度改革，税收制度改革，企业监管环境和经济绩效等方面。表1-2按研究内容对使用《营商环境报告》相关指标的最新研究成果进行了总结。

---

① 世界银行《营商环境报告》持续提供了世界范围内绝大多数经济体以及各经济体内部各地区间关于商业法律法规执行情况的新数据，使得对有关这些法规的研究得以蓬勃发展。大量实证文献评估了企业营商环境如何从宏观和微观层面影响经济发展，包括对生产率、经济增长、就业、贸易、投资、融资渠道和非正规经济发展等方面的影响。

表 1-1 使用《营商环境报告》相关指标的最新研究成果总结（按研究领域或方法）

研究领域	自然实验和差分估计方法	工具变量面板估计方法	其他面板估计方法	工具变量截面数据估计方法	其他截面数据估计方法
开办企业和劳动力市场监管	Branstetter 等（2013）；Bruhn（2013，2011）；De Mel 等（2013）；Kaplan 等（2011）；Monteiro 和 Assunção（2012）		Dreher 和 Gassebner（2013）		Amin（2009）
贸易监管			Chang 等（2009）；Busse 等（2012）；Portugal - Perez 和 Wilson（2011）；Seker（2011）	Djankov 等（2010）；Freund 和 Rocha（2011）	Hoekman 和 Nicita（2011）
法院、信贷市场、破产法及投资者保护方面的制度改革	Giannetti 和 Jentzsch（2013）；Giné 和 Love，（2010）；Lilienfeld - Toal 等（2012）；Love 等（2013）；Visaria（2009）	Cavalcanti（2010）；John 等（2008）	Büyükkarabacak 和 Valev（2012）	Houston 等（2010）	
税收制度改革	Monteiro 和 Assunção（2012）		Lawless（2013）		Djankov 等（2010）
企业监管环境和经济绩效	Amiti 和 Khandelwal（2011）	Barseghyan（2008）；Freund Bolaky（2008）	Dall' Olio 等（2013）；Dutz 等（2011）	Djankov 等（2006）	

资料来源：根据 2014 年《营商环境报告》整理而得。

表 1-2 使用《营商环境报告》相关指标的最新研究成果总结（按研究内容）

研究方法	研究内容
自然实验和差分估计方法	在葡萄牙，通过缩短企业注册时间和降低注册成本，创业企业数量增加了 17%，并且每个月符合条件的企业平均为每 10 万居民创造了 7 个新工作机会。改革后成立的初创企业规模较小，更有可能由女性所有，或者由经验相对不足、受教育程度较低的企业家领导。与改革前成立的初创企业相比，这些初创企业的人均销售额更低（Branstetter 等，2013） 在对正式创业有较多限制的城市，工商登记制度改革导致墨西哥 14.9%的具有与正式企业主相似特征的非正式企业转为正式企业（Bruhn，2013） 一项简化了墨西哥城市商业注册的改革增加了 5%的注册企业数量和 2.2%的就业人数。不过由于新企业进入、竞争加剧，现有企业收入也减少了 3%（Bruhn，2011） 提供有关新企业注册信息不一定会增加正规化企业的数量，特别是在存在其他制度障碍的情况下（De Mel 等，2013） 简化后的开办企业规则使得墨西哥 5%的非正规企业转向正式经济，尽管这种影响不是永久的（Kaplan 等，2011） 企业强制性信用报告制度可以有效改善金融中介服务的质量和内容，特别是在与信用信息系统结合使用时（Giannetti 和 Jentzsch，2013） 一项使破产法更有效的制度改革显著提高了哥伦比亚国内企业的投资回报率（Giné 和 Love，2010） 印度设置债务追偿法庭使得小企业借款和固定资产数量均减少，而大企业借款、固定资产和利润均增加（Lilienfeld-Toal 等，2012） 对流动资产进行抵押登记使得许多公司获得融资机会增加了约 8%，其中对小公司的影响更大（Love 等，2013） 设置债务追偿法庭使得银行不良贷款率和大额贷款利率分别降低了 28%，这意味着更快的债务追偿诉讼处理降低了印度企业的信贷成本（Visaria，2009） 巴西税制改革后，零售企业领取营业执照数量增加了 13%（Monteiro 和 Assunção，2012） 在管制较烦琐的 OECD 经济体中，进口竞争导致商品质量升级的幅度小得多，而在管制较烦琐的非 OECD 经济体中，进口竞争对质量没有影响（Amiti 和 Khandelwal，2011）
工具变量面板估计方法	减少信贷市场摩擦缩小了金融冲击对宏观经济波动的影响（Cavalcanti，2010） 对投资者权益强有力的保护在促进经济增长的同时会加大企业经营的风险（John 等，2008） 若开办企业成本按人均收入增加 80%，将使得全要素生产率减少 22%，人均产出下降 29%（Barseghyan，2008） 在具有灵活准入制度的经济体中，贸易增长 1%将促使人均收入增长 0.5%以上，但在制度刚性的经济体中，贸易增加不会促进收入增长（Freund 和 Bolaky，2008）

续表

研究方法	研究内容
其他面板估计方法	烦琐的程序和高水平的开办企业最低资本要求均不利于企业创建，同时，严厉的规章制度可能与腐败相伴而生（Dreher 和 Gassebner，2013） 在劳动力市场制度越灵活的国家，贸易开放的经济增长效应越大（Chang 等，2009） 在发展中国家，高效的政府监管往往有利于降低交易成本和缩短交易时间（Busse 等，2012） 良好的基础设施和健康的商业环境均能促进企业出口（Portugal – Perez 和 Wilson，2011） 提高贸易便利化程度和简化企业进入规则，可以显著增加出口规模，减少由于限制进入外国市场而造成的扭曲（Seker，2011） 公共信贷登记机构和私人信贷机构的出现降低了发生银行危机的可能性，特别是在低收入经济体，这种影响更加显著（Büyükkarabacak 和 Valev，2012） 复杂的税收制度不利于吸引外国直接投资，同时，较高的企业税率也不利于增加外国直接投资的数量和规模。研究发现，税收复杂性降低 10%相当于实际公司税税率降低 1%（Lawless，2013） 在欧盟，营商环境改善能显著提高制造业和服务业的劳动生产率（Dall' Olio 等，2013） 对非 OECD 国家的年轻企业来说，获得信贷、保护投资者和跨境贸易等方面的制度保障均能有效促进企业的产品和工艺创新（Dutz 等，2011）
工具变量截面数据估计方法	运输时间每延迟一天，贸易量至少减少 1%。这种延误对时间敏感的农产品和制成品以及内陆经济体的海外过境时间的影响更大（Djankov 等，2010） 在撒哈拉沙漠以南非洲国家，运输时间每增加 1 天，出口平均减少 7%（Freund 和 Rocha，2011） 强有力的债权保护会增加银行经营风险，增加发生金融危机可能性的同时，也会带来经济增长。同时，债权人之间的信息共享能降低发生金融危机的可能性，促进经济增长（Houston 等，2010） 拥有良好商业监管环境的经济体经济增长更快，样本中最好的 1/4 产业产出增长率比最差的 1/4 产业高出 2.3%（Djankov 等，2006）
其他截面数据估计方法	劳动力市场改革可促使零售业就业率增加 22%，非正式经济活动减少 33%（Amin，2009） 进出口成本与贸易量呈高度负相关（Hoekman 和 Nicita，2011） 投资（国内）规模和吸引外资规模不足、企业活力不够都有可能使得企业的实际公司税税率提高（Djankov 等，2010）

资料来源：根据 2014 年《营商环境报告》整理而得。

由表 1-1 可知，在研究制度安排影响效应的文献中，经常使用面板数据和工具变量法进行分析，在显示感兴趣的变量之间是否存在因果关系以及关系大小方面，其研究结果可信度介于纯截面分析和自然实验之间。面板数据使研究人员能够控制不随时间变化的特定经济因素的影响，比如地理位置，比单纯的截面分析更能得到有说服力的结果。

一、开办企业

过度烦琐的商业监管如何影响经济绩效？对于这一问题的回答，大部分研究认为，复杂的商业监管使企业从事正规经营的成本过高，进而转向非正规经营或者根本就不进行投资。近年来，许多文献利用《营商环境报告》及其相关指标对这一命题进行了广泛的实证检验。

Bruhn（2011，2013）借助准自然实验法，使用墨西哥2000—2004年全国及不同地区季度就业数据和基于企业注册登记制度改革而形成的公司快速注册系统，研究在开办企业方面的便利化制度改革如何影响非正式经济中企业主的职业选择。Bruhn（2011）发现，登记注册便利化改革使得新企业数量增加了5%，这主要是原工薪族转向创业的结果。Bruhn（2013）认为，由于旨在促进注册登记制度正规化的改革给企业带来的益处不大，所以从非正式企业转而成为正式企业的比例不大，且这项改革只涉及地区层面，除此之外，企业主还需向联邦税务机关进行税务登记。但是，Kaplan等（2011）指出，税收成本高企、市场创意缺乏以及正式化带来的利益有限，是创建公司和促使公司正规化最大的障碍。因此，他们认为，要想显著增加企业利益和改变企业形式，制度改革应该是全方位的，而不仅仅是简化企业注册登记程序。

过多准入规定可能不利于创业，并成为腐败的根源。为了证明这一点，Dreher和Gassebner（2013）发现，大量的注册登记程序和较高的最低资本要求均不利于企业创办。同时，开办企业层面的监管措施还会影响市场中的公司数量和规模。新公司的加入会使得资源在新旧公司之间重新配置并因此提高社会生产效率。Fernandes等（2018）经过实证研究后发现，葡萄牙2005年开始在开办企业方面进行了许多旨在简化手续的改革，这些改革措施实施10多年来已显著提高了葡萄牙国内的行业间竞争水平。运用葡萄牙国内所有私营企业劳工层面的数据进行分析后，他们还发现，激烈的市场竞争不仅会提高公司经营绩效，高管薪酬也会增加 6%～11%。Alfaro 和 Chari（2014）在考察了印度计划经济体制改革对公司规模、分布及资源配置的影响后认为，工业企业特别是小企业数量的增加主要源于便利的企业开办制度改革。他们还发现，在改革同时期内，工业部门生产效率显著提高，资源配置扭曲现象也明显减少。

二、劳动力市场监管

过度监管的劳动力市场会产生大规模非正式经济和较高失业率，因为这增加了正式就业的障碍，使市场过于僵化，无法适应经济中不断变化的环境。Amin（2009）使用 2006 年印度 16 个主要邦和 41 个城市 1948 家正式零售店的数据来证明这一点。基于横截面回归分析并控制了大量影响失业的因素后他发现，印度零售业的劳动法规破坏了就业机会的创造。同时，劳动力市场改革可促使零售部门就业增加 22%。这对于一个普通商店来说是一个重大的影响，因为零售部门是印度第二大雇主，占正式工作的 9.4%。他还指出，劳动力市场制度改革会使非正式经济收缩 33%。

Di Giovanni 和 Levchenko（2013）研究发现，若以实际人均收入衡量，将进入成本降低到与美国类似的水平，可使总体研究样本的平均福利水平提高 3.3%。该研究结论是基于以下假设得到的：在那些大型企业占比不高的经济体，降低进入壁垒带来的收益可能会更大，尤其是在发展中经济体，降低行业企业进入壁垒会促使居民福利水平增长更显著。

劳动力市场监管质量的变化不仅会显著影响失业率和劳动参与率，同时还会影响公司生产率水平。当最低工资高于市场均衡工资时，会增加竞争市场中的失业率。Jales（2018）运用 2001—2009 年巴西的数据进行研究后发现，引入最低工资要求导致该国非正式就业增加了 39%。Yamada（2016）认为，印度尼西亚实行的最低工资制度导致工作时间和就业人数双双减少，虽然中低收入家庭的收入有所增加，但他的研究结论是，提高最低工资要求所带来的福利收益很少甚至可以忽略不计。

Alvarez 和 Fuentes（2018）发现，智利在严格的劳动力市场监管下提高了最低工资要求，这在一定程度上导致了 20 世纪 90 年代末制造业生产率的下降。他们估计，1998—2000 年最低工资实际增长约 22%，非熟练工人较少行业的全要素生产率降低了 2%，非熟练工人较多行业的全要素生产率降低了 4%。Bjuggren（2018）研究发现，瑞典劳动力市场监管灵活度提高促使其劳动生产率增加。此外，他还考察了 2001 年瑞典《就业保护条例》改革的效果，该条例允许工人数量少于 11 人的公司免除 2 名工人的工龄；在裁员的情况下，最后一个被雇用的人最先被解雇。

Amirapu 和 Gechter（2019）认为，印度严格的劳动力市场监管致使公司单位劳动成本平均增加 35%。Kawaguchi 和 Murao（2014）对 1960—2010 年高收入经济体的数据进行实证研究后发现，青年持续失业与劳动力市场的刚性正相关。然而，Acharya 等（2013）的一份研究却显示，在一些高收入经济体，一定程度的劳动力市场监管刚性反而与公司创新绩效正相关，即一定范围内有效的市场监管是有利于企业创新的，这主要是因为：稳定的工作会激发员工的创新积极性。此外，劳动力市场监管变化与信贷市场变化有关。Alimov（2015）在考察了 25 个高收入国家就业保护性监管对银行借贷的影响后发现，增加就业保护不仅会扩大贷款息差，还会导致银行贷款极大减少，期限也更短。

三、跨境贸易及投资监管

随着世界各经济体之间的联系日益紧密，公共和私营部门都希望在全球市场竞争中变得更有竞争力。但在许多经济体中，从事国际贸易的企业仍面临着运输、物流、监管等贸易成本较高的问题，这不仅影响了企业竞争力提升，也阻碍了企业产能的充分发挥。世界银行《营商环境报告》用进出口通关时间、程序和货币成本衡量跨境贸易营商环境质量水平具有较强的适用性、可行性和科学性，基于此，一些实证研究评估了贸易成本如何影响经济体的进出口绩效。

Hoekman 和 Nicita（2011）发现，进出口成本与贸易量高度负相关，贸易成本越高，越不利于进出口活动的开展。Portugal-Perez 和 Wilson（2011）使用来自101个发展中经济体2004年至2007年的面板数据，评估基础设施、边境和运输便利以及商业环境对出口绩效的影响。虽然还结合其他各种不同的制度指标（包括政府透明度、腐败、公众对政府的信任、政府偏袒人脉广泛的公司、进出口收付汇的非严格管理等）评估一个经济体的跨境贸易营商环境，但主要还是使用进出口通关需要的时间天数和程序数量来衡量一个经济体边境贸易和运输的效率。在控制了影响出口绩效的国家固定效应和其他几个因素之后，他们发现，良好的基础设施、高效的运输和港口效率以及健康的商业环境能显著促进出口。

其他贸易监管措施改进也能促使一国获取更多国际贸易利益。Şeker（2011）重点关注出口规模与贸易法规以及企业开办法规间的联系。他使用2005年至2007年137个经济体的两项营商环境指标——出口时间和开办企业所需的手续数量进行研究后发现，提高贸易便利化、改善开办企业注册登记环境有助于增加出口规模，减少贸易扭曲对进入外国市场的限制。这些研究结果表明，投资环境改革有助于经济体增加出口机会。Martincus等（2015）认为，海关清关时间延误增加10%，会导致出口下降4%。这种影响的机制在于：出口商成本上升促使他们减少了国外销售；而对进口商来说，这降低了那些交货受到延误的公司给他们带来的风险。与此类似，Hornok和Koren（2015）细致考察了每批货物的行政成本对贸易量的影响：根据西班牙2006—2012年的海运出口数据，每批货物出口行政成本降低50%相当于关税降低9%。

政府监管效率会影响国内企业，同样也会影响外商投资企业。Corcoran和Gillanders（2015）的研究发现，外商直接投资与2004—2009年营商环境排名之间存在很强的相关性，而这二者间联系的主要驱动因素是跨境贸易的营商便利化。Munemo（2014）利用2000—2010年138个经济体的数据也研究了这种联系。他发现，在企业开办的监管成本超过一定水平的经济体中，外国投资挤占了国内投资。这一证据表明，改革开办企业的条例在加强外国和国内商业活动之间的互补性方面发挥了积极作用。

四、法院执法效率

法院执法效率是营商环境建设的重要内容之一。Cavalcanti（2010）利用62个经济体1981年至1998年的数据，使用合同执行成本和反债权人偏见的营商环境指标来衡量信贷市场摩擦，细致考察了金融冲击和信贷市场不完善对宏观经济波动的影响。与人们普遍认为的金融冲击对宏观经济波动的影响随信贷市场摩擦的增加而增加的观点相反，Cavalcanti的理论研究表明，金融冲击影响信贷市场摩擦取决于信贷市场摩擦的来源和初始水平。面板数据分析结果表明，在信贷市场摩擦较小的经济体，其合约执行成本和反债权人倾向的降低减少了金融冲击对宏观经济波动的影响。但在信贷市场摩擦广泛存在的经济体中，反债权人偏见的减少实际上会增加金融冲击对宏观经济波动的影响。

以司法的质量、速度和准入为目标的司法改革有利于提高生产力和经济发展水平。Chemin（2018）研究发现，在需要更多特定关系型投资的产业部门，这些司法改革使得企业生产率提高了22%。因此，司法效率对提高企业生产率至关重要。Ahsan（2013）认为，在法院效率最高的经济体中，降低进口关税带来的生产率提高最显著。Gianfreda和Vallanti（2017）研究了法院延迟解决意大利劳动纠纷带来的影响。他们认为，延迟审理劳动纠纷案件增加了企业的解雇成本，同时，在审判时间较长的司法辖区，工作流动率明显较低。

高效的法院合约执行效率会促使金融市场不断完善。Ponticelli和Alencar（2016）研究发现，在民事法庭不那么拥挤从而合约执行效率较高的巴西城市经营的公司，使用担保贷款的企业数量大幅增加。在加强对有担保债权人保护的改革之后，各公司的投资和产值也显著增加。这些结果再次证实：法院高效执行债权人权利以改善融资环境对企业成长和经济发展非常重要。高效的法院合约执行效率还能显著减少企业增长的波动性和不确定性。Demirgüç-Kunt等（2017）认为，更好的信贷信息系统和支持信贷市场的合同执行机制改善了企业获得长期融资的渠道，进而使得企业成长更具有稳定性和可持续性。无论是在危机时期还是经济复苏时期，破产成本对企业成长来说都非常重要。Chakraborty（2016）则认为，高质量制度有助于企业投资于制度依赖型的中间投入品，这可能会影响企业绩效。他发现，在印度，无论是在出口还是内销方面，司法质量都是提高企业绩效的重要决定因素。保守估计，司法质量每提高 10%，公司销售额就会增加 1%~2%。

五、金融市场发展质量

信贷市场、破产法和投资者保护等反映金融市场发展质量的内容是《营商环境报告》研究的重要监管领域，但大多数发展中经济体对这些领域的改革关注较少。最近的实证研究为这些问题提供了令人大开眼界的证据。

Visaria（2009）利用在印度各地设有分支机构的一家大型私人银行 1993—2000 年的项目贷款数据，评估设立债务追偿法庭对债务追偿率的影响。他发现，设立债务偿还法庭使得不良贷款减少了 28%。Lilienfeld-Toal 等（2012）认为，设立债务追偿法庭减少了小企业的借款和固定资产，但增加了大企业的借款、固定资产和利润，其原因可能是利率上升后，这类法院使得小公司申请大额贷款更加困难，因为小公司缺乏充足的抵押品。

信用报告制度减少了金融市场的信息不对称。Giannetti 和 Jentzsch（2013）认为，强制性信用报告制度改善了金融中介环境，拓展了获取信贷的渠道。信用信息制度还能减少银行危机发生的可能性。Büyükkarabacak 和 Valev（2012）发现，公共登记机构、私人机构或两者的存在降低了发生银行危机的可能性，特别是在低收入经济体。

保护投资者并帮助他们迅速解决与业务有关问题的法律法规对企业创建和生存至关重要，因为它们鼓励投资，促进业务平稳运作，并帮助有生存能力的公司在破产时快速复苏。John 等（2008）在对投资者保护进行研究后认为，投资者保护质量对企业风险承担能力和企业成长均有积极影响，保护投资者可以促进创业活动和经济增长，因为它使企业家能够进行高风险、高附加值的投资。

良好的股东权益保护制度有助于股票市场的良性发展。Claessens 等

（2014）认为，明确且得到有效执行的股东权益制度能有效降低资金使用成本，尤其对扩大规模或陷入困境的公司更有效。他们还发现，债权人的权利范围对资本成本没有显著影响。良好的股东权益保护制度能显著促进经济增长。Houston 等（2018）基于 32 个高收入和中等收入经济体样本研究发现，股东权益制度较好的公司以及资金雄厚的公司更容易获得股东融资，更有可能投资于技术开发。

有效保护债权人权益有利于企业发展，只要这种保护能提高信贷市场的效率和融资渠道。Berkowitz 等（2015）研究了债权人权利与企业保护其资产免受潜在征用之间的互补关系。利用来自中国的数据，他们发现减少征用风险和改善债权人权利的改革会显著提高公司价值。然而，Vig（2013）通过分析印度的证券化改革后发现，强化债权人权利会导致公司经营和财务结构扭曲，因为这需要公司通过增加现金流动性来改变其债务结构。

贷款信息制度方面，良好的贷款信息发布与获取制度有助于减少借贷双方之间由于信息不对称带来的挑战，贷款人和借款人都能准确识别双方可能面临的相关风险。Doblas-Madrid 和 Minetti（2013）发现，贷款信息分享能有效减少合同拖欠和违约。具体来说，借款人的还款延期期限平均减少了23~30天。此外，贷款机构出现严重拖欠的可能性平均降低了 7%~9%，重大违约事件发生的概率也大幅下降。Dierkes 等（2013）发现，共享商业信用信息提高了德国公司特别是老公司和有限责任公司对违约的预测质量。

六、税收监管

税收法规是公共政策和经济学中最具争议的话题之一。从现有研究来看，大部分学者认为，高税收和烦琐的税收制度对经济发展具有扭曲效应。Djankov 等（2010）利用 2004 年 85 个经济体的横截面数据，研究实际公司税税率如何影响创业和投资。他们依据营商环境指标对一个标准案例的企业所得税数据进行研究后发现，提高实际公司税税率往往不利于总投资，也不利于吸引外商直接投资和增加企业经营绩效。Lawless（2013）通过对 57 个经济体的税收制度进行研究后发现，提高公司税税率和增加税收复杂度不利于吸引外商直接投资。在控制了其他影响外商直接投资的因素之后，他发现，一方面复杂的税收制度影响的是少数外国直接投资，而不是小规模外商直接投资；另一方面企业所得税税率与吸引外商直接投资数量和规模均呈负相关关系。研究还表明，就对外商直接投资的影响而言，税收复杂度降低 10%，相当于有效公司税税率降低 1%。

运用 2006—2011 年巴基斯坦数据，Waseem（2018）发现，在增加税收之后，公司会通过低报利润、转向非正式经济或其他方式做出反应。此外，尽管增税后税收收入立即增加，但三年后甚至低于初始水平。因此，增加税收从长期和整体上看，是不利于该国经济增长的。Belitski 等（2016）对 72 个经济体在 2005—2011 年的腐败与企业所得税之间的相互关系进行调查和研究后发现，较高的税率不利于企业进入。他们还发现，腐败抵消了高税收对入境的负面影响。Rocha 等（2018）发现，一旦取消企业注册登记成本，减少税收就会降低巴西公司的非正式属性；然而，这种效应主要针对现有企业注册，而非创建新的正式企业。

Harju 等（2019）认为，高合规成本对企业经营的影响类似于提高税率。利用芬兰增值税申报证据进行研究后他们发现，销售额增长是合规成本降低的结果，而不是降低增值税税率水平。此外，Esteller-Moré 等（2010）的研究报告还探讨了税收在引导外商直接投资流入方面的作用，发现 OECD 成员和非 OECD 成员之间具有异质性。运用 Djankov 等（2010）的研究数据，他们指出，非 OECD 成员的税收会影响外商直接投资，而税收对 OECD 成员却不会带来显著影响。

七、产权转让

确定微观主体的私有土地所有权有助于企业获得更多信贷。Karas 等（2015）运用企业层面数据评估了提高土地所有权保障对俄罗斯联邦大型城市工业企业的影响，发现私有土地权有助于企业获得外部融资并促进投资。当产权不安全时，对被征用的恐惧可能会推动企业家做出次优投资决策。通过研究土地划分和投资之间的关系，Goldstein 等（2018）考察了加强贝宁农村土地产权的好处。他们认为，提高土地使用权安全性引发了23%~43%的长期投资，同时，改善土地保有权保障使得家庭投资从维持生计转向常年经济作物，而女户主家庭比男户主家庭能更快对改革做出反应。

八、获得电力

电力供应中断对世界范围内的企业经营都是非常不利的。不可靠的电力供应会导致货物变质、敏感设备损坏和生产力损失。部分企业会通过购买发电机和其他昂贵的设备来应对，以保护敏感的机器和库存。Allcott 等（2016）分析了 1992 年至 2010 年期间，电力短缺对印度制造业工厂投入选择、收入和生产率的影响，他们发现，电力短缺平均会使工厂的收入减少 6%~8%，生产者总剩余减少 10%，其中大约一半是由于增加备用发电机的成本带来的。Moyo（2013）调查了 2002—2005 年非洲停电和制造业生产率之间的关系，发现，不仅每天停电的小时数与生产率之间呈负相关关系，由于断电造成的产量减少百分比也与生产率呈负相关关系。Andersen 和 Dalgaard（2013）在研究 1995—2007 年停电对非洲企业和经济增长的影响时发现，停电时间每增加 1%，长期来看人均 GDP 会下降 3%。Cole 等（2018）运用 14 个撒哈拉以南非洲经济体企业层面的数据进行研究后发现，平均停电时间与企业经济损失之间存在显著的正相关关系：平均停电时间越多的经济体，企业经济损失越大；如果把平均停电水平降低到南非的水平，企业总销售额将增加 85%，而没有发电机的企业的销售额将增加近 120%。

九、营商环境与经济发展

截至目前，现有研究主要关注不同商业监管制度对一些中间经济变量的影响。但是，我们还需要研究营商环境建设是否对企业和经济体整体绩效有影响，以及这种影响效应有多大，如研究营商环境对产出增长率、生产率和创新的影响。

Djankov 等（2006）认为，拥有良好商业监管环境的经济体经济增长更快，产出增长率最快的1/4样本比最慢的高出2.3%。Dall' Olio等（2013）对营商环境和经济增长间的关系提出了进一步的见解，他们利用总体营商环境指标及其分类指标，如建筑许可、跨境贸易、纳税和雇用工人等，调查了2002—2008年结构性或企业特有特征对欧盟劳动生产率增长的贡献，发现，欧盟营商环境改善与制造业和服务业劳动生产率提高均呈现正相关关系，但这种影响效应具有国家异质性。

现有文献普遍认为，较高的企业进入成本会扩大非正式经济规模，不利于就业创造，进而可能不利于经济发展。Barseghyan（2008）利用97个经济体的商业数据进行工具变量估计，研究进入成本如何影响产出和生产力。他分别将经济体地理纬度、讲欧洲主要语言的人口比例、殖民早期欧洲殖民者死亡率和16世纪早期两性人口密度作为企业进入成本的工具变量进行回归估计，发现提高企业进入成本通过降低全要素生产率显著降低了每个工人的产出；如果进入成本增加为人均收入的80%，全要素生产率会下降22%，人均产出也会下降29%。Amiti和Khandelwal（2011）认为，对于OECD成员国而言，进口竞争导致的质量升级在法规更为烦琐的经济体中要小得多。在非OECD成员中，如果管制较烦琐，进口竞争不会导致产品质量改善。这些调查结果表明，由于官僚主义的繁文缛节、非关税壁垒和其他进入规则造成的障碍，可能需要对进口竞争制度进行改革，以提高产品质量。

第二节 国内文献综述

国内学者对营商环境问题也进行了非常深刻的研究，形成了丰富的理论研究成果并逐渐成为指导我国经济社会发展实践的重要工具。研究内容主要集中在营商环境质量评价、营商环境质量效应和营商环境建设实践三个方面。

一、营商环境质量评价

营商环境对经济社会发展的重要性已得到理论和实践层面的认可：营商

环境质量更好的国家和地区，其经济社会发展质量更优。为研究和证实营商环境对经济社会发展的影响机理和影响效应大小，人们首要的工作就是探索出评价营商环境质量优劣的方法。现有评价主要从三个方面展开：一是专业性研究机构创建的营商环境质量评价指标体系，比如中国改革基金会国民经济研究所编制的市场化进程相对指数、中山大学专门针对中国自由贸易试验区发展编制的自贸区制度创新指数等；二是各级政府主管部门出于营商环境建设实践需要而制定的评价指标体系，比如 2018 年 8 月国家发展和改革委员会（以下简称“国家发改委”）对接世界银行《营商环境报告》的先进标准并结合中国发展实际而制定的营商便利度评价指标体系，湖北省人民政府（以及其他各省市人民政府）以国家发改委的评价指标体系为参考，结合本地区自身发展实际而确立的营商环境评价指标体系；三是广大学者在研究制度质量或营商环境质量对经济社会发展各方面影响时根据研究需要而确定的指标（或指标体系）。前两方面的内容将在本书第二章进行详细介绍，这里仅分析第三方面的情况。

国内代表性学者对营商环境质量评价的情况见表 1-3。从中可以看出，对营商环境质量的评价主要从以下四个方面展开：一是从具体制度安排出发，研究制度质量对贸易、投资和经济发展其他各方面的影响，比如潘向东等（2005a，2005b）分别从进口国和出口国层面分析贸易、投资、产权保护、工资等方面的制度安排如何影响高技术产品出口、贸易流量、贸易结构和经济增长。二是运用或构建不同的指标体系，分析制度质量的经济增长效应，比如邵军和徐康宁（2008）运用 Kaufnman 等（2007）的法律制度指标、茹玉骢等（2010）运用世界银行的法院合约实施效率指标、张杰等（2010）运用中国市场化进程相对指数、吴一平和王健（2015）运用各国经济自由度指数等从不同层面进行深入分析。三是研究营商环境的经济增长效应，大部分文献均参考世界银行的营商环境指标体系，如夏后学等（2019）。也有学者对该指标进行拓展和深入分析，如陈初昇等（2020）分析东道国与母国之间营商环境距离对企业海外子公司生产及经营绩效的影响。四是从非正式制度层面展开研究，如吕朝凤等（2019）研究社会信任对经济增长的贡献。

表 1–3　国内代表性学者对营商环境质量评价的情况

序号	研究内容	营商环境或制度质量具体指标	评价内容	来源
1	基于贸易引力模型研究进口国制度安排对高技术产品出口的影响	进口国制度安排	产权保护程度；法律规范程度；贸易政策；货币政策；外资政策；金融市场自由化；政府干预；黑色市场交易；工资政策	潘向东等（2005a）
2	出口国经济制度对其贸易流量、贸易结构及经济增长的影响	出口国经济制度	贸易政策；货币政策；外资政策；产权保护制度；法律规范程度；政府干预等	潘向东等（2005b）
3	经济制度对中国经济增长的影响	经济制度	政府管制；非国有经济发展水平；宏观经济治理结构；市场化指数	钟昌标等（2006）
4	实证检验制度距离对中国吸引外商直接投资的影响	制度质量	文化制度；法律制度；宏观经济制度；微观经济制度	潘镇（2006a）
5	制度（含制度质量和制度距离）对双边贸易的影响	制度质量；制度距离	法律制度；宏观经济制度；微观经济制度	潘镇（2006b）
6	研究制度质量作为调节变量在吸引外资影响经济增长中的作用	制度质量	Kaufnman 等（2007）的法律制度指标	邵军和徐康宁（2008）
7	研究制度如何作用于微观企业生产效率，进而影响出口的地区间差异	制度质量	司法制度；产权保护制度	金祥荣等（2008）
8	各地区市场环境和政府效率对外资进入模式选择的影响	市场制度；政府行政效率	合约制度；地方政府对各类企业的帮扶程度	皮建才（2009）
9	市场分割这一制度安排对地区经济增长的差异化影响（以经济开放度作为中间变量）	市场分割指数	9 种代表性商品的地区间价格相对差异	陆铭和陈钊（2009）

续表

序号	研究内容	营商环境或制度质量具体指标	评价内容	来源
10	制度环境在国家利率市场化改革中的作用	制度质量	合约执行效率；产权保护程度	江春和吴小平（2010）
11	研究制度质量在国际研发溢出中的重要作用	制度质量	营商便利度；教育体系；知识产权保护；市场化程度；国家法律渊源	邓海滨和廖进中（2010）
12	外资区位选择和产业选择受地区合约实施效率的影响机制及影响效应	合约实施效率	世界银行的法院合约实施效率指标	茹玉骢等（2010）
13	契约制度影响中国地区产业集聚的机理	契约制度	世界银行 2008 年《中国营商环境报告》指标体系①	王永进等（2010）
14	制度对地区间出口差异的影响	制度环境	基于中国市场化进程相对指数设计的制度质量指标	张杰等（2010）
15	研究制度质量对中国对外贸易的地区差异化影响	制度质量	金融深化度；对外开放度；城市化水平；政府管制水平；市场化程度	郭苏文和黄汉民（2010）
16	对外开放对地区经济增长的差异化影响	经济开放	外资开放度；贸易开放度	李恒（2011）
17	合约实施效率对中国产业比较优势的地区差异化影响	合约实施效率	世界银行的法院合约实施效率	茹玉骢和张利风（2011）
18	产权保护对中国经济增长的影响	产权保护	历史上中国不同地区受西方文化影响的程度	方颖和赵扬（2011）

① 具体指标内容见本书第二章。

续表

序号	研究内容	营商环境或制度质量具体指标	评价内容	来源
19	市场化发展程度对中国经济增长的贡献	市场化进程	政府与市场的关系；市场中介组织发育和法治环境等五个方面①	樊纲等（2011）
20	以制度环境为调节变量分析中间品贸易自由化对制造业生产率的影响	制度环境	借鉴王永进等（2010）做法	毛其淋和许家云（2015）
21	研究各产业部门制度特征对地区制度环境改善的作用机制	制度质量	中国市场化进程相对指数中的"市场中介组织发育和法律制度环境"	马俊英等（2015）
22	契约执行力通过影响金融机构和企业之间的合作效率而影响产业结构布局的机制和效应	契约执行力	中国市场化进程相对指数中的"市场中介组织发育和法律制度环境"	李俊青和刘帅光（2016）
23	制度在产品内分工影响出口技术复杂度中的作用	制度质量	经济风险；政治风险；金融风险②	戴翔和金碚（2014）
24	制度在国内市场规模影响产品出口结构多元化中的作用	制度环境	市场制度③	易先忠等（2014）
25	研究制度对中国对外直接投资区位选择的影响	制度性因素	话语权与问责制、控制腐败等六个方面④	王永钦等（2014）
26	制度环境在政治网络影响创业绩效中的作用	制度环境	各国经济自由度指数⑤	吴一平和王健（2015）

① 具体指标内容见本书第二章。

② 参考世界各国风险指南（International Country Risk Guide，ICRG），本书第二章将做详细介绍。

③ 美国传统基金会（the Heritage Foundation）发布的经济自由度指数。

④ 全球公共治理指标，本书第二章将做详细介绍。

⑤ 美国传统基金会（the Heritage Foundation）发布的经济自由度指数。

续表

序号	研究内容	营商环境或制度质量具体指标	评价内容	来源
27	制度质量在学历分布影响中国地区经济增长路径中的作用	制度质量	市场化进程相对指数	邓宏图和宋高燕（2016）
28	制度环境在出口市场分布影响出口企业本土集聚中的作用	制度环境	全球公共治理指标①	张一力等（2018）
29	不完全契约背景下社会信任在经济增长中的作用	社会信任（非正式制度）	地区社会信任指数②	吕朝凤等（2019）
30	进口国非正式制度对出口商品质量提升的影响机制	非正式制度	普遍道德水平	祝树金等（2019）
31	营商环境在消除寻租影响企业创新中的作用	营商环境	企业处理行政管理事务所花时间③	夏后学等（2019）
32	营商环境距离在企业国际化速度影响海外子公司生存效率中的作用	营商环境	东道国与母国之间营商环境质量（世界银行指标）得分之差④	陈初昇等（2020）
33	营商环境对城市创新绩效的影响机制和效应	营商环境生态	政府效率；人力资源；金融服务；公共服务；市场环境；创新环境⑤	杜运周等（2020）

资料来源：笔者根据有关文献整理而得。

二、营商环境质量效应

营商环境非常重要，这已得到理论和实践层面的普遍认可。事实上，制度已经成为各个国家和地区促进经济社会发展最根本的要素。现有文献对此进行了大量研究，主要体现在制度环境对贸易、对投资及对经济增长的影响

---

① 全球公共治理指标，本书第二章将做详细介绍。

② 参考张维迎和柯荣柱（2002）。

③ 来源于世界银行针对中国企业发布“China-Enterprise Survey 2012”问卷调查内容中“企业经理是否每周都要花费时间处理行政管理条例”中的数据。

④ 具体指标内容见本书第二章。

⑤ 具体内容参考《中国城市营商环境评价》。

等方面。

（一）制度环境对贸易的影响

在制度对贸易的影响方面，主要集中于各类制度安排对双边贸易、多边贸易、贸易结构、一国内部各地区贸易差异化影响等方面。

传统贸易理论认为，贸易产生于劳动生产率差异，或是基于劳动力、资本等要素禀赋差异而形成的比较优势。与传统贸易理论研究产业间劳动分工不同，新贸易理论和新新贸易理论认为贸易根源于规模报酬递增和不完全竞争条件下产业内分工引起的企业间生产效率的差异。当然，贸易理论的演进是与贸易实践发展密不可分的。正是由于发展中国家逐步融入世界市场，国际直接投资蓬勃发展，产业内贸易和产品内贸易日益普遍，跨国公司在全球价值链中的重要性凸显，贸易理论才得以逐渐丰富，并成为进一步指导贸易实践的重要源泉。随着经济社会发展日益深入，制约其高质量发展的深层次问题逐渐显现，在制度经济学不断发展的背景下，广大经济学家意识到，除劳动力或人力资本、技术等显性要素禀赋外，国家之间特别是发展中国家和发达国家之间最大的差异是隐性层面的制度质量差异。很显然，制度质量也是国家间贸易规模、贸易结构、贸易收益等差异的根本原因。

制度质量会通过多种渠道影响交易成本，而交易成本又是影响企业对外贸易活动的重要变量（杨小凯和张永生，2001）。潘向东等（2005a）通过建立包含制度质量的贸易引力模型，运用中国、美国、巴西、日本和韩国的贸易数据验证了进口国制度安排对高技术产品出口的影响。研究认为，不同国家高技术产品出口受进口国制度安排的影响不同。比如，中国和巴西高技术产品出口更易受进口国制度实施质量的影响，而美国和日本则更易受产权保护程度、法律规范程度、贸易政策等正式制度的影响。同时，不同种类高技术产品出口对进口国制度安排的敏感性也不同。日本出口生物医药类高技术产品受进口国制度环境的影响更大；进口国法律制度规范程度越高，美国、巴西和日本三国出口动力设备类制造业高技术产品越多；美国和日本的航空航天类高技术产品出口受进口国外资政策、工资政策和黑色市场交易等方面制度的影响更大。①

金祥荣等（2008）通过建立开放型垄断竞争模型，从理论层面细致考察了制度质量对地区间出口差异的影响机制。由于多种原因的存在，中国存在较为严重的地区市场分割现象（白重恩等，2004；陆铭和陈钊，2009），特别是在21世纪以前。加上初始资源禀赋、经济发展历史、地理区位等方面的不同，各地区制度质量具有显著差异，这种差异直接导致微观主体经营环境不同，由此使得其存在生产效率差异以及地区间产业结构、比较优势等方面的异质性，最终形成地区间出口规模差异。②

张杰等（2010）也对中国地区间出口差异进行了深入分析，与金祥荣等（2008）不同的是，张杰等（2010）更加偏向于实证分析层面，且重点从产业特征和合约实施制度方面加以考虑。他们认为，制度依赖型行业常常具有较复杂的生产过程和较多中间投入品，因而其往往表现为高技术密集型行业。这种行业在外部制度环境较好地区的生产成本更低，因而制度质量更优的地区在这类产业的生产上更有比较优势。这种影响机制主要体现在：合约实施制度、知识产权保护制度、市场制度和政府对企业的干预程度等制度安排将通过影响企业技术创新、出口等生产经营决策、行业资源配置效率、行业竞争力等途径进而影响地区出口规模和出口结构。反过来，高复杂性的技术密集型行业又具有较好的经济外部性，其发展必将带来地区技术进步、人力资本投资增加和集聚，最终成为推动地区经济社会发展的重要动力。运用中国4分位行业的微观制造业企业数据进行实证分析后发现，制度依赖型行业在制度质量更高的地区更有比较优势。

制度质量是一国比较优势形成的源泉（Levchenko，2007；Nunn，2007；Belloc和Bowles，2011；戴翔和金碚，2014）。制度作为宏观变量，其对比较优势的影响可以从宏观层面展开，但最终还是通过对微观经济主体的影响来

---

① 潘向东，廖进中，赖明勇．进口国制度安排与高技术产品出口：基于引力模型的研究[J]．世界经济，2005（9）：12-33.

② 金祥荣，茹玉骢，吴宏．制度，企业生产效率与中国地区间出口差异［J］．管理世界，2008（11）：61-78.

实现的。曹驰和黄汉民（2017）将制度变量引入异质性贸易模型，实证检验了制度如何影响企业生产效率进而形成一国的比较优势。他们认为，良好的制度环境会降低企业从事生产、内销和出口的生产率门槛，大量企业都能进入市场参与竞争，激烈的市场竞争反过来又会促进企业改进生产技术，提高生产效率。此时，一方面，只有生产率最高的企业才能克服出口市场的高交易成本；另一方面，行业的整体生产率水平也因竞争而提高。运用中国制造业行业数据进行实证检验的结果是：在其他条件不变的前提下，制度质量每提高 0.1 个单位，从事国内销售的企业平均生产率门槛会降低 9.6%，而从事出口的企业平均生产率门槛会降低 8.7%。①

黄先海和吴屹帆（2020）则把制度区分为正式制度和非正式制度，并将两种不同制度形态纳入一般贸易均衡模型研究比较优势的形成机制。他们认为，正式制度和非正式制度会相互影响，只有当两种制度形态都足够好，或者良好的正式制度足以弥补非正式制度缺陷，或者良好的非正式制度足以弥补正式制度缺陷的情况下，一国的比较优势才能形成。运用中国省级层面制造业数据进行经验分析后发现，良好的正式制度能显著增加契约密集型产品出口，但是，非正式制度对契约密集型产品出口的促进作用不明显。尽管如此，二者的相互作用仍能强化这一出口促进效应。这说明中国的正式制度质量已得到显著提高，制度创新的成果已经初步显现。② 孙楚仁等（2018）则基于国际比较，细致考察了国家制度质量、行业制度密集度以及二者的交互作用对一国比较优势的影响机制。

基于不完全合约理论，林玲和刘尧（2018）在考虑行业契约密集度特征的基础上，实证检验了中国对“一带一路”沿线国家出口与进口国制度质量、出口产业契约密集度之间的关系。结果表明，中国倾向于向制度环境更优的国家出口；契约密集度越大的行业，会更多地出口到“一带一路”沿线制度

① 曹驰，黄汉民．外部制度质量差异对企业生产率和出口选择门槛的影响——基于中国制造业行业的理论和实证研究［J］．国际贸易问题，2017（2）：102-118.

② 黄先海，吴屹帆．正式制度、非正式制度质量与比较优势［J］．国际贸易问题，2020（3）：9-20.

环境更优的国家；相比于经济制度，政治制度对各行业（尤其是契约密集型行业）出口规模的影响更大。这一结论对于目前中国调整和优化出口产业结构、提高出口商品技术复杂度、深化与“一带一路”沿线国家的经贸合作都具有非常重要的现实意义。[①] 易先忠等（2017）则考察了许多国家广泛存在的出口与内需背离的深层次原因。他们认为，一般情况下，国内市场需求会促进出口，即“内需引致出口”。但与此同时，还存在出口与内需的结构性背离，即一国的许多出口产业往往在国内没有市场或只具有较小的国内市场。究其原因，他们认为，糟糕的制度环境致使出口产品结构和国内需求结构均被扭曲，从而使得某些国家庞大的国内需求仍无法培育或形成比较优势。此时，这种国家既无法摆脱为满足国内市场而固化形成的低端产业困境，同时，恰恰也因为没有国内市场支撑，某些高技术产业也无法形成比较优势，因而长期被锁定在低附加值产业。这是目前许多发展中国家均面临的转型困境。[②] 张一力等（2018）则解释了中国许多出口企业为何有本土化集聚的倾向。他们研究后发现，进口国的制度质量越差，中国出口企业越容易出现本土化集聚，这主要是出于减少出口制度性障碍、降低出口制度性交易成本等方面的原因而形成的。[③]

（二）制度环境对投资的影响

良好的制度环境有利于吸引外商直接投资（Agodo，1978；Wei，1997；Jun 和 Singhe，1995；Wasseem Mina，2008；鲁明泓，1999）。国内外学者从不同视角展开研究，形成了一批丰富的成果，主要从理论和实证层面展开。Lall 和 Siddharthan（1982）认为，对外资企业的有效保护是促进美国吸引外商直接投资的重要因素之一。Maryanne Grieg-Gran（2002）认为美国采矿行业绿地投资更易受融资方面制度的影响。Wasseem Mina（2008）则使用阿拉

---

① 林玲，刘尧．制度质量、行业契约密集度与出口贸易——基于中国对“一带一路”国家的出口研究［J］．国际贸易问题，2018（7）：70-85.

② 易先忠，包群，高凌云，张亚斌．出口与内需的结构背离：成因及影响［J］．经济研究，2017（7）：91-105.

③ 张一力，周康，张俊森．海外市场、制度环境与本土集聚［J］．经济研究，2018（10）：32-50.

伯国家的投资和制度质量方面数据验证了制度质量对这些国家吸引外资的积极影响，并对双边贸易协定作为具体制度安排进行深入研究，认为签订双边贸易投资协定有助于促进各方之间的相互贸易和投资。

鲁明泓（1999）通过面板数据进行分析后发现，与硬环境和显性经济要素相比，制度环境在吸引外资中更加重要。而郭苏文和黄汉民（2010）则基于中国对外直接投资数据，从东道国和投资国间制度差异视角研究了制度距离对中国对外直接投资的影响。制度距离不利于中国对外直接投资，其中影响效应最大的是东道国和投资国间在产权保护制度、贸易政策和财政政策方面的差异。[①] 衣长军等（2019）的研究结论与此类似。不同的是，衣长军等（2019）区分了正式制度和非正式制度，运用中国企业海外直接投资面板数据进行研究后发现，行为规范、文化背景等非正式制度距离对中国企业海外分支机构的生存时间和经营绩效的影响大于正式制度。同时，企业所有制和国际化经验在制度距离对海外分支机构的影响中起到非常重要的调节作用：在制度差异不变的条件下，相比于民营企业，国有企业的生存时间更长，经营绩效更优；相比于缺乏国际化经营经验的跨国公司，国际化经营经验丰富的跨国公司的生存时间更长，经营绩效更优。[②]

传统国际投资理论认为，国际投资首先发生在经济发展水平相似的国家之间，所以早期的国际投资往往发生在发达国家之间，发展中国家融入国际生产分工体系的基础主要是以发达国家为中心的外围地区，难以获得较多的投资收益。对发展中国家来说，除了经济发展和产业发展基础薄弱外，与发达国家最大的差距应该就是制度差异。因此，许多学者基于制度展开研究，比如关税制度、外资政策等。潘镇（2006a）从具体制度安排层面出发进行研究发现，投资国与东道国中国之间的制度距离越大，中国吸引外资规模越小。这些具体制度安排主要包括文化制度、法律制度、贸易政策、货币政

① 郭苏文，黄汉民．制度距离对我国外向 FDI 的影响——基于动态面板模型的实证研究［J］．国际经贸探索，2010（11）：65-72.

② 衣长军，刘晓丹，王玉敏，等．制度距离与中国企业海外子公司生存——所有制与国际化经验的调节视角［J］．国际贸易问题，2019（9）：51-68.

策以及金融管制政策等。

同样基于制度距离，潘镇等（2008）细致考察了制度距离对外资企业生存和经营绩效的影响。以中国吸引外资的数据为例，他们研究后发现，与中国的制度距离越大，在华外资投资失败的风险越大；法律和企业管理方面的制度差异越大，风险越大；制度距离越大，合资企业投资失败的风险越大。① 同样基于中国企业的对外直接投资行为，林花等（2019）将外商投资企业在东道国获得政府及相关机构的资源和援助作为中间变量，细致考察了东道国社会网络和制度环境对中国企业在东道国经营绩效的影响。研究发现，东道国良好的制度环境不利于中国企业海外子公司获得资源和援助，进而其财务指标、运行指标和整体绩效均更差。从具体的制度安排来看，东道国政治制度环境对中国企业海外子公司获得资源或援助的负向影响最大，因而最不利于提高其经营绩效，东道国经济制度的影响次之，企业运行制度环境的影响最小。②

制度质量不仅影响外商直接投资的流量规模和进入方式，还会影响外资的区位选择（邓明，2012；宗芳宇等，2012；王永钦等，2014；李丽丽、綦建红，2017）。茹玉骢等（2010）认为，这种影响与外资进入产业的特征有关。他们将地区合约实施效率和产业合约密集度特征纳入垄断竞争模型，并利用中国地区间吸引外资数据进行实证分析后发现，外资进入的区位选择不仅受人力资本、产业基础、资源等传统要素禀赋的影响，还与地区合约实施制度质量密切相关。合约制度质量越高的地区，合约执行效率越高，越容易促进中间品交易，因此对大量需要中间投入品的行业（技术复杂性行业或技术密集型行业）来说，其制度性交易成本越低，外资就更倾向于选择在这样的地区投资，进而从合约实施效率层面解释了中国吸引外资存在地区差异的

---

① 潘镇，殷华方，鲁明泓．制度距离对于外资企业绩效的影响——一项基于生存分析的实证研究［J］．管理世界，2008（7）：15-21.

② 林花，彭倩，林肇宏．中国企业海外子公司绩效研究：基于社会网络和制度视角［J］．国际贸易问题，2019（9）：66-73.

深层次原因。①

冀相豹（2014）分析了影响中国企业对外直接投资的制度性因素。通过理论分析和实证检验后发现，从整体上看，中国企业对外直接投资更多依赖于制度质量。相对于非国有企业，国有企业更依赖于制度环境，这种依赖性主要体现在两个方面：一是受国内政治、经济环境的影响，国有企业能更多享受到来自政府的资金支持、特殊政策优惠等制度性帮助；二是因为其特殊身份而受到东道国政府及相关机构的特别照顾或遭受东道国的特别歧视。对发达国家来说，其制度环境对吸引中国投资具有显著正向影响，即其制度质量越高，中国对其直接投资越多；与此相反，对发展中国家来说，东道国制度质量越低，中国对其投资反而越多。此外，双边投资协定的签署和执行有助于促进中国的对外直接投资，这种促进作用主要体现在：双边投资协定作为一项特殊制度安排，不仅能在一定程度上弥补东道国和投资国的制度缺陷，还能对两国的制度差异起到融合作用。②

随着中国与“一带一路”沿线国家贸易投资活动的日益增加，广大学者深入研究影响贸易投资规模和结构的因素，这对于促进中国与“一带一路”沿线国家深入合作、共同发展具有非常重要的现实意义。大量研究证明，制度环境是影响中国对“一带一路”沿线国家直接投资的最根本因素之一（申现杰和肖金成，2014；杨立卓等，2015；邱斌等，2016；周伟等，2017）。崔日明和黄英婉（2016）专门针对“一带一路”沿线国家实际构建了衡量其贸易投资便利化的指标体系。他们认为，随着全球贸易和投资融合发展程度的进一步加深，贸易便利化和投资便利化应合二为一。具体来看，市场准入、运输和基础设施、规制环境、营商环境和边境管理应作为评估贸易投资便利化的五个一级指标，各一级指标下设若干二级指标。王颖等（2018）运用拓展贸易引力模型和2007—2015年中国与“一带一路”沿线30个国家的投资

① 茹玉骢，金祥荣，张利凤．合约实施效率、外资产业特征及其区位选择［J］．管理世界，2010（8）：9－19.

② 冀相豹．中国对外直接投资影响因素分析——基于制度的视角［J］．国际贸易问题，2014（9）：96－108.

面板数据进行分析后发现，沿线东道国人均收入水平与中国对其投资规模负相关，经济总量和资源禀赋水平分别与中国对其投资规模正相关。[①] 而钱进和王庭东（2019）则认为，“一带一路”发展中国家的制度质量不高，才恰恰是中国企业对其直接投资的重要原因。[②] 更进一步地，贺娅萍和徐康宁（2018）认为，除自然资源禀赋、东道国市场容量及政治制度外，经济制度是中国对“一带一路”沿线国家 OFDI 的重要影响因素之一。中国对外直接投资规模更易受东道国在商业交易、投资及货币使用方面的自由程度影响，商业自由度越大，或投资自由度越大，或货币自由度越大的东道国，中国对其 OFDI 规模越大；贸易自由度与其投资规模呈反向关系，贸易自由意味着各种贸易壁垒减少，贸易成本降低，在一定程度上取代了对外直接投资。[③]

（三）制度环境对经济增长的影响

由于经济制度内涵丰富，现有研究认为，经济制度主要通过影响贸易和其他经济变量间接影响经济增长，比如，经济制度会通过促进资本积累、激励技术进步而形成一国经济增长的动力。潘向东等（2005b）认为，经济制度安排是通过作用于一国对外贸易而间接影响经济增长的。具体来说，贸易政策对一国贸易规模的影响最大，产权保护制度对一国高技术产品出口的影响效应最大。这主要是由于良好的产权保护制度能有效促进人力资本投资和技术创新，良好的贸易政策能有效降低交易成本和交易风险并培育贸易竞争力。因此，贸易政策和产权保护制度对一国经济增长的影响效应最大。[④] 张光南和李军（2008）研究了制度质量、政府规模与经济增长之间的关系。他们发现，由于西葡属殖民地国家制度质量不及英属殖民地国家，所以其最优政府

---

① 王颖，吕婕，唐子仪．中国对“一带一路”沿线国家直接投资的影响因素研究——基于东道国制度环境因素［J］．国际贸易问题，2018（1）：16-23.

② 钱进，王庭东．“一带一路”倡议、东道国制度与中国的对外直接投资——基于动态面板数据 GMM 的经验考量［J］．国际贸易问题，2019（3）：102-119.

③ 贺娅萍，徐康宁．“一带一路”沿线国家的经济制度对中国 OFDI 的影响研究［J］．国际贸易问题，2018（1）：78-89.

④ 潘向东，廖进中，赖明勇．经济制度安排、国际贸易与经济增长影响机理的经验研究［J］．经济研究［J］．2005（11）：36-50.

规模和经济增长绩效也不及英属殖民地。同时，经济增长绩效不仅源于制度环境方面的差异，还直接源于政府规模，说明制度质量不仅分别作用于政府规模和经济产出，还能通过最优政府规模间接影响经济产出。① 吴一平（2008）则基于中国数据实证检验了政府质量和政府规模对经济增长的影响。考虑到制度变量可能存在的内生性，方颖和赵扬（2011）将 1919 年不同城市基督教教会小学生注册人数作为制度的工具变量，实证检验产权保护制度对中国经济增长的影响。结果发现，产权保护制度对城市经济增长的影响显著为正，其他制度变量（市场制度、法律制度等）对经济增长的影响也不同程度地显著为正。②

当然，也有分析经济制度对经济增长的直接影响。比如，钟昌标等（2006）研究经济制度对中国经济增长绩效的直接影响后认为，经济制度对经济增长具有显著的促进作用。宏观层面的经济治理结构对经济增长的正向影响显著。因此，可能存在最佳治理结构使得中国经济增长绩效达到最优。由此可以推断，由资本结构衡量的微观主体最佳治理结构也会给企业经营绩效带来积极影响。③ 樊纲等（2011）通过构建反映市场环境质量的市场化进程相对指数，细致考察了中国市场化建设对经济增长和全要素生产率（Total Factor Productivity，TFP）的影响。实证检验结果表明，在其他条件不变的情况下，市场化指数每提高 1，从全国来看，GDP 平均增加 4.2%。④

邓宏图和宋高燕（2016）从历史的角度，细致考察了历史因素对中国经济增长地区间差异的影响，而这种影响主要是通过干部特别是领导干部学历分布差异带来的地区间制度质量差异而实现的。这一研究为解释中国地区间

---

① 张光南，李军．制度、最优政府规模与经济增长［J］．统计研究，2008（3）：114-129.

② 方颖，赵扬．寻找制度的工具变量：估计产权保护对中国经济增长的贡献［J］．经济研究，2011（5）：48-60.

③ 钟昌标，李富强，王林辉．经济制度和我国经济增长效率的实证研究［J］．数量经济技术经济研究，2006（11）：115-126.

④ 樊纲，王小鲁，马光荣．中国市场化进程对经济增长的贡献［J］．经济研究，2011（9）：87-90.

经济增长差异提供了又一全新的视角。[①] 同样，吕朝凤等（2019）也为中国经济增长的推动因素提出了来自制度层面的新诠释。作为一种非正式制度安排，社会信任将对长期经济增长具有显著促进作用，同时，提升社会信任水平有助于降低契约不完全对经济活跃程度提升带来的不利影响。[②]

谢伏瞻（2020）认为，坚持并建设完善的社会主义市场经济制度，是中国经济建设的重要内容，是中国经济实现快速转型升级和高质量发展的根本保证。[③] 在对外开放方面，江小涓（2020）认为，中国对外开放经济的治理能力已得到显著提升，中国已是开放型经济大国。她认为，对外开放既是一种制度安排，又是一项经济活动，对外开放与中国经济发展的关系非常密切。一方面，中国经济发展的历史和实践已证明，对外贸易和投资规模不断扩大，质量和结构不断提升，对经济增长的带动能力会不断增强。同时，对外开放已成为中国经济体制改革的重要推手。同时她还认为，正是经济特区的设立才将中国逐渐引入以市场为导向的经济体制改革，也正是一大批自由贸易试验区的设立，才使得区内制度创新成果不断在全国范围内复制推广，进而成为国内制度建设和经济建设的重要推动力量，也推动着国家治理能力的全面提升。另一方面，建设更高水平的开放型经济新体制又离不开对外开放实践。因为只有不断开放国内市场，激烈的市场竞争才能成为市场资源配置作用更好发挥的肥沃土壤；只有对标国外高标准的对外开放政策和制度，甚至引领新一轮全球贸易投资规则体系的修正和建立，才能形成国内经贸体制改革和经济体制全方位改革的重要外在推动力。[④]

---

① 邓宏图，宋高燕．学历分布、制度质量与地区经济增长路径的分岔［J］．经济研究，2016（9）：16-25.

② 吕朝凤，陈汉鹏，Santos Lopez-Leyva. 社会信任、不完全契约与长期经济增长［J］．经济研究，2019（3）：90-101.

③ 谢伏瞻．基本经济制度新概括巩固了改革开放成果，向社会主义制度的成熟定型迈出坚实步伐［J］．经济研究，2020（1）：1-11.

④ 江小涓．建设更高水平开放型经济新体制［J］．经济研究，2020（1）：12-26.

三、营商环境建设实践

正是由于大量理论实证研究证明营商环境对于一个国家或地区经济社会发展的重要性，不管是中央政府、各省市级地区政府、各级行政主管部门均有针对性地制定了许多方针、政策及其他相关地方性法律法规，用以规范和指导全国及各地区营商环境建设实践。表 1-4 展示了近 5 年中央层面制定并实施的营商环境建设法律法规。

表 1-4　近 5 年中央层面制定并实施的营商环境建设法律法规

序号	文件名称	施行/发布日期	发布机关/部门/文号	主要内容
1	《关于进一步优化营商环境更好服务市场主体的实施意见》	2020 年 7 月 21 日	国办发〔2020〕24 号	提高投资建设便利度、简化企业生产经营审批和条件、优化外贸外资企业经营环境、降低就业创业门槛、提升政务服务质量和效率、完善优化营商环境长效机制
2	《优化营商环境条例》	2020 年 1 月 1 日	国务院令第 722 号	强化市场主体保护、优化市场环境、提高政务服务水平、提升监管执法能力
3	《关于做好优化营商环境改革举措复制推广借鉴工作的通知》	2019 年 9 月 19 日	国办函〔2019〕89 号	分为在全国复制推广的改革举措、供全国借鉴的改革举措，并公布供全国复制推广的京沪两地优化营商环境改革举措清单
4	《关于印发全国深化“放管服”改革优化营商环境电视电话会议重点任务分工方案的通知》	2019 年 8 月 12 日	国办发〔2019〕39 号	对全国深化“放管服”改革、优化营商环境电视电话会议的重点任务、具体措施等内容进行分工和部署

续表

序号	文件名称	施行/发布日期	发布机关/部门/文号	主要内容
5	《关于聚焦企业关切进一步推动优化营商环境政策落实的通知》	2018年11月8日	国办发〔2018〕104号	要求各部门从企业需求出发，在促进贸易投资便利化、取消不合理限制和门槛、提高审批服务水平、减轻企业税费负担、保护知识产权等方面优化营商环境
6	《关于印发优化口岸营商环境促进跨境贸易便利化工作方案的通知》	2018年10月19日	国发〔2018〕37号	通过优化通过流程、减少进出口环节审批监管、提高口岸物流服务效能和口岸信息化管理能力等方面促进跨境贸易便利化发展
7	《关于部分地方优化营商环境典型做法的通报》	2018年8月3日	国办函〔2018〕46号	内容涉及投资审批制度、企业开办和经营制度、贸易便利化、监管理念和方式、优化公共服务和提高政务服务水平等方面的改革
8	《关于推进国内贸易流通现代化建设法治化营商环境的意见》	2015年8月28日	国发〔2015〕49号	在内贸流通领域，要求在促进统一开放、提高创新驱动发展水平、保障稳定运行、前期规则体系建设和高效管理体制建设等方面建设法治化营商环境

资料来源：笔者根据国务院网站资料整理而得。

以《优化营商环境条例》为例，这是全国第一部专门针对营商环境建设的行政法规。它提出了在历经大量建设实践后将建设经验、典型做法予以固定的行之有效的办法，同时还提出了在对标国际一流建设标准后从体制机制层面重点解决该领域重点、难点、痛点、堵点问题的有效办法。首先，将市场化、国际化、法治化营商环境作为优化营商环境的基本原则和目标，明确营商环境建设的主要内容是微观经济主体开展生产经营活动时与各级政府、行政主管部门（或各经济主体之间）交互过程中涉及的体制机制问题。其次，重视强化对市场主体的保护，即市场主体在获得各类资源、政策、生产要素、权益保护等方面实现公平竞争，平等地保护各类市场主体。再次，优化市场环境。在对标先进标准及世界营商环境建设指标体系基础上，对企业开办、办理施工许可、获得电力、跨境贸易、产权登记、企业破产等方面如何缩短办理时间、降低办理成本、减少办理流程均做了明确规定。复次，提高政务服务水平。在“放管服”改革基础上，对优化简化审批服务流程、在线政务服务平台全国一体化建设、工程建设项目监管流程优化、进出口贸易便利化、优化政企沟通机制等方面做了详细说明和规定。最后，提升监管执法能力水平。

表1-5列举了近5年湖北省人民政府制定并实施的部分营商环境建设法律法规。以2020年5月15日湖北省发布的《关于更大力度优化营商环境激发市场活力的若干措施》为例，文件提出了在优化市场环境、政务环境和法治环境方面的具体做法，以期把湖北省打造成为全国软实力最强、发展环境最优的地区之一。在打造高效规范的市场环境方面，要求继续推行“一网通办”和“一事联办”制度，实现线上线下的深度融合，推广企业电子身份使用，缩减企业资质许可内容，提高工程项目建设审批及不动产登记效率，促进跨境贸易及税收便利化，加强政企沟通机制建设。在建设宽松便利的市场环境方面，实行企业开办“210”标准（企业开办只有申请和发放2个环节，1天内办结，0费用办理并赠送一套三枚公章），继续改革“证照分离”制度，放宽市场准入并推动“非禁即入”规定落地实施，规范并持续降低涉企收费，加大对企业的金融支持力度，提高企业获得水、电、气和企业注销的便利化程度。

表 1-5　近 5 年湖北省人民政府制定并实施的部分营商环境建设法律法规

序号	文件名称	施行/发布日期	发布机关/部门/文号	主要内容
1	《湖北省优化营商环境办法》	2020 年 8 月 24 日	湖北省人民政府令第 412 号	根据《优化营商环境条例》及湖北实际，对标国内国际一流标准和典型做法，优化市场环境、政务环境和法治环境
2	《关于更大力度优化营商环境激发市场活力的若干措施》	2020 年 5 月 15 日	湖北省人民政府	被称为优化营商环境“黄金 30 条”，围绕企业整个生命周期，从优化市场环境、政务环境和法治环境三个大方面提出 30 条优化营商环境的具体措施
3	《关于印发〈聚焦企业关切进一步推动优化营商环境政策落实重点工作清单〉的通知》	2019 年 4 月 10 日	鄂政办发〔2019〕28 号	在国办发〔2018〕104 号基础上，要求各部门从企业需求出发，在促进贸易投资便利化、取消不合理限制和门槛、提高审批服务水平、减轻企业税费负担、保护知识产权等方面优化营商环境，并对这些工作任务进行了分工和部署
4	《关于印发〈湖北省优化不动产登记营商环境工作方案〉的通知》	2018 年 10 月 10 日	鄂政办函〔2018〕87 号	在不动产登记方面，逐步压缩办理时间，全面实现“一窗联办、集中服务”，加强信息化智能化建设，提高服务水平，实现数据共享和整合，全面推进权籍一体化调查
5	《关于进一步优化营商环境的若干意见》	2018 年 7 月 2 日	鄂政发〔2018〕26 号	要求做好提高市场开发水平、营造良好法治环境、增强经济主体投资信心、优化政务环境等 22 方面的工作，并对这些工作任务进行了分工和部署

续表

序号	文件名称	施行/发布日期	发布机关/部门/文号	主要内容
6	《关于推进国内贸易流通现代化建设法治化营商环境的实施意见》	2016年11月11日	鄂政办发〔2016〕92号	为贯彻落实国发〔2015〕49号文件精神，在内贸流通领域，要求全省从促进统一开放、提高创新驱动发展水平、保障稳定运行、前期规则体系建设和高效管理体制建设等方面建设法治化营商环境

资料来源：笔者根据湖北省政府网站资料整理而得。

第三节　小结

本章的文献研究证明：从微观层面上看，烦琐、运行不良的商业监管环境不利于构建企业精神；从宏观层面上看，低效的营商环境对经济发展形成阻碍。例如，阻碍生产和进入劳动力市场，不仅不利于发展非正式经济，还可能增加失业，通过增加贸易活动、进入信贷市场和解决法律问题的成本阻碍企业发展。因此，为促进经济和社会发展，政府应侧重于制定和优化政策，使商业监管环境有利于企业家和中小型企业，而不是妨碍它们创造财富、提高生产力或增强竞争力。

总的来说，这些研究成果令人鼓舞。提高监管效率对企业家精神、企业正规化、获得信贷和外国直接投资均能产生积极影响，进一步证实了营商环境在经济社会发展中的重要作用。未来，还需从以下层面展开进一步研究：第一，不同监管改革内容间是否具有互补性，如果有，这种互补性的具体体现是什么，每年的《营商环境报告》数据会告诉我们，全球经济体在提高监管效率方面都做了哪些改革，这些改革是否是改善经济和社会发展的正确组合。第二，一些经济体如何在较长时期内始终如一地改革监管制度，换句话说，民主及政府频繁更迭对改革的刺激是多还是少。第三，需要什么样的政治家，是年轻或更有经验的还是临危不乱的官员。这些问题的答案或许能让我们更好地了解监管改革的逻辑。第四，虽然实证研究为营商环境建设与经济绩效之间的积极联系提供了充足证据，但需要更严格的研究来更好地证明二者之间的因果关系以及影响效应大小。迄今为止，最具说服力的证据来自自然实验，比如类似于 WTO 之类的多边贸易体制，这些实验主要集中在企业准入监管方面。第五，鉴于只有少数研究将营商环境对经济发展（如经济增长、生产力和投资）的影响分离出来，对这些问题进行更多的研究，将极大地增进对商业监管、经济表现和经济发展之间多方面联系的理解。

对于各级政策制定者来说，营商环境建设和改革应该更多地考虑如何进行政策设计以及政策执行方式等，以便达到更好的政策效果。具体来说，需要做好以下两方面的工作：一是广泛准确收集来自企业层面的需求；二是有针对性地分类改革，即针对不同类别企业实施不同的政策措施，甚至可以有选择地进行改革试点，并将试点经验进行推广。

第二章
营商环境评价指标体系构建

在世界经济发展不确定性因素增加且市场竞争不断加剧的今天，制度质量的重要性已得到各国和地区政府的高度重视，并将其作为未来经济发展和赢得竞争优势的重要着力点。制度质量反映一国或地区所有制度安排及其执行效率。营商环境内涵同样丰富，它重点反映企业与各级各类行政机构交互（行政机构实现对企业的监管）过程中的经营效率。营商环境与制度质量之间既有区别也相互联系，因此有必要对二者进行准确测度和细化研究。从理论上看，制度涵盖制度安排的所有方面，因此测度制度质量有必要考虑各项制度安排对经济社会各方面的影响。但是，出于数据可获得性、简化或特定研究需要，现有对制度质量测度的研究更多地用某项制度安排对经济社会某方面的影响来反映，比如知识产权保护制度、贸易便利化制度等。对营商环境测度的研究主要从两方面展开：一是用企业特别是民营企业和中小企业在其生命周期内开展各项代表性经营活动所需耗费的时间、成本及工作环节数量来间接反映营商环境质量的好坏；二是直接从政府行政的宏观层面展开分析，比如行政效率、文化环境、政治环境、经济环境等。但是，在全方位评价营商环境水平时，应将之放在整个制度环境视角之下。

第一节　制度质量评价

North（1990）认为，“制度是社会博弈规则，或者从更规范的意义上看，制度是人为设计出来限制人类行为的”。[①] 柯武刚和史漫飞（2008）则认为，“制度是各种带有惩罚性措施，并能有效地对人类行为产生规范性影响的一系列规则”。[②] 总的来说，制度是经济社会生活中规范人类行为的一系列规则的总和，它不仅包括各种制度安排本身，还包括制度执行。比如，与合同相关的制度，不仅包括合同法律法规条款，还包括与合约执行相关的内容。如果各级政府及相关行政部门不完全贯彻执行法律，对违约行为不能（或不能完全地）实施有效惩罚，则合同法律法规本身也就失去了其存在的意义。此外，制度还具有普遍性、开放性、确定性、符号性和禁忌性等特点。

由于制度内涵十分丰富，分类标准不同，具体的制度安排就会不同。除了从整体上探讨制度的经济社会效应时需要测度制度质量外，出于不同的研究目的，广大学者往往会聚焦于制度安排的某一方面。因此，测度制度质量也会有所侧重。一般来说，衡量制度环境的优劣即制度质量可从经济制度、政治制度、法律制度、文化制度和其他非正式制度层面展开。

一、经济制度

（一）贸易政策

随着中国加入 WTO 和经济全球化不断推进，贸易开放、自由、便利已成为促进一个经济体融入全球分工并获得分工利益的重要手段。因此，测度贸易政策的方法主要有：①赋值法。有研究机构或学者通过赋值法测度贸易政策的自由度和便利化程度。[③] 比如，Freedom House 将贸易政策自由度分数设置为 1~5 分，分数越高，表明经济体的贸易自由化程度越高，经济政策越开放。②贸易开放度。用一个经济体一定时期的出口额（要么是进口额，要么是进出口总额）除以其地区生产总值，比值越大，说明贸易政策越开放。

---

① North D C. Institutions, Institutional Change and Economic Performance ［M］. New York: Cambridge University Press, 1990: 33-51.

② 柯武刚，史漫飞．制度经济学：社会秩序与公共政策［M］．北京：商务印书馆，2008：21-24.

③ 贸易便利化程度的测度见本章第二节。

（二）外资政策

与测度贸易政策的方法类似。一个经济体对外资越开放，越能有效促进该经济体积极融入全球化分工并由此获得分工好处。对外资政策的测度方法主要有：①赋值法，比如 Freedom House 通过赋值法将外资政策质量设置为1~5分，分数越高，表明经济体对外资的开放程度越高，经济政策越开放。②外资开放度。利用实际吸引外资（或者合同利用外资）规模占该经济体地区生产总值之比来表示，比值越大，说明外资政策越开放。

（三）金融市场自由化

金融市场是确保微观经济主体能公平地获得资本要素最重要的渠道。一个经济体金融市场的自由化程度越高，资本要素越能通过市场进行最有效的配置，企业融资成本越低，融资效率越高。这样，那些需要资金的、高效率且有竞争力的企业就能更好地参与市场竞争，进而从整体上提高一个经济体的生产效率。对金融市场自由化程度的测度方法主要有：①赋值法，比如 Freedom House 将金融市场自由化程度设置为1~5分，分数越高，表明经济体金融市场自由化程度越高，经济政策效率越高。②用全部贷款总量中短期贷款总量的比例来表示一个地区的信贷结构状况，并用以衡量其微观主体的经济活跃程度。比例越大，企业短期贷款总量相对越大，经济行为越活跃，企业生产效率越高。

此外，还有不少学者用中国国民经济研究所的市场化进程相对指数、[①] 美国传统基金会的经济自由度指数等指标从总体上衡量经济制度质量。以经济自由度指数为例，它将经济自由度分为商业自由度、贸易自由度、财政自由度、货币自由度和投资自由度五个方面，每项指标及总体指标的分数范围在0~100，分数越高，说明相应的每个方面或总体经济制度环境越好。总体分数为每项指标分数的算术平均数。

① 见本章第三节。

二、政治制度

（一）政府效率

政府效率主要用于测度以下三方面的内容：①各级政府提供公共服务的质量和效率；②政府政策对现实经济社会的针对性以及执行政策的效果；③政府对来自外界的政治压力能否自主解决、公务员的素质等。常见的衡量方法可参考世界银行全球公共治理指标的分项指标，本章第二节有详细描述。

（二）政府管制

一个经济体政府对微观主体的管制水平越高，说明其通过市场配置资源的能力和程度越弱。虽然它直接反映政府的管理水平，但可从一定程度上间接反映该经济体的市场化进程。从这个意义上讲，经济制度和政治制度相互关联、相互作用、不可分割。现有对政府管制水平的测度主要从以下两方面展开：①用一个经济体一定时期内财政收入占其 GDP 的比重表示。②用国有及国有控股企业产出占其 GDP 的比重表示。

（三）政局稳定性

政局稳定性是政治制度可靠性和质量好坏的直接反映，同时也间接反映人们对政局稳定性的预期，比如，政府是否有使用暴力手段、恐怖主义或非宪法手段被推翻的可能性。常见的衡量方法可参考世界银行全球公共治理指标的分项指标，本章第二节有详细描述。

（四）腐败控制

政府控制腐败的能力和水平是反映政治制度质量的重要方面，用以衡量政府官员公权私用的程度以及私人利益集团和个人对官员行贿的情况。常见的衡量方法可参考世界银行全球公共治理指标的分项指标，本章第二节有详细描述。

（五）监管质量

监管质量衡量政府制定和执行政策、法律法规的能力，促进私营经济有序发展的能力，特别是执行合同的程度、法院判决后执行判决的情况以及发生暴力和犯罪的情况。常见的衡量方法可参考世界银行全球公共治理指标的分项指标，本章第二节有详细描述。

三、法律制度

（一）产权保护制度

对私有产权的保护程度越高，越有利于激发经济主体的创造性和生产力。现有对产权保护制度测度的研究主要包括：①笼统意义上测度产权保护制度对私有产权的保护程度。比如，Freedom House 设定产权保护程度的分数为 1~5 分，分数越高，说明产权保护程度越高，产权保护制度质量越高。②测度产权保护制度的某一具体制度安排的质量。比如在知识产权保护制度方面，方颖和赵扬（2011）选用中国不同城市 20 世纪初基督教初级小学入学人数在该城市总人口中的比重反映各地区的产权保护程度。他们认为，虽然实行同样的法律制度，但各地区的地方性法规和规章不同，政府法律法规执行能力也不同，加上各地区文化习俗、发展历史不同，因此制度质量存在明显的地区差异。尤其是产权保护制度，其受西方文化的影响更大。[①] ③用单位科技人员拥有的三项专利（发明专利、实用新型专利、外观设计专利）申请（或者授予）数量表示，这一数值越大，说明从平均来看，每个科技人员申请的专利数量越多，地区产权保护制度越完善。④用财政收入中罚没款收入在地区 GDP 中的比重表示，这一数值越小，说明交易各方触犯法律法规的情况越少，间接体现为对产权的保护程度越高。

（二）司法制度质量

司法制度质量反映一个经济体处理商业（或民事）纠纷的效率。司法制度质量越高，说明司法制度对经济行为的保障力度越大，产权保护程度越

① 方颖，赵扬．寻找制度的工具变量：估计产权保护对中国经济增长的贡献［J］．经济研究，2011（5）：69-80.

大，微观主体的经济活动越频繁，经济效益越好。一般来说，可用以下指标测度各地区的司法制度质量：①用财政支出中公安、检察、法院系统支出在地区生产总值中的占比表示，比重越大，表明政府司法建设的力度越大，建设意愿越强烈，从而间接反映出司法制度质量越高。②参照世界银行《营商环境报告》的执行合同指标，用法院系统解决一个标准商业纠纷案件所花费的时间、成本及司法程序质量指数来表示，时间越短（或者成本越低，或者司法程序质量指数越大），法院系统解决商业纠纷案件的效率和质量越高，司法制度质量越好。

此外，还有从笼统意义上衡量法律法规的质量的方法，主要测度社会成员间相互信任、遵守法律法规的程度，对社会规则的信任及遵守社会规则的程度；执行合同及产权保护方面的法律法规质量、警察和法院的工作效率、犯罪和暴力发生的情况。它由反映个体对司法有效性的感知、对司法的可预测性以及合约实施等许多变量的数据加权而得。常见的衡量方法可参考世界银行全球公共治理指标的分项指标，本章第二节有详细描述。

四、文化制度

文化差异会增加交易成本，显著阻碍经济体之间的贸易和投资行为，这已得到学术界的广泛认同。目前普遍流行的测度文化制度质量的是 Hofstede（1980）设置的一套六维指标体系：①权利距离指数，用权利制度反映人们对权利的态度和偏好程度；②个人主义/集体主义，用个人主义/集体主义反映人们对待合作的态度；③男性主义/女性主义，用以反映人们对男性/女性参与社会活动的态度；④不确定性规避指数，用以表示社会成员对不确定性和模糊性感到不舒服的程度，反映人们对待环境不确定性的态度；⑤长期导向/短期导向，每个社会在处理现在和未来的挑战时，都必须与自己的过去保持一定联系；⑥放纵/克制，放纵是一个社会允许人们相对自由地满足与享受生活和享乐有关的基本的、自然的人类驱动力；克制则代表一个社会抑制需求的满足，并通过严格的社会规范来规范需求。

Hofstede 对以上六个指标进行了连续评分，其结果被运用于国内许多学者的文献研究中，比如潘镇（2006a）。

五、其他非正式制度

除以上正式制度外，还有反映一个经济体价值观念、道德伦理、风俗习惯的非正式制度。由于非正式制度的影响因素多种多样，所以很难准确测度其质量高低。在研究实践中，一般采用如下方法：①选取替代变量。有研究认为，非正式制度更多地与一个经济体的历史文化相关，而语言又是反映其历史文化的重要因素，因此将语言作为其非正式制度的代理变量，并用虚拟变量加以描述。比如官方语言是英语的经济体，其非正式制度为1，其他语言取0。②研究非正式制度的某一方面，比如社会信任。张维迎和柯荣住（2002）认为，社会信任水平与企业经营规模、私营企业发展速度、引进外资水平高度相关。[①] 基于以上研究结论，吕朝凤等（2019）对社会信任、不完全契约对长期经济增长的影响机理进行了深入研究，他们发现，社会信任对长期经济增长具有显著促进作用，而不完全契约的实施则会强化这一积极影响。[②]

第二节　国家层面营商环境评价

一、世界银行营商环境评价体系

（一）指标构成

最早意识到营商环境重要性的当属世界银行。从2004年开始，世界银行就成立了全球研究小组，对主要国家或地区（统称“经济体”，下同）以及

① 张维迎，柯荣住．信任及其解释：来自中国的跨省调查分析［J］．经济研究，2002（10）：68-80.

② 吕朝凤，陈汉鹏，Santos López-Leyva. 社会信任、不完全契约与长期经济增长［J］．经济研究，2019（3）：77-90.

代表性经济体内部各地区的营商环境进行持续性监测和分析。截至 2020 年，已有 17 份国家层面的《营商环境报告》。该系列报告对世界主要经济体的营商环境质量进行评估和排名，测度政府对企业进行商业监管和产权保护的情况。其调查对象和涵盖指标均具有广泛性和客观性，因而成为相关经济分析的重要参考资料，也是各经济体营商环境建设的重要依据，具有很强的权威性。

世界银行《营商环境报告》主要用各国微观企业主体在整个生命周期内从开办企业、纳税、进出口、执行合同到最终申请破产的各环节工作所需要的成本、时间及工作程序数量来间接衡量一国或地区的总体营商环境。各环节工作所需成本越低（或者时间越短、或者工作程序数量越少），其营商环境质量越好；反之则反是。这些代表性环节主要包括：①

1. 开办企业（Starting a Business）

开办企业指标主要测度一个经济体注册一个有限责任公司所需要的时间、成本、最低注册资本以及注册程序数量。注册程序包括企业家在获得所有必要的批准、执照、许可证以及在相关部门为公司和员工完成任何必要的通知、核查或登记时所经历的过程。各经济体在创业和注册企业难易程度上的排名通过对其创业开办企业的得分进行排序而确定。开办企业指标的分数是每个组成指标分数的简单平均数。

2. 办理施工许可（Dealing with Construction Permit）

该指标表示建筑企业建造一个标准化仓库所需的所有程序、完成所有程序所需时间和成本。此外，《营商环境报告》还用建筑质量控制指数评估建筑法规的质量、建筑物质量控制和安全机制强度、责任和保险制度以及专业认

① 随着系列报告研究的深入，截至目前共形成 10 个反映企业经营过程中重要环节的指标。2003 年和 2004 年只有 4 个指标（开办企业、执行合同、办理破产、获得信贷），2005 年增加了登记产权指标，2006 年到 2010 年，又陆续增加了 4 个（办理施工许可、跨境贸易、保护少数投资者、缴税），2011 年增加了获得电力指标。至此，形成了完整的衡量营商环境的指标体系。2020 年《营商环境报告》又增加两个指标：一是雇用工人；二是与政府签订合同。由于新版报告没有公布新增两个指标的情况，因此忽略。雇佣工人指标衡量在雇佣、工作时间和冗余法规方面的质量；与政府签订合同指标衡量政府标准化公共采购所涉及的时间和程序。这两个指标并未构成营商环境排名的一部分。

证要求。该指标的数据来源于一份调查问卷，调查对象包括建筑许可方面的专家，如建筑师、土木工程师、建筑律师、建筑公司、公用事业服务提供商和负责建筑法规（包括批准、许可证发放和检查）的政府官员。

3. 获得电力（Getting Electricity）

获得电力指标记录该标准化仓库建设项目获得永久电力供应所需的程序数量、时间和成本。获得电力的程序是指公司员工或其主要电工或电气工程师（即可能完成内部布线的人）与外部各方（如配电机构、电力供应机构、政府机构、电力承包商和电力公司）之间的所有互动。公司员工之间的互动以及与内部电气布线有关的步骤，如内部电气安装计划的设计和执行，都不算作程序。然而，如果内部布线检查和认证是获得电力连接的先决条件，则被视为程序。同时，必须由同一公用事业单位和不同部门完成的程序被视为单独的程序。除非电力公司强制要求使用第三方（例如，只有在电力公司注册的电工被允许提交申请），否则公司员工被假定自行完成所有程序。

4. 登记产权（Registering Property）

登记产权指标表示一个有限责任公司购买一份产权（比如房产）并将这份产权从卖方转移至买方所需的所有程序、时间、成本及土地管理质量指数。

5. 获得信贷（Getting Credit）

获得信贷指标用来衡量借款人和贷款人在有担保交易方面的合法权利。主要使用四个指标：第一，衡量《担保法》和《破产法》及相关法律制度保护借贷双方权利从而促进贷款的程度，尤其是利用动产担保获得贷款的可行性程度以及信息披露程度，即合法权益力度指数；第二，衡量信用报告提供商（如信用机构或信用登记机构）提供的信用信息的覆盖范围、可获得性，即信用信息指数；第三，信贷登记机构覆盖范围，用这些机构占成年人数量的百分比表示；第四，私营调查机构覆盖范围，同样用这些机构占成年人数量的百分比表示。各经济体在获得信贷方面的排名是通过对它们获得的信贷分数进行排序来确定的。

6. 保护少数投资者（Protecting Minority Investors）

设置保护少数投资者指标的目的是衡量保护中小投资者不受利益冲突影响的程度以及公司治理中股东权益的保护程度。测度该指标的数据来自一些管理型公司、证券从业人员、律师等主体的问卷调查，并基于证券法规、公司法、民事诉讼法典和法庭证据规则获取。各经济体对少数股权投资者保护力度的排名，是通过对它们在保护少数股权投资者方面的得分进行排序得到的，而该得分为以下六个指标的总和：披露程度指数、董事责任程度指数、股东诉讼便利度指数、投资者保护力度指数、所有权和控制力度指数、公司透明度力度指数。

7. 缴税（Paying Tax）

缴税指标反映一个中等规模企业在某一年度内必须缴纳的税款数量、纳税的行政负担和报税后对文件进行归档的程序情况。该项目是世界银行与普华永道公司（Pricewaterhouse Coopers）合作开发和实施的。税款数量包括利润或企业所得税、雇主缴纳的社会保障费用、劳动税、财产税、财产转让税、股息税、资本利得税、金融交易税、废物征收税、车辆和道路税以及其他所有小额税收或费用。

8. 跨境贸易（Trading across Border）

跨境贸易指标用以衡量与进出口货物物流过程相关的时间和成本，包括货物进出口整个环节为满足单据要求、边境要求和国内要求所需时间和成本。各国在跨境贸易便利程度方面的排名通过对其在跨境贸易方面的得分进行排序而确定。这些分数是出口和进口符合跟单规定（简称“单据合规”）和符合边境规定（简称“边境合规”）的时间和成本分数的简单平均数。

9. 执行合同（Enforcing Contracts）

执行合同指标衡量通过地方一审法院解决商业纠纷的时间、成本以及审判质量指数，评估每个经济体是否采取了一系列提高法院审判质量和效率的良好做法。《营商环境报告》数据来自研究《民事诉讼法》和其他法律法规以及当地诉讼律师和法官填写的调查问卷。各经济体在合同执行难度方面的排名，是通过对它们在执行合同方面的得分进行排序来确定的，执行合同指标的总体得分由以上三方面指标得分的简单算术平均而得。

10. 办理破产（Resolving Insolvency）

办理破产指标反映涉及国内实体破产的程序、时间、成本、结果、回收率及适用于司法清算和重组程序的破产框架力度。这一指标数据来自当地破产从业人员的问卷，并通过对有关破产制度法律法规和公共信息的研究加以验证。各经济体在办理破产难易程度上的排名，是通过对其破产办理得分进行排序来确定的。

（二）各指标赋值情况

以上 10 个一级指标及其二级指标的赋值情况见表 2-1。

表 2-1 世界银行《营商环境报告》指标构成及赋值情况

序号	一级指标	二级指标内容和单位	分值分布
1	开办企业 (Starting a Business)	1. 程序（个） 2. 时间（天） 3. 成本（人均收入百分比,%） 4. 最低注册资本（人均收入百分比,%）	—
2	办理施工许可 (Dealing with Construction Permit)	完成所有施工许可制度里包含的建设厂房、质量控制和安全机制所需的： 1. 程序（个） 2. 时间（天） 3. 成本（工厂价值百分比,%） 4. 建筑质量控制指数	0~15
3	获得电力 (Getting Electricity)	连接到电网、满足供电可靠性和价格透明性所需的： 1. 程序（个） 2. 时间（天） 3. 成本（人均收入百分比,%） 4. 供电可靠性和电费指数透明度	0~8

续表

序号	一级指标	二级指标内容和单位	分值分布
4	登记产权 (Registering Property)	物权转移和土地管理制度所需的： 1. 程序（个） 2. 时间（天） 3. 成本（产权价值百分比,%） 4. 土地管理质量指数	0~30
5	获得信贷 (Getting Credit)	可动产《担保法》以及信用信息系统： 1. 合法权益力度指数 2. 信用信息指数 3. 信贷登记机构覆盖范围（占成年人百分比,%） 4. 私营调查机构覆盖范围（占成年人百分比,%）	0~12 0~8
6	保护少数投资者 (Protecting Minority Investors)	在相关方交易及公司管理过程中，保护少数股东的权利： 1. 披露程度指数 2. 董事责任程度指数 3. 股东诉讼便利度指数 4. 投资者保护力度指数 5. 所有权和控制力度指数 6. 公司透明度力度指数	0~10 0~10 0~10 0~6 0~7 0~7
7	缴税 (Paying Tax)	公司遵守所有税收管理制度以及事后税收返还过程所需的： 1. 纳税次数（次/年） 2. 时间（小时/年） 3. 总税率（营业利润的百分比,%） 4. 报税后程序指数	0~100

续表

序号	一级指标	二级指标内容和单位	分值分布
8	跨境贸易 (Trading across Border)	出口有比较优势的产品以及进口汽车配件所需的时间和成本: 1. 出口边境操作时间（天） 2. 出口边境操作成本（美元） 3. 出口操作文书时间（天） 4. 出口操作文书成本（美元） 5. 进口边境操作时间（天） 6. 进口边境操作成本（美元） 7. 进口操作文书时间（天） 8. 进口操作文书成本（美元）	—
9	执行合同 (Enforcing Contracts)	解决商业纠纷以及司法过程所需的时间、成本及审判质量: 1. 时间（天） 2. 成本（索赔额的百分比,%） 3. 审判质量指数	0~18
10	办理破产 (Resolving Insolvency)	商业破产以及破产法律框架所需的时间和成本等: 1. 时间（天） 2. 成本（债务人不动产价值的百分比,%） 3. 结果（“0”表示可以继续营运,“1”表示资产被判分割） 4. 回收率（回收债务占债务额的百分比,%） 5. 破产框架力度指数	0~16

资料来源：根据世界银行营商环境数据库相关资料整理而得。

以上 10 个指标虽然测度的是企业经营的便利化程度，但可从侧面反映一个经济体的政府效率、法治质量、监管质量及经济自由度等方面的内容。《营商环境报告》的研究对象涵盖全球主要经济体，已经从 2004 年的 133 个增加到 2020 年的 190 个。几乎所有研究数据都来自专业人士和相关机构，比如，执行合同指标，其相关数据均来自知名律师和律师事务所、各经济体的法院及立法机构等，因此这些指标的专业性都很强，适用于相关科学研究和政策制定。

世界银行《营商环境报告》数据库会对各经济体以上 10 个指标的取值进

行量化，每个一级和二级指标都可以进行横向和纵向比较，所有二级指标取值的平均值构成一级指标的取值，所有一级指标的平均值构成一个经济体的营商环境总体指标，各经济体的所有对应指标都可以进行比较和排名。出于统计和对比研究的需要，世界银行《营商环境报告》数据库除了报告各经济体一级指标、二级指标分数和总体排名外，从2005年开始，大多数指标开始陆续使用DTF（Distance to Frontier）值描述各个一级指标和总体指标与相应指标最优水平的差距，[①] 表示各个指标DTF值的提升空间，以评估一个经济体政府监管的绝对水平及改善状况。总体DTF值由各一级指标的DTF值平均而得。DTF取值在0和100之间，100表示营商环境质量最优，0表示最差。比如，一个经济体的整体营商便利度DTF值为80，表明该年度与最优DTF值的差距为20，有20%的改进空间。当然，还可就各对应指标的DTF值进行横向比较，[②] 比如，2018年世界银行《营商环境报告》中，中国整体营商便利度DTF值为65.57，同年DTF值最高的新西兰为86.55，表明两国均未达到最优值，但新西兰的整体营商便利度比中国更好。相对于新西兰而言，中国还有20.98%的提升空间。从总体排名和DTF值赋值排名来看，DTF值越大，表明该经济体的总体排名越靠前，私营企业经营越便利，外部运营成本即完成政府各项监管工作的成本越低，直接反映出一个经济体的监管制度越健全，政府致力于保护私有经济和推动市场经济完善的法律法规越多，政策环境越有利于企业经营。

（三）《营商环境报告》指标体系的“三化”属性

以上10个指标主要分为三类：

1. 法治化属性

监管法规是否完善是世界银行营商环境指标体系关注的重点之一。透明、完备、科学、高效、可执行的监管体系将直接反映在企业经营的便利性和低成本上，具体体现在获得信贷、保护少数投资者、执行合同及办理破产方面。

---

① 2011年开始，所有一级指标的DTF值全部建立。

② 这里不能进行纵向比较，因为各年各经济体的DTF值不同，最优DTF值也不同。

比如，良好的纠纷调解制度、股东治理制度以及通过法律法规实现对中小投资者有力的保护制度能提高投资者的投资积极性，使中小企业和广大私营企业有充足的要素投入生产，经营过程中出现的商业纠纷也能得到有效解决，因此通过完善的法律法规实现对投资者的有效保护将更好地作用于经济增长，这样，制度建设也就有了充足的资金支持，进而形成制度建设和经济增长的良性循环。

2. 国际化属性

世界银行营商环境指标体系的国际化属性主要体现在所有指标均可进行国际比较方面。以上 10 个指标选择了所有企业（不管来自哪个经济体）经营过程中必须经历的阶段，每个经济体对这些指标的量化方法均相同，因此所有经济体（包含这些经济体的不同地区）的对应指标均具有可比性。虽然各经济体的经济和政治体制会有所不同，但这种借鉴意义是无法否定的。比如，在中国执行合同纠纷案件的成本占索赔额的 15.1%，而印度为 31.0%，因此相对于中国来说，印度的平均律师费、法院诉讼费、执行裁决的成本较高，是未来司法系统制度改革的重点。

3. 便利化属性

便利化属性是世界银行营商环境指标体系测度的重点，主要反映政府监管的效率，体现为在完成开办企业、办理施工许可、获得电力、登记产权、缴税和跨境贸易等环节需要的时间、成本及程序数量上，企业与政府机构等进行的任何一次互动都算作一个程序（步骤）。该指标体系对完成某项环节所需的时间起讫点、成本详细构成、程序的具体内容都会有详细的规定，很好地反映了企业的营商便利程度。当然，这些指标之间具有一定的相关性，所需时间少，一定程度上说明其程序数量少，经营成本相应也就较低。

二、全球公共治理指标

（一）指标构成及含义

全球公共治理指标（World Governance Indicators，WGI）是由 Kaufmann、

Kraay、Zoido-Lobaton 和 Mastruzzi 等依托世界银行、35 个世界性数据库和 32 个全球性调查机构创立的，也称“KKZ 制度指数”或“KKM 制度指数”。该指标体系主要用以衡量主要经济体制定符合经济社会发展要求的政策和执行相关政策的能力、政府选举、管理及更替方面的相关制度和习惯做法、社会尊重公民以及政府管理经济社会事务的能力。主要从以下六个维度进行研究：

1. 话语权和问责制

话语权和问责制（Voice and Accountability）主要衡量经济体内公民参与政治活动的广度和深度，言论自由、新闻自由和结社自由的情况。

2. 政局稳定和杜绝暴力

政局稳定和杜绝暴力（Political Stability and Absence of Violence）主要衡量人们对政局稳定的预期，比如政府是否有使用暴力手段、恐怖主义或非宪法手段被推翻的可能性。

3. 政府效率

政府效率（Government Effectiveness）测度各级政府提供公共服务的效率、政策对现实经济社会的针对性以及执行政策的效果、政府对来自外界的政治压力能否自主解决、公务员的素质等。

4. 控制腐败

控制腐败（Control of Corruption）衡量政府官员公权私用的程度以及私人利益集团和个人对官员行贿的情况。

5. 监管质量

监管质量（Quality of Regulation）衡量政府制定和执行政策、法律法规的能力，促进私营经济有序发展的能力，特别是执行合同的程度、法院判决后执行判决的情况以及发生暴力和犯罪的情况。

6. 法律法规

法律法规（Rule of Law）指标主要测度社会成员间相互信任、遵守法律法规的程度，对社会规则的信任及遵守社会规则的程度；执行合同及产权保护方面的法律法规质量、警察和法院的工作效率、犯罪和暴力发生的情况。它由反映个体对司法有效性的感知、对司法的可预测性以及合约实施等许多变量的数据加权而得。

（二）指标赋值情况

全球公共治理指标用具体数值反映制度环境的优劣。每个指标的分值在-2.5~2.5，分数越高，说明制度环境越好。以上六大维度的指标体系全面综合反映了世界大多数公共组织、商业信息机构、非政府组织专家以及民调公司所调查的成千上万的个人对各经济体治理状况的看法，客观充分地评价了这些经济体政府的治理能力，从而间接反映了经济体的制度和政策质量，以及经营主体在经济体内营商的便利程度。这一评估体系不仅为世界各国政府提供了决策方面的参考信息，还为各国学者搭建了一个可对个股涨幅治理能力进行跨国和跨时比较研究的平台。现在这一指标体系已成为国际上较为全面的公共治理指标体系之一，并越来越广泛地被各国政府决策者、专家学者、记者、风险评估机构和多边援助机构所使用，成为大家在进行跨国和跨时治理研究和营商环境研究时的首选工具。

三、全球竞争力指数

1979 年以来，世界经济论坛（World Economic Forum）每年都会发布一份《全球竞争力报告》（*The Global Competitiveness Report*），通过以下 12 个一级指标衡量各经济体促进经济发展和竞争力提升的状况：制度、基础设施、宏观经济环境、健康和基础教育、高等教育和培训、商品市场效率、劳动力市场效率、金融市场发展、技术就绪程度、市场规模、商业成熟度和创新，具体内容见表 2-2。不难看出，这些指标是各经济体一系列制度和政策的集中反映。这 12 个一级指标可分为以下三类：

第一，基础条件，包括制度、基础设施、宏观经济环境、健康和基础教育四个指标，这对要素驱动型经济体的发展至关重要。

第二，效能提升，包括高等教育和培训、商品市场效率、劳动力市场效率、金融市场发展、技术就绪程度、市场规模六个指标，这对效能驱动型经济体非常重要。

第三，创新成熟度，包括商业成熟度和创新两个指标，这对创新驱动型经济体的发展非常重要。

除某些指标由其具体含义确定其取值范围外，其他每个指标的分值范围均为1~7，分数越高，代表在该方面的制度质量越好，营商环境越优；反之则反是。12个一级指标的算术平均数构成一个经济体竞争力指数的总体得分，最后根据总体得分进行排名。2017—2018年《全球竞争力报告》涉及的经济体有137个。其中，中国的总体排名为第28位，在宏观经济环境、市场规模和创新三个指标上的得分较高，说明我国在这三方面表现较好。

表2-2　全球竞争力指数各指标构成

大类	一级指标	二级指标
A. 基础条件	1. 制度	产权制度、知识产权保护、公共资金的转移分配、公民的公共信任度、不规则支付和行贿情况、司法独立、政府官员的决策偏好、公共支付的有效性、政府监管的成本、解决争议的法律框架的有效性、法律监管效率、政府政策制定的透明度、恐怖主义的经营成本、犯罪和暴力的经营成本、有组织犯罪情况、警务服务的可靠性、企业伦理行为、审计和报告标准的力度、公司董事会的效能、保护小股东利益、对投资者保护的力度，共计21个
	2. 基础设施	总体基础设施质量、公路质量、铁路基础设施质量、较差的基础设施质量水平、航空基础设施质量、有效的航线座位公里数（百万千米/周）、电力供应质量、每100人中移动电话使用数量、每100人中固定电话使用数量，共9个
	3. 宏观经济环境	政府预算平衡率、国民中储蓄率占GDP的百分比、每年通胀率、政府债务占GDP比重、国家信用评级（0~100，100为最优），共计5个
	4. 健康和基础教育	每10万人口中的疟疾发病率、疟疾对商业的影响、每10万结核病发病率、结核病对商业的影响、艾滋病毒在成人中的流行率、艾滋病毒对商业的影响、每1000新生儿中的婴儿死亡率、平均寿命、基础教育质量、基础教育入学率，共计10个

续表

大类	一级指标	二级指标
B. 效能提升	5. 高等教育和培训	中等教育入学率、高等教育入学率、教育系统总体质量、数学和科学课教育质量、管理类学校教育质量、学校网络使用情况、当地专业培训服务质量、员工再培训情况，共计8个
	6. 商品市场效率	当地市场竞争的程度、市场支配程度、反垄断政策的有效性、税收对激励投资的影响、所得税税率（%）、开办企业的总程序数、开办企业的总时间花费、农业政策成本、非关税壁垒的使用情况、进口平均关税税率（%）、外商投资所有权情况、规制对FDI的影响、海关通关程序的负担、进口额占GDP比重、顾客导向度、买方复杂程度，共计16个
	7. 劳动力市场效率	劳资双方合作程度、工资决定的灵活性、雇佣或解雇的复杂程度、裁员成本（数周的工资）、税收对工人工作积极性的激励程度、工资支付和生产率、专业管理的可靠性、国家留住人才的能力、国家吸引人才的能力、妇女工作与男子的比率，共计10个
	8. 金融市场发展	金融服务的可获得性、金融服务的提供能力、通过本地股票市场融资情况、贷款便利性、风险投资资本的可获得性、银行的健全程度、证券交易所的监管情况、合法权利指数（0～10，10为最优），共计8个
	9. 技术就绪程度	提供最新技术能力、公司的技术吸收能力、FDI和技术转移、网络使用者占总人口的比重（%）、100人中固定宽带互联网使用情况、网络带宽（Kb/s）、100人中移动宽带使用情况，共计7个
	10. 市场规模	国内市场规模指数、外国市场规模指数、GDP或PPP（10亿美元）、出口占GDP比重，共计4个
C. 创新成熟度	11. 商业成熟度	本地供应商数量情况、当地供应商质量情况、集聚发展情况、竞争优势情况、价值链宽度、对国际分销的控制情况、生产过程的复杂程度、市场化程度、授权意愿情况，共计9个
	12. 创新	创新能力、科研机构质量、公司花费在研发上的成本情况、产学合作研发情况、政府采购高技术产品情况、科学家和工程师的可获得性、每百万人口中专利使用比例，共计7个

资料来源：《全球竞争力报告》数据库，经笔者整理而得。

四、贸易投资便利化

贸易投资便利化是营商环境建设的主要内容，甚至有些学者和研究机构就视营商环境建设为贸易投资便利化。目前，对贸易便利化问题的研究主要有：探讨贸易便利化的评估指标；分析贸易便利化对不同国家、地区及经济组织贸易流量的影响；研究贸易便利化的改进措施。

（一）贸易便利化

1. WTO 的贸易便利化指标

WTO 认为，贸易便利化是“简化和协调国际贸易过程”，包括“与国际货物贸易运输有关的收集、展示、交流和处理数据及其他所需信息的各项活动、实践和手续”。应该说，《WTO 贸易便利化协定》是目前最权威的用以规范和消除各经济体货物贸易通关制度壁垒的多边贸易制度之一。截至 2017 年底，共有 112 个成员加入了该协定，中国政府也于 2015 年 9 月宣布成为其成员。《WTO 贸易便利化协定》从以下 6 方面解析贸易便利化：

（1）贸易法规的透明度

它强调各成员必须全面地公布贸易政策特别是通关制度，让进出口经营者明确哪些产品可以交易、需要满足什么条件、应该怎么做等。进出口前经营者可以申请商品预归类，如果出现争议可启动申诉和审查程序。贸易法规正式生效前需要提前公布、征询公众及利益相关者的意见，提升进出口法律法规及相关制度的科学性、合理性及有效性。

（2）进出口规费

各成员应致力于降低进出口通关的直接费用，并通过简化通关手续（包括通关单据）降低进出口贸易的通关成本和缩短通关时间。

（3）货物放行与通关

《WTO 贸易便利化协定》要求各成员的进口商能被允许货物抵达进口口岸前提前报关申报，以便货物到达口岸后快速放行。同时，货物的归类存在争议或因其他原因致使无法缴纳税费的情况下，只要进口商能提供税收担保，海关也可以先行放行，以便货物快速通关。此外，各成员海关应加强对企业的分类监管，为每年贸易总金额较大且报关信用记录良好的进出口企业提供通关便利（比如降低查验比例、减少对单据和相关数据的要求等），对内控制度、报关信用较差的企业则需加强监管，以便建立科学合理的风险防控体系。

（4）进出口手续

《WTO 贸易便利化协定》认为，为减少货物通关时间、降低间接性交易成本，各成员要不断简化对通关单据和手续的要求，争取完全实现所有进出口通关手续在一个窗口完成。

（5）过境自由

为促进过境贸易、提高贸易基础设施使用效率、减少因运输障碍而提高的交易成本，该协定要求各成员要简化过境贸易手续和单据，同时收取的过境费用要与其提供的服务相当。

（6）海关合作

《WTO 贸易便利化协定》要求各成员海关应加强合作，共享进出口企业的申报信息（包括商业发票、装箱单、提单及原产地证书等外贸单据），以便加强监管。

2. 其他机构的贸易便利化指标

除 WTO 外，对贸易便利化指标进行研究的其他权威机构主要有：联合国贸易和发展会议、经济合作与发展组织、世界银行、世界经济论坛、亚太经合组织、联合国经济与社会理事会、世界海关组织等，如表 2-3 所示。从中可以看出，各个机构基于不同目标选择的指标各有不同。经济合作与发展组织“对交易成本减少 1%的收入效应进行模拟，发现世界各国收益都有显著增加”，“直接和间接成本都大幅减少，OECD 国家和非 OECD 国家的收入增幅最大，尤其是非 OECD 国家增幅最高达 63%”。

表 2-3　其他机构的贸易便利化水平测度指标

序号	测度机构	测度指标
1	世界贸易组织	包括进出口程序（如海关或许可证程序）、运输手续、支付、保险和其他金融需求等；贸易便利化两个基本方面：削减货物进出口的烦琐程序，海关程序信息的获得性
2	联合国贸易和发展会议	范围很广，比如手续，程序、文件和标准的使用，贸易交易的电子信息；改进货物运输服务，法律框架，运输和通信基础设施，服务提供者和用户对电子信息技术工具的使用；贸易相关信息的传播
3	经济合作与发展组织	精简国际贸易流程、简化与贸易相关的程序，使国际贸易和商品流转在国内与国际两个层面都变得更加容易
4	世界银行	关注的焦点有：基础建设投资、海关现代化和过境环境、精简所需文件和信息流动过程、自动化和电子数据交换、港口效率、物流和运输服务、监管
5	世界经济论坛	将贸易便利化具体分为四个指标：市场准入、边境管理、交通和通信基础设施以及商业环境
6	亚太经合组织	将贸易便利化行动措施分为四大类：海关程序、标准和一致化、商务流动以及电子商务
7	联合国经济与社会理事会	基本内容有：简化或取消烦琐的程序；协调法律法规；改善基础设施，使其标准化；统一信息通信技术，保证通信和交流的无障碍
8	世界海关组织	增加商品通报，提高文件的透明度，使过程简化和标准化，鼓励尽量多应用 IT 加速清关

资料来源：根据相关资料整理得到。

（二）投资便利化

通常认为，投资便利化应包括资金结算、投资准入、投资保护、投资待遇、争端解决和国际合作等方面的内容。

2008 年 APEC 公布的《投资便利化行动计划》（Investment Facilitation Action Plan，IFAP）第一次正式提出了“投资便利化”的概念，并首次作为一个议题被讨论。它对投资便利化的定义是：“政府采取的一系列旨在吸引外国投资，并在投资周期的全部阶段上使其管理有效性和效率达到最大化的行动或做法。”可以看出，这一定义是宽泛的，为此，IFAP 进一步认为，应从以下 8

方面认识投资便利化：投资政策的开放性和透明度、投资环境的稳定性、投资保护、投资政策的可预测性和一致性、投资效率和有效性、建设性的利益攸关关系、监督和评估投资政策、国际合作。

总的来说，贸易便利化和投资便利化在内容上存在很大区别，二者的测度指标也因此各不相同，如表 2-4 所示。从表 2-4 中可以看出，贸易便利化更多强调货物进出口环节进出口商在运输、通关、资金结算及与运输相关工作方面的便利化程度，而投资便利化则更多地关注对外直接投资环节与投资行为相关的工作的便利化程度，比如投资所需机器设备和中间产品进出口运输通关、投资利润汇回、东道国税收缴纳等方面的便利化程度。

表 2-4　贸易便利化和投资便利化的区别

序号	环节	贸易便利化	投资便利化
1	资金结算	贸易结算	将利润汇回母国
2	交通便利化	进出口货物运输	机器设备运输
3	人员流动	进出境人员	直接投资的管理人员、劳务人员等
4	通关商检	进出口货物	用于投资的机器设备、中间产品和技术等
5	保险	出口信用保险	海外投资保险
6	企业运营环境	国内商业环境	东道国商业环境
7	自由贸易区	降低税率水平	给予直接投资税收优惠

资料来源：根据相关资料整理。

第三节　一国范围内地区层面营商环境评价

一、中山大学自由贸易试验区制度创新指数

制度创新是自贸试验区的核心功能。根据战略定位和发展目标的不同，中央政府赋予各自贸区先行先试、构建开放型经济新体制的权利以及在

全国复制推广的任务。因此，自贸区的营商环境具有特殊性和差异性。同时，出于对标国际高标准营商环境建设的需要，有必要建立符合自贸区特点的营商环境评价指标体系。鉴于此，中山大学自贸区综合研究院通过深入各自贸区实地调研、与自贸区所在地企业代表和政府官员座谈、定期收集各自贸区建设相关资料（包括新闻报道），构建了中国自由贸易试验区制度创新指数，测度自贸区营商环境建设的好坏以及对比分析各自贸区制度创新的成效。该指标体系由 5 个一级指标、19 个二级指标和 57 个三级指标构成，具体如下：

（一）投资便利化

投资便利，包含市场准入、商事登记、投资管理和企业服务 4 个二级指标。主要反映自贸区在市场准入负面清单制度、证照分离、对非金融类投资项目行使计划单列市审批权限、推进国际化的专业服务职业资格互认等方面。比如，自前海蛇口自贸片区挂牌成立来，一系列制度改革使得注册企业超过 13 万家，包括 100 家世界 500 强企业，合同和实际利用外资金额分别达到 547. 7 亿美元和 38 亿美元。

（二）贸易便利化

贸易便利化，包括口岸管理、通关环境、贸易功能转型、辐射带动效能 4 个二级指标。比如，广东自贸区南沙自贸片区推动实施的外贸业务“单一窗口”制度、互联网+易通关制度、智检口岸制度、智慧海事制度等多项创新成果，形成了“智慧口岸”的品牌效应，使 2016 年南沙港集装箱吞吐量达 1262 万标准箱，以南沙为母港的 3 条国际邮轮航线实现进出港 32. 6 万人次，打造了事前“源头可溯、风险可控”、事中“守信便利、失信惩戒”、事后“取向可查、责任可纠”的全链条科学的监管模式。

（三）金融创新

金融创新，包括金融服务能力、金融开放水平和金融监管水平 3 个二级指标。以上海自贸区为例，金融服务水平主要体现在三个方面：上海陆家嘴金融城在全国率先实施“业界共治+法定机构”的公共治理架构；中欧国际交易所开业，截至 2017 年 5 月，“黄金国际板”交易金额达到 1.39 万亿元；790 家持牌金融机构和约 7700 家各类金融服务企业入驻自贸区。金融开放水平主要体现在：截至 2016 年，自贸区累计发生人民币境外借款约 304.3 亿元，403 家企业累计开展跨境人民币双向资金池业务的收支总额为 7704 亿元。

（四）政府职能转变

政府职能转变，包括行政审批改革、事中事后监管、政府管理能力及政府服务能力 4 个二级指标。以前海蛇口自贸片区为例，主要实行“管委会政府职能+前海管理局法定机构+招商局集团企业机构+咨委会社会机构”的市场化政府管理运行模式，引入社会力量参与政府决策，设立前海蛇口自贸片区及前海深港合作区咨询委员会，以便提升政府管理能力，并为科学决策提供咨询意见。同时，成立了前海廉政监管局，探索新型廉政监督体制。依托大数据+社会信用体系进行市场监督，并建立片区十几万家企业信用数据。

（五）法治化建设

法治化建设，包括立法完善、执法公正、司法严明及法律服务国际化 4 个二级指标。以广东自贸区为例，广东自贸区起草了《深圳经济特区前海深港现代服务业合作区涉港合同选择适用香港法律若干规定》，详细编制了政府权责清单，并附完整的法律依据、办事指南与表格下载等内容。同时，建立深圳国际仲裁院，培育区内联营律所，建立国内唯一的“一中心两基地”制度。此外，还成立了前海商事法庭，并试行港籍陪审机制。

每个指标的分值范围均为 0~100，各二级指标得分由各自的三级指标得分进行平均，一级指标得分由二级指标得分进行平均，一个自贸区整体的制度创新指数得分由所有一级指标得分进行平均。

二、市场化进程相对指数

（一）指数及其测度方法

市场化进程相对指数，简称“市场化指数”或者“市场进程指数”。它是中国经济改革基金会国民经济研究所设置的用以测度中国及各省市市场化改革进程的指标。由于市场化改革成果可以从一定程度上间接反映企业的外部经营状况，因而被许多学者用于衡量一个经济体的营商环境。从 1997 年开始，国民经济研究所已经连续发布多份研究报告，记录中国整体及各省市市场化改革的状况，最新成果更新至 2017 年。

市场化进程相对指数包括五个方面指数，每个方面指数下设数量不等的分项指数。不管是方面指数还是分项指数，分值均为 0~10，分数越高，说明市场化改革的成效越好，市场化程度越高。每年的指数得分根据当年市场化改革现状与基期相比得出，因此可能存在分值大于 10 或者小于 0 的情况，大于 10 表示这一年的市场化改革现状比基期最好的状况还要好，小于 0 则表示这一年的市场化改革现状比基期最差的状况还要差，因此该指数是相对指数，其不反映市场化改革的绝对水平。

市场化进程相对指数的内容及其测度方法见表 2-5。

表 2-5　市场化进程相对指数的内容及其测度方法

方面指数	分项指数	测度方法
1. 政府与市场的关系	1a. 市场分配经济资源的比重	政府支出占地区 GDP 的比重
	1b. 减少政府对企业的干预	通过抽样，调查企业对“行政审批手续方便简洁情况”的评估
	1c. 缩小政府规模	“公共管理、社会保障和社会组织就业人数”占本地区总人口的比例
2. 非国有经济的发展	2a. 非国有经济在工业企业主营业务收入中的比例	1-（国有及国有控股工业企业主营业务收入/规模以上工业企业主营业务收入）
	2b. 非国有经济在全社会固定资产投资中所占比例	1-（国有及国有控股工业企业固定资产投资/规模以上工业企业固定资产投资）
	2c. 非国有经济就业人数占城镇总就业人数的比例	1-（国有及国有控股工业企业就业人数/城镇规模以上工业企业就业人数）

续表

方面指数	分项指数	测度方法
3. 产品市场的发育程度	3a. 价格由市场决定的程度	“社会零售商品中价格由市场决定的部分所占比重”“生产资料中价格由市场决定的部分所占比重”“农产品中价格由市场决定的部分所占比重”三个指标的加权平均
	3b. 减少商品市场上的地方保护	地方保护措施相对数量与地区相对经济规模之比
4. 要素市场的发育程度	4a. 金融业的市场化	金融业的市场竞争：非国有金融机构吸收存款占全部金融机构吸收存款的比例 信贷资金分配的市场化：非国有企业负债占总负债的比重
	4b. 人力资源供应条件	三个二级分项指标：技术人员供应情况、管理人员供应情况、熟练工人供应情况。通过抽样调查企业对三方面人员供应情况的评价
	4c. 技术成果市场化	各地技术市场成交额与本地科技人员数的比例
5. 市场中介组织的发育和法治环境	5a. 市场中介组织的发育	两个二级分项指标：律师、会计师等市场中介组织服务条件，行业协会对企业的帮助程度。分别通过对企业的问卷调查而得，调查内容为企业对此的评价
	5b. 维护市场的法治环境	企业抽样调查，调查内容为：对当地司法和行政执法机关公正执法和执法效率的评价
	5c. 知识产权保护	三种专利申请批准数量与科技人员数的比例

资料来源：根据相关资料整理而得。

（二）各省市市场化进程

由于指标计算方法的调整，2008 年及以后年份数据的计算方法相对一致，因此表 2-6 列出了全国 31 个省份 2008—2017 年的市场化进程相对指数的得分情况，用以对比分析各省份市场化建设成效和现状。从表 2-6 中可以看出，全国市场化进程相对指数稳步增加，市场化改革成效显著。但是，市场化进程存在显著的地区差异，北京市与广东省、江苏省、山东省、浙江省等东部沿海地区省份的市场化进程相对指数普遍较高，而中部特别是西部省份则较低。比如，广东省 2008 年和 2017 年的市场化进程相对指数分别为 7.51 和 10.86，而山西分别为 4.37 和 5.84，贵州分别为 4.47 和 5.90。有学者认为，市场化改革的地区差异已成为经济增长地区差异的重要原因之一。

表 2-6　全国 31 个省份 2008—2017 年（代表性年份）的市场化进程相对指数得分情况

地区	2008 年	2009 年	2010 年	2011 年	2012 年	2013 年	2014 年	2015 年	2016 年	2017 年
安徽	6.00	6.10	6.18	6.53	6.36	6.61	7.46	7.26	7.46	8.78
北京	7.23	7.34	7.66	7.83	8.31	8.70	9.08	9.30	9.61	10.29
福建	6.67	6.77	6.63	6.84	7.27	7.44	8.07	7.98	8.20	9.36
甘肃	3.86	3.81	3.43	3.48	3.38	3.63	4.04	4.42	4.97	4.80
广东	7.51	7.62	7.73	7.91	8.37	8.69	9.35	9.35	9.65	10.86
广西	5.67	5.64	5.11	5.30	6.19	6.34	6.51	6.54	6.72	7.43
贵州	4.47	4.39	3.55	3.63	4.36	4.52	4.85	4.57	4.65	5.90
海南	4.31	4.23	4.59	4.71	5.44	5.67	5.94	6.22	6.52	6.98
河北	5.58	5.72	5.07	5.30	5.58	5.77	6.19	5.95	6.04	7.13
河南	5.99	6.09	6.19	6.34	6.48	6.67	7.00	7.03	7.19	7.73
黑龙江	4.92	4.95	4.84	5.02	6.01	6.20	6.22	6.53	6.80	7.03
湖北	5.49	5.66	5.59	5.83	6.32	6.71	7.28	7.30	7.59	8.76
湖南	5.36	5.34	5.49	5.74	5.73	5.87	6.79	6.56	6.76	8.19
吉林	5.81	5.87	5.49	5.64	6.15	6.23	6.42	6.40	6.52	7.07
江苏	7.80	8.17	8.58	9.18	9.95	9.88	9.63	9.76	9.58	9.67
江西	5.50	5.53	5.66	5.87	5.74	5.90	6.79	6.53	6.69	8.10
辽宁	6.42	6.61	6.36	6.44	6.65	6.70	7.00	7.24	7.57	7.59
内蒙古	4.79	4.82	4.56	4.68	5.34	5.33	5.10	5.34	5.43	5.17
宁夏	4.26	4.36	3.92	3.99	4.37	4.50	5.26	4.91	5.05	6.66
青海	2.94	2.79	2.53	2.54	2.64	2.84	2.53	2.78	2.93	2.37

续表

地区	2008年	2009年	2010年	2011年	2012年	2013年	2014年	2015年	2016年	2017年
山东	6.98	7.04	6.87	7.02	7.41	7.55	7.93	7.89	8.04	8.83
山西	4.37	4.23	4.60	4.70	4.89	5.08	5.27	5.40	5.57	5.84
陕西	4.36	4.28	3.95	4.37	5.18	5.71	6.36	6.33	6.69	8.28
上海	8.01	8.33	8.74	8.83	8.67	8.89	9.77	9.85	10.22	11.11
四川	5.85	5.86	5.80	5.86	6.10	6.26	6.62	6.54	6.66	7.42
天津	6.53	6.55	6.98	7.29	8.87	9.30	9.17	9.19	9.38	10.37
西藏	1.36	1.15	0.44	0.06	0.00	-0.30	0.62	0.81	1.08	1.53
新疆	3.59	3.55	2.87	2.95	2.94	2.98	3.49	3.00	2.95	4.22
云南	4.54	4.52	5.01	5.18	4.49	4.57	4.94	4.86	4.89	5.12
浙江	7.81	8.06	8.23	8.38	9.33	9.44	9.78	10.11	10.46	10.92
重庆	5.96	6.02	6.14	6.28	6.89	7.17	7.78	7.82	8.13	9.27

资料来源：由经管之家（https://bbs.pinggu.org/thread-6939552-1-1.html）数据整理而得。

三、国家发展改革委营商环境评价指标体系

2018年上半年，国家发展改革委借鉴国际经验，特别是对接世界银行的营商环境评价指标体系，从衡量企业全生命周期、反映城市投资吸引力、体现城市高质量发展三个维度出发，初步构建形成了具有中国特色且国际可比的评价体系。

衡量企业全生命周期的营商环境主要包括开办企业、办理施工许可、获得电力、获得用水、获得用气、获得网络、不动产登记、缴纳税费、办理破产、注销企业等10个一级指标，这10个一级指标下共有44个二级指标。

反映城市投资吸引力的指标包括市场开放度、政府采购、招标投标、保护中小投资者、执行合同、获得信贷、跨境贸易等7个一级指标和34个二级指标。

体现城市高质量发展水平的指标包括企业信心、就业质量、基础设施、生活品质、知识产权保护、信用环境等6个一级指标和28个二级指标。

根据国家发展改革委的指标体系，2018年已在北京、上海、广州、深圳、

厦门、武汉、沈阳、成都、杭州、兰州、天津、重庆、青岛、南京、合肥、贵阳、葫芦岛、衢州、义乌、襄阳、三亚、延安等22个城市开展试评价。根据试评价过程及结果对以上指标体系加以修正。国家发展改革委还建立了优化营商环境工作部省际联席会议制度，现在，营商环境评价工作已在全国推开。

四、湖北省营商环境指标体系

为深入贯彻落实党中央、国务院关于优化营商环境的决策部署，积极营造法治化、国际化、便利化的一流营商环境，推动湖北省经济社会高质量发展，2018年7月3日，湖北省人民政府出台了《进一步优化营商环境的若干意见》，用以全面指导全省营商环境建设工作。随后，出台《湖北省优化营商环境工作评价办法（试行）》（以下简称《办法》），以评价各市、州、直管市、神农架林区的营商环境。当然，《办法》对营商环境的评价指标体系设计源于2018年上半年国家发展改革委的评价方法，但也根据湖北省经济社会发展的实际情况进行了调整。

《办法》中对湖北省营商环境的评价采取定量评价和定性评价相结合的方法。定量指标由企业开办、办理施工许可、获得电力、获得用水、获得用气、不动产登记、缴纳税费、跨境贸易、注销企业、获得信贷、执行合同和政务服务等12个一级指标构成，定性指标为日常监管情况。每个一级指标下设若干二级指标，每个一级指标下的二级指标（根据各二级指标间的关系和其相对重要性）各设相应权重，由此得出各个一级指标的分数。根据各个一级指标在各地区营商环境建设中的不同重要性，设置不同的权重，并最终得出各地区的营商环境质量水平。所有指标采取百分制，定性评价最终也转化成百分制的分数。

第四节　湖北自贸区营商环境评价指标

一、湖北自贸区营商环境评价重点

湖北自贸区营商环境的评价指标体系设计应弱化对某些内容的考核，比如，自贸区内的基础设施相对比较完善，因此，水、电、气等基础性能源的获取已非常便利，若将其纳入自贸区营商环境的评价指标体系并给予相应权重，无疑会提高营商环境指标的分数，但却无法从本质上反映自贸区建设的根本目的。同时，需要重点突出某些内容，以真实反映自贸区营商环境的国际化、法治化和便利化水平，具体如下：

第一，从跨境贸易的角度衡量国际化营商环境建设的内容。

第二，用保护中小投资者、合同执行和知识产权保护的情况反映法治化营商环境建设的内容。

第三，用开办企业、办理施工许可、不动产登记、获得信贷、税费缴纳、企业注销反映便利化营商环境建设的内容。

第四，对于各个一级指标和二级指标的权重设定，本书在对湖北自贸区不同类型企业进行问卷调查和对企业负责人进行深度访谈的基础上予以确定，并有别于湖北省的营商环境评价指标体系。

二、湖北自贸区营商环境评价指标体系内容

根据以上分析，这里设定的湖北自贸区营商环境的评价指标体系见表 2-7。当然，基本的评价原则和方法与湖北省发展改革委的指标体系相同。从表 2-7 中可以看出，湖北自贸区营商环境的评估有以下特点：

第一，从国际化、法治化和便利化三个维度评估营商环境，三个维度在湖北自贸区整体营商环境质量中的权重分别为 16%、24%、60%（其中，开

办企业、办理施工许可、不动产登记、获得信贷、税费缴纳、企业注销 6 个指标的权重分别为 12%、15%、6%、8%、15%、4%）。

第二，突出便利化营商环境的建设。作为内陆自贸区，湖北自贸区对外开放程度和法治化建设程度均无法与上海自贸区和第二批自贸区（尤其是沿海的自贸区）相比。因此，就现阶段来看，基于湖北自贸区建设的实际情况，应将便利化的营商环境作为考核重点。当然，随着自贸区建设的深入，以上权重需要进行适当调整。

第三，在湖北省发展改革委营商环境评估指标的基础上，大幅调整了各一级指标的内容和各二级指标的权重。具体体现在以下方面：

（1）只用进出口环节所耗时间和成本评估跨境贸易的情况。因为不管出口方是出于履行出口环节境外（原产国、进口国、过境国）还是境内（海关通关、边检、港务）所需的程序，都需纳入出口所需的程序，进口方不管是出于履行进口环节出口国还是境内相关部门所需的程序，都应纳入进口所需环节，并用完成这些环节所耗时间和费用来测度跨境贸易的情况。

（2）增加了保护中小投资者作为衡量法治化营商环境建设的一级指标，并将纠纷调解和股东治理公司的情况作为其下的两个二级指标，以评估公司内部的制度建设和外部的法治环境对中小投资者的保护程度，二者各自的权重为 60%和 40%。

（3）增加了知识产权保护作为衡量法治化营商环境建设的一级指标，并将立法强度和执法强度作为其下的两个二级指标，以评估自贸区对知识产权的保护程度、对创新的鼓励程度。鉴于湖北自贸区的立法功能很弱，对知识产权的保护关键在于执法，因此加大了执法强度的权重，为 80%。

（4）增加了税费缴纳在整个营商环境评估中的权重。虽然中国政府的减税降费工作已取得实质性成效，但是企业的税费负担依然很重。特别是在中美贸易战带来巨大冲击的背景下，企业面临很大的外部经营环境的不确定性，生存压力非常大。因此，企业的减税降费工作力度还要加大，还要继续深入。这主要体现在两个方面：一是直接的税费减免，包括总费率、社会缴纳费率以及税外负担，这是核心；二是提高企业纳税的便利化程度，降低纳税工作的时间成本。

表 2-7　湖北自贸区营商环境的评价指标体系

考核内容			权重/%	指标内容	备注
考核维度	一级指标	二级指标			
国际化营商环境	跨境贸易（16%）	1. 出口耗时	30	1. 出口商准备进口商所需要的出口有关的所有文件的时间 2. 货物存入海关监管区后，出口商申报、海关查验出口货物、完成税费缴纳及放行的所有通关时间	政府部门、相关单位行政审批和相关事项办理时间
		2. 进口耗时	30	1. 进口商准备所需要的进口有关的所有文件的时间 2. 货物存入海关监管区后，进口商申报、海关查验进口货物、完成税费缴纳及放行的所有通关时间	
		3. 出口所耗费用	20	1. 出口商在所有出口环节支付给各行政部门的费用，主要包括为提交相关单证及报关单所支付的直接费用 2. 货物在出口口岸仓库发生的费用以及出口商在完成清关过程中的各种检查费用	指除中介费用以外的各级行政主管部门在监管过程中收取的费用
		4. 进口所耗费用	20	1. 进口商在所有进口环节支付给各行政部门的费用，主要包括为提交相关单证及报关单所支付的直接费用 2. 货物在进口口岸仓库发生的费用以及进口商在完成清关过程中的各种检查费用	

续表

考核内容			权重/%	指标内容	备注
考核维度	一级指标	二级指标			
法治化营商环境	保护中小投资者(8%)	1. 纠纷调解	60	1. 公司权利:反映对交易做出最后决策的对象的情况 2. 董事责任程度:当与关联公司的交易出现亏损时,公司董事的责任大小 3. 股东诉讼便利度:法院在审理由股东提起的民事诉讼时,原告提供证据的便利程度和标准情况	衡量大股东和企业管理者利用其特殊身份不公平地转移或享有公司财富时,来自公司内部的制度和来自外部的法律制度对中小投资者的保护力度。同时,还反映股东在公司经营管理过程中的权利大小
		2. 股东治理公司	40	1. 股东权利:出售公司股权或出现重大治理事项变更时,中小投资者的权利 2. 所有权及管理权控制:公司大股东尤其是 CEO 与交易关联公司或本公司的经营管理者的关系 3. 公司透明度:公司信息披露的程度和范围	
	合同执行(8%)	1. 合同执行所需时间	40	发生商事合同纠纷后,原告方从向法院提起诉讼到最后案件执行完毕的时间	测度各级人民法院处理商事合同纠纷的效率
		2. 合同执行所需成本	40	发生商事合同纠纷后,各方所支付的费用,包括律师费、诉讼费、案件执行费、各种评估费用等	
		3. 申请材料	10	法院所需要的各种材料的数量	
		4. 合同执行的程序数量	10	发生商事合同纠纷后,原被告双方从向法院提起诉讼到最后案件执行完毕所需经历的程序数量	
	知识产权保护(8%)	1. 立法强度	20	1. 专利行政确权立法保护的情况 2. 版权的立法保护情况 3. 商标的立法保护情况	从立法和执法两个层面反映自贸区对知识产权的保护情况(主要是执法层面,因为自贸区的立法权力很小)
		2. 执法强度	80	知识产权侵权案件发生、各级法院审理并判决后,法院对案件执行所需的时间、执行成本和执行程序的数量	

续表

考核内容			权重/%	指标内容	备注
考核维度	一级指标	二级指标			
便利化营商环境	开办企业（12%）	1. 开办企业的程序数量	40	除中介环节外的开办企业过程中的登记、申领发票、公章刻制、银行开户及社保登记等环节的数量	评估企业特别是广大中小企业在开办环节所需要履行的程序数量、耗费的时间、提交的材料数量以及发生的费用，即衡量开办企业的便利程度
		2. 开办企业所需时间	30	以上各环节办理的时间之和	
		3. 开办企业所需成本	20	以上各环节办理过程中所支付的费用，如公章刻制等，主要包括行政性收费，但中介费除外	
		4. 申请材料件数	10	以上各环节所需提交的各类申请材料件数	
	办理施工许可（15%）	1. 办理施工许可的程序数量	40	项目建设需要相关行政管理部门、相关单位完成审批或许可的环节数量，如建设用地规划许可、建设工程规划许可、消防等	评估企业项目建设前需要经相关行政部门、相关单位完成审批或许可的环节数量，办结时间、办理成本及提交材料情况，衡量企业项目建设前完成审批或许可的便利程度
		2. 办理施工许可所需时间	30	相关行政管理部门、相关单位完成以上环节所需时间	
		3. 办理施工许可所需成本	20	企业办结以上环节需要向相关行政管理部门、相关单位支付的费用，不含中介费用	
		4. 申请材料件数	10	企业办结以上环节需要提交的材料件数	
	不动产登记（6%）	1. 办理不动产登记所需程序	40	企业尤其是中小企业在办理不动产登记时所需要完成的环节数量，比如验收（建设工程规划验收、竣工验收）、调查测绘、办理不动产登记及发放不动产权证书等	评估中小企业在办理不动产登记过程中，需要向相关行政管理部门申请及受理各类验收、登记、发证等环节数量，所需时间及成本，所需申请材料件数等，即衡量办理不动产登记的便利程度
		2. 办理不动产登记所需时间	30	企业办结以上环节所需时间	

续表

考核内容			权重/%	指标内容	备注
考核维度	一级指标	二级指标			
便利化营商环境	不动产登记（6%）	3. 办理不动产登记所需成本	20	企业办结以上环节所需支付的直接成本，不含中介费	
		4. 申请材料件数	10	企业办结以上环节所需提交的材料数量	
	获得信贷（8%）	1. 获得信贷所需程序数量	30	包含有抵押物贷款的中小企业获得信贷所需完成的环节数量，如贷款申请、资产评估、授信调查、办理抵押登记、签订贷款合同、发放贷款等	评估企业完成申请、资产评估、授信调查、办理抵押登记、签订贷款合同等环节获得信贷的便利程度，包括所需环节数量，办理这些环节所需时间、成本及提交申请材料的数量，衡量企业获得信贷的便利程度
		2. 获得信贷所需时间	20	办结以上环节所需的时间	
		3. 获得信贷所需成本	40	办结以上环节所需支付的成本，不含各类中介收费及隐形费用	
		4. 申请材料件数	10	办结以上环节所需提交的材料数量	
	税费缴纳（15%）	1. 纳税次数	30	一个纳税年度企业累计完成的纳税次数，包括准备、申报和缴纳主要税种以及代扣缴社保费和住房公积金事项的次数，其中的具体内容如会计账簿领取、计算应纳税费、与税务机关沟通、处理发票、填报及提交报表、完成纳税、办理退税等	评估企业向税务机关申请缴纳税费的便利程度，包含企业申报纳税次数、纳税时间、总税率及社会缴纳费率、税外负担及纳税所需提交的材料件数
		2. 纳税时间	10	一个纳税年度内企业累计完成以上内容所需时间	
		3. 总税率及社会缴纳费率	40	企业实际承担的总税额占企业税前商业利润的比例，反映企业的直接税费负担	

续表

考核内容			权重/%	指标内容	备注
考核维度	一级指标	二级指标			
便利化营商环境	税费缴纳（15%）	4. 税外负担	10	企业实际承担的各种税外费用（含集资、摊派、赞助、其他各种税费等）占企业总营业收入的比例，反映企业的税外负担情况	
		5. 申请材料件数	10	完成纳税相关环节所需提交的材料数量	
	企业注销（4%）	1. 注销企业所需程序数	40	企业注销所需完成的环节数量，包含注销公告、清算备案、税务、社保、银行、工商注销等环节	评估办理企业工商注销、税务注销等环节数量，办结时间及成本，申请材料数量等，衡量企业注销的便利程度
		2. 注销企业所需时间	30	企业注销完成以上环节所需的时间	
		3. 注销企业所需成本	20	企业注销完成以上环节所需支付的费用，不含中介费用	
		4. 注销企业所需材料数	10	企业注销完成以上环节所需提交的材料数量	

资料来源：根据笔者研究整理而得。

（5）增加了办理施工许可在整个营商环境评估中的权重。办理施工许可是企业项目建设的基础，同时项目建设又是企业生存的基础，因此办理施工许可在企业生产经营过程中的重要性不言而喻。但是，办理施工许可不仅关系到企业自身，它还是一项非常复杂的工作，涉及的程序和环节非常多，包含建设用地规划许可证核发、修建性详细规划和建设工程设计方案审查、建设工程规划许可证核发、施工图审查（包括施工图审查机构审查、人防审查、消防审查等）、项目核准或备案后综合服务窗口统一受理相关材料并转各部门办理（包括国土资源部门办理土地使用权证、发展改革部门节能审查、环保部门环境评价、地震部门安全评价、消防部门审查等）核发建设工程施工许可证等环节。同时，项目建设不仅是企业的生产经营场所的建立，它还是城市规划和建设的有机组成部分；不仅关系到企业的生产经营安全，还与环境安全、社会安全息息相关。因此，企业办理该环节时所耗费的时间、成本、需要的环节数量和材料数量等都是评估一个地区营商环境的重要指标，尤其是自贸区。

第五节　现有营商环境评价体系研究评述

目前，测度营商环境质量优劣的指标体系从不同层面展开。世界银行《营商环境报告》主要从营商便利度视角分析，每年会对全球 190 个经济体的营商环境质量进行测度和排名，具有很强的科学性和连续性，是科学研究机构和政府等公共机构制定政策和决策的有益参考。但是，该指标体系也存在以下问题：

第一，对一个经济体内部各区域的研究不具有连续性，不利于扩大其使用范围。比如，对中国 30 个省份营商环境的研究只体现在 2008 年《中国营商环境报告》这一份报告中。除此之外，再没有其他年份的具体数据。

第二，对某一个经济体营商环境的研究往往以该经济体代表性城市作为样本，并假设其所有城市的营商环境质量具有同质性，这显然是不符合实际情况的。比如，选择上海和北京作为测度中国制度质量的代表性城市，选择洛杉矶和纽约作为美国制度质量的代表性城市，显然是高估了这些国家的整体营商环境质量。

第三，在指标的选取上也很难估计各经济体政治经济文化环境的差异性。比如，在开办企业环节，有些国家虽然所需程序数量很多，但如果都是通过互联网办理，其成本必然较低；有些国家开办公司的所有环节都需人工办理，虽然程序数量较少，但花费的直接成本和时间成本都会较高。此时很难对二者进行科学评判和比较。

第四，忽视了非正式制度对营商环境的影响。全球公共治理指数、全球竞争力指标等也有类似的缺陷。

中山大学自贸区制度创新指数具有很强的针对性，建立这一评价指标体系本身就是一种创新，但也存在一些问题：

第一，各自贸区的战略定位和发展目标不同，其选择的评价指标体系也很难统一且面面俱到。

第二，各评价指标的得分具有很强的主观性，比如，通过访谈或收集相关媒体报道后进行打分。

第三，各自贸区各指标的分值和比重相同。各自贸区的区位优势及经济发展起点不同，各种制度创新成果在自贸区发展中的作用也不同，因而应考虑其异质性。比如，上海自贸区建立“黄金国际板”对于其金融服务能力的提升非常重要，但这对于内陆自贸区来说可能不是重点。

因此，各经济体、各经济体内的地区甚至更小范围的自由贸易试验区的营商环境测度，必须考虑其具体情况。2018 年 1 月 3 日，在当年的第一次国务院常务会议上，国务院总理李克强再次将进一步优化营商环境作为重点，而营商环境建设首先需要做到科学、可测量、可比较。2018 年 8 月 14 日，国务院办公厅印发《全国深化“放管服”改革转变政府职能电视电话会议重点任务分工方案的通知》，明确要求各地在 2018 年底前构建完善的营商环境评价机制。所以，各地区都已着手开展相关评估工作，如广东、山东、重庆等地自贸区。

随着贸易投资一体化实践的展开，最新的贸易投资规则体系已逐渐实现了从贸易向投资以及贸易投资融合的方向发展，这已成为各经济体优化营商环境的重要推动力量，主要体现在以下三个方面：

第一，服务贸易自由化推动广泛的多边和双边谈判。由于众所周知的原因，WTO 多边贸易体制倡导的《服务贸易总协定》（General Agreement on Trade in Services，GATS）很难有效解决各经济体服务贸易发展实践中存在的问题，尤其是某些敏感领域，比如跨境服务提供、数字化商品的交易和征税等。在这一背景下，WTO 中少数成员推动形成了更具有效性的《国际服务贸易协定》（Trade in Service Agreement，TISA）。中国也于 2013 年 9 月正式宣布愿意参加该协定的谈判。未来，这不仅能较好地推动服务贸易发展，还能较好地促进各经济体的整体营商环境建设。

第二，更小范围、更具针对性的区域贸易和投资协定正在形成。出于地缘政治和经济利益的考虑，各经济体参与或主导形成了较多区域性贸易投资协定，比如《跨太平洋战略经济伙伴关系协定》（Trans-Pacific Partnership Agreement，TPP）、《跨大西洋贸易与投资伙伴关系协定》（Transatlantic Trade and Investment Partnership，TTIP）、《全面区域经济伙伴关系协定》（Regional Comprehensive Economic Partnership，RCEP）等。除了要求各成员方在货物贸易、服务贸易、知识产权和农产品等领域实现政策协调外，这些协定还涉及几乎所有与营商环境建设相关的问题，比如政府采购、劳工标准、动植物检验检疫、环境保护、竞争法律等问题，被视为“贸易投资规则发展的新方向”和“超高标准”。无疑，这些区域贸易和投资协定的签订和实施将有助于营商环境优化。

第三，准入前国民待遇加负面清单管理制度的外商投资管理模式已经形成。准入前国民待遇原则对外商投资的管理不仅要求对外资进入东道国后的一切经营活动实行与内资同等的待遇，而且要求把这种国民待遇延伸至外资进入东道国环节。其核心思想是使外商投资在企业设立、取得、扩大等阶段享受与内资同等待遇。如果一国实行准入前国民待遇制度，则意味着该国开放程度极高。WTO《服务贸易总协定》（GATS）和《与贸易有关的投资措施协议》（Agreement on Trade-Related Investment Measures，TRIMs）均采纳了准入后的国民待遇。市场准入的负面清单制度是指一个经济体以清单方式罗列出禁止或限制在该经济体内部外商投资经营的业务、领域和行业。对清单内的业务、领域和行业，政府实施较为严格的管理措施；清单以外的，各国各类经营主体皆可依法平等进入，即“非禁即入”。同时，要求这种清单随经济发展需要而调整，调整的方向是缩小而非扩大清单内容。目前，负面清单加准入前国民待遇制度是国际习惯做法，这一做法的广泛推广将极大地推动营商环境建设。

因此，未来营商环境特别是自贸区的营商环境评价指标体系的设置需要重点考虑贸易投资融合的现实情况。

第三章
湖北自贸区营商环境的建设路径

“以制度创新为核心，以可复制可推广为基本要求，立足中部、辐射全国、走向世界，努力成为中部地区有序承接产业转移示范区、战略性新兴产业和高技术产业集聚区、全面改革开放试验田和内陆对外开放新高地”，这是湖北自贸区建设的战略定位。可以看出，这句话的后半部分表明自贸区建设的最终愿景，而实现这一目标就是要“以制度创新为核心”，这是深化湖北自贸区改革开放的主要内容。《总体方案》中174项改革任务和措施既是制度创新的内容，也是湖北自贸区营商环境建设的内容。营商环境建设的总体目标和要求是“打造法治化、国际化和便利化的营商环境”，同时也是营商环境建设的指导思想，主要从加快政府职能转变、深化投资领域改革、推动贸易转型升级、深化金融领域开放创新、推动创新驱动发展、促进中部地区和长江经济带产业转型升级六个方面展开。2020年5月13日，湖北省委省政府印发《关于更大力度优化营商环境激发市场活力的若干措施》，从建设一流政务服务环境、打造宽松便利的市场环境和公平完善的法治环境等方面提出了30项具体的改革举措，为湖北自贸区营商环境建设提供了更有力的支撑。

第一节　优化政务服务环境

加快政府职能转变是湖北自贸区优化营商环境和进行制度创新的起点和核心。《总体方案》中把加快政府职能转变作为自贸区制度创新的首要任务。作为营商环境建设的重要任务，转变政府职能表现为优化政务服务环境，其具体建设路径如图 3-1 所示。具体体现在两个方面：一是要深化行政管理体制改革，建设最终目标是“法治化、国际化和便利化”的政务服务环境并“推动政府管理模式创新”，共计 11 项改革任务；二是强化事中事后监管，核心是以信用监管为主要手段，以实现各部门之间信息共享为主要途径，并把反垄断作为市场监管的重要内容，共计 7 项改革任务。

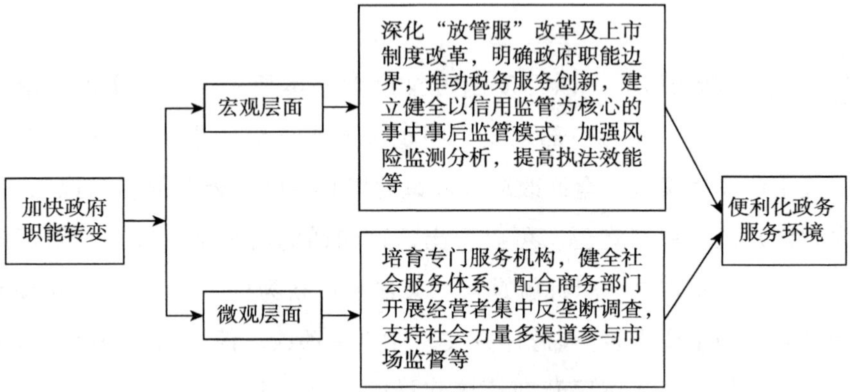

图 3-1　优化政务服务环境的路径

从传统意义上看，强化政府职能转变应以提高管理水平为主，而自上海自贸区建设开启中国深化改革开放和制度建设的先河以来，自贸区包括其他开放程度更高的一些地区不断加强政府“放管服”制度改革，尤其突出政府的服务职能，并在这一方面做出了较多有益尝试。自挂牌成立以来，湖北自贸区不断深入推进简政放权、放管结合、优化服务等一系列“放管服”改革。

一、推进“证照分离”改革试点

2017 年 9 月，国务院发布国发〔2017〕45 号文件，在总结上海浦东新区“证照分离”试点改革经验的基础上，将这些改革成果在第一批和第二批自贸区中复制推广。在湖北自贸区，“证照分离”改革试点的主要做法有：

（一）简化规范各类行政许可

对于行业企业的经营资质和行政许可问题，各级政府及行业主管部门下放许可权限，实行分类管理，通过制定目录对外公布实施分类管理的具体规定。

1. 推行“多证合一”和“证照分离”相结合制度

“多证合一”，即要求将属于企业信息采集、公示及管理审查方面的证照管理集中到对营业执照的管理上，凡是相关部门需要采集企业信息或对企业进行信息审查方面的数据采集，无须由单独的部门完成，也无须让企业多次提交信息，而是由工商行政主管部门统一归口管理和提供相关信息。“证照分离”，即实现企业准入前的许可证管理和营业执照管理的分离。

从 2013 年底湖北省筹备申报自贸区开始，一系列先行先试制度改革陆续出台，先后开启了 185 项行政审批制度改革。在商事登记制度方面，湖北省参考世界银行《营商环境报告》的测度指标内容，以北京和上海两个城市为样本进行商事登记制度改革。比如，在这两个城市完成开办企业的总时间为 22 天，而湖北自贸区完成工商注册登记只需 1 天时间，这主要是通过武汉东湖高新区推行企业登记“一口式”模式来实现的，即“一口受理”“一表申报”“一证一码”。

2. 直接取消审批或核准

在国家发展改革委《自由贸易试验区外商投资特别管理措施（负面清单）》基础上，湖北自贸区对外商投资准入实行“负面清单”管理制度，除部分关系国家安全、公民健康、环境保护、公共安全等行业外，经营许可权完全下放，取消审批或核准，改为事中事后监管和以行业企业自律管理为主。

3. 备案管理

出于监管需要，对部分行业经营实行备案管理制度。企业向有关部门报送相关材料后，无须经严格审批、核准或许可即可开展相关业务，告知即可。提交材料的目的是满足有关部门后期监督管理的需要。但是，企业需基于诚信提交材料。

4. 实行告知承诺制

“告知”包含两方面的内容：第一，主管部门具有告知义务，通知企业经营过程中的相关注意事项。第二，企业提交材料告知有关部门。“承诺”即企业承诺遵守相关经营规则和行业规范、履行相关义务。对于承诺事项，企业必须基于诚信原则严格执行，其执行结果将成为相关行政主管部门后期监管的主要内容和依据。

5. 提高监管透明度

实行许可项目“目录”管理，公开实行备案及少数审批的行业目录、监管程序、受理标准和具体要求。在实行“证照分离”的同时，对这两个环节的工作实行“一次办理”，打通环节，减少办理时间、成本和程序。

6. 规范行业监管

经营许可权的下放并不意味着放任自由，而是改变监管模式。一方面，行业主管部门制定规范化、标准化的管理制度，督促企业按标准提交材料、履行义务。另一方面，加强对行业协会的监督和引导，发挥其在规范行业监管中的作用。

在已有探索基础上，湖北自贸区还将继续深化行政审批与服务改革，加快政府职能转变。

（二）实施科学监管

在实行分类管理基础上，湖北自贸区积极探索科学的监管措施。针对广大实行备案准入的行业企业，湖北自贸区并非完全放开、放任自流，而是加强日常监督，研究并制定更加具体的行业自律标准及惩罚措施。企业按自律标准展开生产经营，监管部门定期科学评估企业遵守标准的情况，对于不按照标准执行的企业实施严格的惩罚措施。依据评估结果对企业进行分类，在后期的监管过程中对不同类别企业实施不同的监管措施。比如，对执行标准较好、管理类别较高的企业，实行更加宽松的管理措施；对执行标准较差、管理类别较低的企业，实行严格管理。同时，通过建立部门间信息共享制度，让那些管理类别高的企业“一路绿灯”，而让那些违规及管理类别较低的企业“一处违法、处处受限”“一路红灯”。

从长期来看，这种分类管理带来的示范效应对于科学的行业监管非常重要。此外，湖北自贸区实行从准入前的严格审批向“准入前备案+准入后严格合规监管”的管理模式转变。加强企业信息公示、企业公示信息抽查、企业经营异常名录公示、严重违法违规企业名单公示等方面的制度建设，加大对违规企业的惩戒力度，让企业自主自觉按行业规范开展生产经营活动。对于保留审批制度的少数行业企业，在并联审批基础上，湖北自贸区对包含审批、主管、监管在内的各部门的职责做了科学明确的划分，让各个部门权责明确、各司其职。

（三）加强信息共享制度建设

通过加强与湖北科技厅等相关部门的沟通、协调与合作，湖北自贸区投入大量人力、物力和财力，加大信息化建设力度，比如，加快信息化资源库建设，进一步完善国家企业信用信息公示系统和全国信用信息共享平台，为实现部门间信息共享做了大量基础性工作。同时，湖北自贸区已提前完成将区内信息共享平台与全国数据共享交换平台的对接工作。通过信息共享，湖北自贸区在企业准入、开办方面的营商环境得到显著改善，减少了企业在与相关部门交互过程中重复提交信息和证明、重复进行审查等方面的工作环节和时间，企业的开办效率得到明显提高。

二、下放行政审批权限

湖北自贸区在“放管服”改革过程中，所有工作部门依法公开管理权限和流程，建立各部门权利清单和责任清单，明确政府的职能边界。探索市场准入负面清单制度，把能下放给自贸区的管理权限全部依法下放。在湖北自贸区获批后的 2017 年 5 月 5 日，湖北省人民政府就向各自贸片区首批下放了 61 项原来由 23 个省直各部门管理的经济社会管理权限，其中涉及省直各部门行政许可类的事项 54 项，占比达到 88.5%，部门委托行政许可类 2 项，其他类 5 项。比如，原来由湖北省商务厅完成的对外贸易经营者备案、加工贸易企业经营状况和生产能力证明的核发、外商投资企业的设立变更终止审批等事项现交由湖北自贸区相关部门完成，极大地减少了企业完成相关程序所需的时间和成本。

为促进下放的管理事项尽快落地，让自贸区既能接得住，又能管得好，省直各部门在第一时间出台了相关文件，明确了下放管理事项的具体做法和衔接机制，支持下放到自贸区的管理权限能顺利过渡。2019 年 4 月 23 日，湖北省人民政府下放湖北自贸区第二批经济社会管理权限共 35 项，涉及省直各部门的行政许可类事项 28 项，行政确认类事项 3 项，其他类事项 4 项。湖北省第一批和第二批下放到湖北自贸区的经济社会管理权限见表 3-1。

表 3-1　湖北省第一批和第二批下放到湖北自贸区的经济社会管理权限

序号	原管理部门	权限内容	权限类别
第一批			
1	省发展改革委	核准企业固定资产投资建设项目	行政许可
2	省教育厅	审批开办外籍人员子女的学校	行政许可
3	省民政厅	对外资建设养老机构的许可	行政许可
4	省人力资源和社会保障厅	认定和审批中外合作职业培训机构	行政许可
5	省环保厅	对放射性同位素等相关装置生产、销售和使用许可	部门委托
6	省住房和城乡建设厅	核准园林绿化企业二级资质，房地产开发企业二级、三级资质等 3 项	行政许可
7	省交通运输厅	核发船舶及相关产品检验证书、港口业务经营许可等 6 项	行政许可
8	省水利厅	审批建设项目水资源论证报告等 4 项	行政许可
9	省农业厅	运输高致病性动物病原微生物等 4 项	行政许可
10	省商务厅	对外贸易竞争者备案登记等 4 项	其他类
11	省商务厅	许可拍卖业务、核准对外劳务合作经营资格等 9 项	行政许可
12	省林业厅	核发林木种子生产、经营许可证等 2 项	行政许可
13	省卫生计生委	医护人员职业注册等 4 项	行政许可

续表

序号	原管理部门	权限内容	权限类别
14	省文化厅	审批从事馆藏修复、复制、拓印及藏品取样分析	行政许可
15	省外侨办	境外人员来自贸区工作的许可	行政许可
16	省旅游委	外资旅行社业务许可	部门委托
17	省新闻出版广电局	设立、变更、审批包装装潢印刷品经营企业等 2 项	行政许可
18	省体育局	许可经营高危体育运动项目	行政许可
19	省工商局	企业登记等 3 项	行政许可
20	省质量技术监督局	核发重要工业品生产许可等 5 项	行政许可
21	省安监局	核发第一类非药品类易制毒化学品生产、经营许可证等 3 项	行政许可
22	省食药监局	食品生产许可	行政许可
23	湖北省出入境检验检疫局	审批进境植物源性食品检疫	行政许可
24	省贸易促进委员会	出具湖北省出口商品原产地证书	其他类
第二批			
1	省新闻出版局	审批加工贸易项下进口的光盘等 6 项	行政许可
2	省新闻出版局	出版、复制境外电子出版物、计算机软件著作权授权合同登记	行政确认
3	省电影局	电影发行单位设立，变更业务范围，审批兼并、分立等	行政许可
4	省侨务办公室	审批华侨回国定居	行政许可
5	省司法厅	港澳台律师事务所驻内地或大陆代表机构变更许可	行政许可
6	省财政厅	会计师事务所及其分所执业许可	行政许可
7	省人力资源和社会保障厅	评审工程系列高级职称	行政确认
8	省人力资源和社会保障厅	审批职业技能鉴定机构的设立	行政许可
9	省自然资源厅	预审建设项目用地	行政许可
10	省生态环境厅	审批汽车整车制造项目环境影响评价文件	行政许可

续表

序号	原管理部门	权限内容	权限类别
11	省住房和城乡建设厅	核准建筑企业资质等4项	行政许可
12	省商务厅	设立直销企业及分支机构初审转报	其他类
13	省文化和旅游厅	审批艺术品进出口经营	行政许可
14	省应急管理厅	核发非煤矿矿山企业安全生产许可证等2项	行政许可
15	省市场监管局	预先核准外资冠名湖北省行政区划名称等2项	行政许可
16	省市场监管局	认定计量标准二级考评员资格	行政确认
17	省广播电视局	审核有限广播电视传播覆盖网工程建设及验收	行政许可
18	省体育局	审查对中等体育运动学校的设立、变更及终止	其他类
19	省人民防控办公室	审批超过300平方米人防工程项目拆除等3项	行政许可
20	湖北省通信管理局	ICP经营许可初审转报等2项①	其他类

资料来源：根据湖北自贸区相关文件整理而得。

三、加强事中事后监管

根据《总体方案》的战略定位和发展目标，湖北自贸区在规范市场监管、服务企业发展方面着重加强事中事后监管，通过依法监管、协同监管、信用监管和创新监管，提高自贸区市场监管效率，优化营商环境。

（一）深入推进协同监管

1. 编制权责清单，明确各部门职责

在下放经济社会管理权限和取消审批的基础上，湖北自贸区内绝大部分

① Internet Content Provider，简写为ICP，即网络内容服务提供商。各地通信管理部门对向广大用户综合提供互联网信息业务和增值业务的电信运营商核发《中华人民共和国电信与信息服务业务经营许可证》。

监管事务不仅从准入前的严格审批转为准入后的事中事后合规监管，而且已从各省直部门下放至自贸区内。为提高监管效率，让自贸区不仅能接住下放的监管业务，而且能实现高效监管，自贸区编制了《湖北自贸区后置审批事项监管职责目录》，明确各职能部门的监管事项、监管标准、监管职责。

2. 统一采集涉企信息，实现跨部门信息共享

一方面，结合监管实际，按照统一标准，湖北自贸区归集涉企信息，并将归集的涉企信息在同一监管平台上共享。这样，不仅能有效减少各职能部门多次收集信息的时间及成本，避免各次收集信息之间出现误差，还能降低企业重复报送信息的经营成本。另一方面，湖北自贸区各行政部门的市场监管业务全部通过“湖北省市场主体信息共享交换平台”完成，即利用“一张网”，企业一次性提交标准化的涉企信息，让数据在各职能部门之间“跑路”，就能完成对企业的所有监管业务，无须企业多次提交材料。

3. 探索建立跨部门综合执法体系

湖北自贸区整合各职能部门业务于“湖北省市场主体信息共享交换平台”，让所有相关职能部门的监管工作均在该平台完成。同时，全面推行“双随机、一公开”抽查制度。在下放管理权限和实行“证照分离”制度改革基础上，湖北自贸区认真落实“双随机、一公开”抽查制度。一方面，取消一批行政审批许可事项；另一方面，改变准入前的审批，通过准入后对企业的经营行为进行检查抽查、行业自律等措施，加强事中事后监管。对于执业情况较差特别是遭遇投诉的企业进行重点检查，对于违规经营企业加大惩罚力度，提高企业的违规成本，使企业“一处失信，处处受限”，通过强化后期监督来规范行业经营，优化营商环境。

（二）全面推进信用监管

1. 加大企业信用信息公示力度

基于“全国企业信用信息公示系统（湖北）”，湖北自贸区督促企业及时公开年报、重要经营信息等数据。通过信息披露，加大社会对企业的监督力度。同时，强化自贸区各职能部门对涉企信息的公示力度，及时督促各职

能部门依法公开涉及企业行政许可、行政处罚、经营违法等方面的信息。此外，不论是企业公开还是职能部门公开的涉企信息，都要重视信息准确性，对提供虚假信息的部门或企业加大处罚力度。

2. 建立信用信息奖惩机制

在信用信息公示基础上，各职能部门对严重违法失信企业、经营异常企业的信息加大公开力度，对企业的失信行为做出合理评价和处理。与此同时，这些评价和处理结果在各职能部门之间实现信息共享、互认，作为其他相关部门执法监管的重要参考依据。在此基础上，湖北自贸区编制失信企业联合惩戒和守信企业联合激励清单并对外公布。对于守信企业，各监管部门在后期执法过程中适用宽松便利的监管制度；对于失信企业，湖北自贸区建立了“信用联合惩戒信息管理系统”，要求各部门通过集体响应机制对失信企业进行严格约束，让失信企业寸步难行。这样，就可以在自贸区内形成守信的良好社会氛围。

3. 加强企业信用信息运用

一方面，湖北自贸区整合工商登记、食品安全、质量安全、消费维权、专利侵权、安全生产、竞争执法、劳动保障等方面的企业信息，建立企业信用信息档案，并通过“湖北省信用信息公共服务平台”“信用联合惩戒信息管理系统”“湖北省市场主体信用信息共享交换平台”对外公开企业信用信息情况。另一方面，基于信用信息档案对企业进行分类，并依据分类情况对企业实施不同的监管措施。此外，湖北自贸区还利用大数据分析，加大对企业经营行为和运行规律的研究，准确把握企业运行过程中的风险。在帮助企业化解经营风险的基础上，及早消灭可能的违法行为，降低企业、行业乃至地区经济发展过程中的风险，让企业信用信息监管和运用更好地服务于企业、行业和地区经济社会发展。

（三）加大行政执法力度

1. 维护市场公平竞争

对于市场垄断、侵犯知识产权、价格欺诈、虚假宣传、不正当竞争等不利于营造市场公平竞争的行为，湖北自贸区依法给予严厉打击和处罚，并将处罚结果通过前述信用信息共享平台在各部门间共享。此外，自贸区在全省范围内首次探索建立知识产权执法跨部门协作机制，通过联合执法和联合监管，实现监管合力。同时，企业侵权信息也实现部门间共享。

2. 加大网络市场监管力度

为进一步促进和规范电子商务特别是跨境电子商务等新业态新模式的发展，湖北自贸区采取多项措施加大对网络市场的监管力度。一方面，鼓励网络经营者进行工商注册登记，通过登记，可使经营者的网络交易行为暴露在监管部门的监督之下，其经营活动就具有很大程度的可追溯性。另一方面，建立并完善网络经营者数据库和网络交易平台监管系统，结合线下监管，实现各职能部门间共建平台、信息共享，对网络经营活动进行协同监管。同时，深入开展各项针对网络交易的专项行动，比如，加大对网上产品的质量抽查，对刷单炒信、网络售假等行为的打击力度，并严厉查处利用网络从事传销等违法活动。

3. 有效防控金融风险

金融领域的开放创新是湖北自贸区建设的重要内容之一，而防控金融风险是促进金融市场开放创新、健康发展的重要工作。为规范融资租赁业务的发展，湖北自贸区对设立融资租赁企业和变更业务内容均实行备案制度，为后续监管提供最基础的信息。同时，对该类企业的失信和异常经营行为进行公示，对其经营活动进行定期抽查检查，并将结果对外发布，接受社会监督。在打击金融违法行为方面，湖北自贸区通过部门间联合执法，重点对非法集资、金融诈骗、非法吸收公众存款等行为进行处理，以净化金融环境。此外，湖北自贸区还通过完善金融风险监测评估机制、资金跨境流动风险监管机制等措施，大力打击反逃税、反洗钱等违法犯罪活动。

（四）健全社会监督机制

通过各类信息共享平台的建设和完善，湖北自贸区逐步扩大信用信息公示的深度和广度，在树立诚信企业典型的同时，曝光企业的失信行为，将企业信用信息置于公众视野之下，使之得到社会监督，由此倒逼企业在质量管理、企业宣传、安全生产等方面履行更多社会责任。此外，湖北自贸区鼓励行业组织参与制定行业自律规范和行业标准，充分发挥行业组织在行业监管方面的服务功能。支持有专业资质的服务机构参与市场监管，比如，通过政府购买服务的方式，鼓励资质较好的仲裁调解机构参与企业民事纠纷解决，提高纠纷解决效率，为企业和各职能监管部门提供专业技术支持。

此外，使行政管理体制改革贯穿自贸区建设的全流程。武汉、宜昌、襄阳三大自贸片区结合实际在改革中不断创新。武汉片区充分借鉴上海自贸区先行先试的做法，加强政务服务、创新创业和科技金融等服务。宜昌片区在全国首创工商登记“一点通”自主服务系统，还大力推行投资审批七大便利措施。襄阳片区在制度和组织架构上进行了大胆创新，直接将襄阳自贸办设在政府办，通过政府赋予的权限，来协调为自贸区服务的所有部门。而如果襄阳自贸办直属于商务局或高新区，则很难协调自贸办与其他部门的关系。

四、强化服务职能

1. 提供优质审批服务

湖北自贸区要求各部门明确审批内容，将审批内容、标准、时限等对外公开，编制办事流程，并将这些信息通过各种渠道进行宣传。不仅接受社会监督，更重要的是让相关企业熟知办事流程，减少办事时间。推行“证照分离”、下放管理权限等制度改革，辅之以服务承诺制、办结时限制、岗位责任制等相关制度，主要是通过更加科学、高效和透明的监管制度，降低企业经营成本，营造良好的营商环境，促进自贸区经济社会高质量发展。

2. 优化监管服务模式

湖北自贸区开展了企业登记全程电子化和电子营业执照试点。在健全服务体系基础上，政府部门承担的资产评估、鉴定、咨询、认证、检验检测等职能逐步交由专业机构来承担。自贸区政府正在实现由裁判员和管理员角色向服务员和参与者角色的转变。作为统筹湖北自贸区发展建设的牵头单位，湖北省商务厅先后实施了一系列服务新举措，率先出台“20条”等支持湖北自贸区发展的措施，在创新招商引资方面，先后推出“世界500强对话湖北”等一系列活动，搭建了“楚商大会”“鄂港澳粤”“鄂沪（长三角）”“台湾周”等招商引资平台。未来，在推动湖北企业“走出去”和“集成出海”方面，还将会做更多服务工作。

五、推行“互联网+政务服务”

（一）推行“互联网+审批服务”

以湖北省住房和城乡建设厅为例，“证照分离”及绝大多数审批业务改为备案管理后，对于少数还需审批的业务，比如企业资质，省住房和城乡建设厅已将其审批权限下放至自贸区，具体做法如下：第一，自贸区住房和城乡建设部门加强信息化建设，将其业务端口与省住房和城乡建设厅审批信息系统对接；第二，自贸区住房和城乡建设部门通过统一的住房和城乡建设厅审批信息系统提交审批申请；第三，除完成住房和城乡建设部门要求的资质审批外，自贸区企业还可统一地、一次性提交材料，完成其他相关业务的行政许可；第四，省住房和城乡建设厅加强对自贸区住房和城乡建设部门的业务指导。

（二）推行“互联网+登记注册服务”

以湖北省工商局为例，在下放经济社会管理权限基础上，湖北自贸区工商注册登记事务已逐步从现场服务大厅延伸至网上办事大厅，经济主体可便捷地在网上申请注册登记，完成网上申请和预先审核后去窗口领取营业执照。同时，鼓励经济主体注册登记全程电子化，即在网上申请、提交电子材料基础上，自贸区工商部门通过网上预审、网上核准、网上发照和网上公示等环节，颁发电子营业执照和纸质营业执照，并扩大电子营业执照的使用范围。

第二节　优化投资环境

优化湖北自贸区投资环境的路径如图 3-2 所示。《总体方案》中关于深化投资领域改革方面的描述分为两个方面，共计 12 项具体改革措施：一是通过一系列制度创新提升利用外资水平，比如，改革外资管理模式，改革外资企业设立和变更备案制度，减少或取消准入限制，提升技术、人才、资金等要素资源的配置效率，深入推进负面清单及准入前国民待遇制度建设。二是通过对外资的国家安全审查、对实际投资者的有效管理、企业信用信息公示、保障投资者尤其是中小投资者权益等方面加强对外资的管理。在鼓励"引进来"的同时，采取有效措施，促进省内企业"走出去"，体现在对外直接投资及合作形式的多样化、建立以备案制为主的管理模式、完善风险防控体系和服务保障体系等方面。

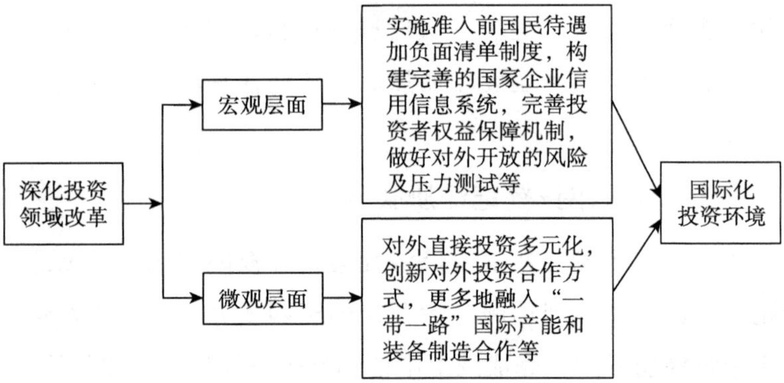

图 3-2　优化投资环境的路径

自贸区建设在贸易投资领域改革的目标就是要紧密对接国际贸易和国际投资领域高标准，让自贸区生产经营活动和生产要素能更好地融入全球生产体系。自挂牌以来，湖北自贸区在深化投资领域改革方面做了许多工作。

一、深入贯彻准入前国民待遇加负面清单制度

湖北自贸区深入贯彻国家发改委和商务部最新版《自由贸易试验区外商投资准入特别管理措施（负面清单）》（以下简称《负面清单》），外资企业在自贸区内的投资经营越来越自由和便利。具体来说，即"法无禁止即可为"，该负面清单内所列内容属于限制或禁止外资进入的领域，没有列入的领域，自贸区内的外资企业享受国民待遇，与内资企业一样对其实施相同的管理措施。2017 年和 2020 年《负面清单》内容的变化情况对比见表 3-2。

表 3-2 2017 年和 2020 年《负面清单》内容的变化情况对比

领域	细分领域	2017 年清单数量	2020 年清单数量
1. 农、林、牧、渔业	种业	4	3
	渔业	1	0
2. 采矿业	专属经济区、大陆架和其他管辖海域勘探开发	1	0
	石油和天然气开采及开采辅助活动	1	0
	有色金属矿和非金属矿采选和开采辅助活动	3	1
	金属矿及非金属矿采选	1	0
3. 制造业	航空制造	1	0
	船舶制造	1	0
	汽车制造	1	1
	通信设备制造	1	1
	有色金属冶炼及压延加工以及放射性矿产冶炼、加工	3	0
	中药饮片加工及中成药生产	1	0
	核燃料及核辐射加工	2	0
	其他制造业	1	0
4. 电力、热力、燃气及水生产和供应业	核力发电	1	1
	管网设施	2	0
5. 批发和零售业	专营及特许经营	4	1

续表

领域	细分领域	2017 年清单数量	2020 年清单数量
6. 交通运输、仓储和邮政业	铁路运输	2	0
	水上运输	3	1
	航空客货运输	1	1
	通用航空服务	1	0
	机场与空中交通管理	2	1
	邮政业	2	1
7. 信息传输、软件和信息技术服务业	电信	1	1
	互联网和相关服务	3	1
8. 金融业	银行服务	5	0
	资本市场服务	6	0
	保险业	2	0
9. 租赁和商务服务业	法律服务	3	1
	咨询与调查	2	2
10. 科学研究和专业技术服务	专业技术服务	4	3
11. 水利、环境和公共设施管理业	野生动植物资源保护	2	0
12. 教育	教育	2	2
13. 卫生和社会工作	卫生	1	1
14. 文化、体育和娱乐业	广播电视播出、传输、制作、经营	4	0
	新闻出版、广播影视、金融信息	8	7
	电影制作、发行、放映	2	0
	文物及非物质文化遗产保护	5	0
	文化娱乐	2	0
15. 所有行业	所有行业	3	0

资料来源：根据《自由贸易试验区外商投资准入特别管理措施（负面清单）（2017 年版）》和《自由贸易试验区外商投资准入特别管理措施（负面清单）（2020 年版）》整理而得。

从总量上看，自贸区《负面清单》对外资特别管理措施已从 2017 年的 95

项减少到2020年的30项，中国自由贸易试验区禁止或限制外资进入的领域逐渐减少，对外开放程度越来越高。与国内其他地区相比，自由贸易试验区对外资的限制相对更少。

从细分行业领域来看，对外资开放程度变化较大的领域是制造业和金融业。2017年版自贸区《负面清单》中对制造业实行特别管理措施的领域共计11项，而2020年版仅有2项，即针对汽车制造和通信设备制造，而对于航空制造，传播制造，有色金属冶炼及压延加工以及放射性矿产冶炼、加工，中药饮片加工及中成药生产，核燃料及核辐射加工以及其他制造业领域已无外资限制。同时，2017年版和2020年版《负面清单》对汽车制造和通信设备制造领域的规定也存在较大差异，如表3-3所示。从中可以看出，2020年版汽车制造领域对外资进入的限制更具体：虽然均有对合资企业中外资企业持股比例的限制，但2020年版《负面清单》对外资的限制更少，即专用汽车、新能源汽车和商用车的生产对外资持股比例没有限制。而对通信设备制造业领域的规定则没有发生变化。

表3-3　两个版本《负面清单》对汽车和通信设备制造业外资进入规定对比

行业	2017年版自贸区《负面清单》	2020年版自贸区《负面清单》
汽车制造业	汽车整车、专用汽车制造，中方股比不低于50%；同一家外商可在国内建立两家以下（含两家）生产同类（乘用车类、商用车类）整车产品的合资企业，如与中方合资伙伴联合兼并国内其他汽车生产企业可不受两家的限制	除专用车、新能源汽车、商用车外，汽车整车制造的中方股比不低于50%，同一家外商可在国内建立两家及两家以下生产同类整车产品的合资企业
通信设备制造业	卫星电视广播地面接收设施及关键件生产	卫星电视广播地面接收设施及关键件生产

资料来源：根据相关文件整理而得。

在金融服务领域，2020年版自贸区《负面清单》取消了对外资进入的限制，而2017年版对外资进入的限制多达13项，涉及银行业、资本市场服务业和保险业，比如，对进入自贸区银行业的境外投资者类型、资产数量等有严格限制，对进入自贸区货币经纪行业的境外投资者资格、资历等有严格限制，而2020年版则取消对境外投资者进入金融服务业的所有限制。

同时，湖北自贸区深入贯彻负面清单制度，努力推动扩大对外开放。除了《负面清单》上规定的外资不能进入的领域外，其他领域的外商投资企业在湖北自贸区内均可投资，并且可以享受“中国制造 2025”战略和《中国制造 2025 湖北行动纲要》的政策措施。同样，以往限制较多的外资银行准入在湖北自贸区也有很大程度的放开。在自贸区内，允许外资银行独资入区经营，也允许外资与国内资本合资经营股份制银行。经营包括开办银行、保险及其他各种类别的金融服务，其门槛都极大地降低，并通过一系列措施使资本和自贸区的项目建设很好地对接起来。对于自贸区《负面清单》以外的外商投资项目，湖北自贸区采用属地备案原则，投资区内的外商投资企业的备案工作只需在湖北自贸区内完成，为外商投资提供了极大的便利。

二、提升利用外资水平

（一）完善招商引资相关政策

湖北自贸区刚刚挂牌成立，湖北省人民政府就出台了《关于扩大对外开放积极利用外资的实施意见》。同时，还出台了《关于新形式下进一步加大招商引资力度的若干意见》，并通过政策引导支持自贸区所在的武汉市、宜昌市和襄阳市因地制宜，制定符合自贸区产业发展方向的招商引资政策。

以《关于扩大对外开放积极利用外资的实施意见》为例，文件从严格省直各部门的职责分工、鼓励外商投资的领域、完善吸引外资的相关政策、加强招商工作、改善外商投资环境、加强外资工作保障等方面提出共计 21 条吸引外资的想法和做法，提出在自贸区发展背景下今后湖北应如何通过优化投资营商环境来促进利用外资水平。

第一，奖励政策。湖北省人民政府赋予各地方人民政府制定招商引资奖励政策的权利，奖励内容有：对各种中介机构、社会组织和个人在招商引资方面有突出贡献的，应给予奖励；从省级政府层面奖励在鄂投资建立的研发中心、地区总部、采购中心等功能性机构。

第二，政策优惠。该文件规定，对外资企业给予一定的税费优惠政策。

比如，对外资企业设立研发中心过程中采购的国产设备，实行增值税全额退还制度；对技术先进型服务企业，实行15%的优惠所得税及职工教育培训经费抵扣制度；对离岸外包服务业务实行免增值税制度；对列入《外商投资产业指导目录》和《中西部地区外商投资优势产业目录》中的外商投资企业建设用地，政府优先且低价供应土地。

为鼓励企业做大做强，《关于扩大对外开放积极利用外资的实施意见》还制定了许多促进企业融资的相关政策。比如，鼓励外资参与或主导设立各类产业投资基金，或充分发挥现有各类政府投资基金在重大外资项目融资方面的支持力度，并鼓励各类金融机构创新信贷管理模式，推出创新型金融产品，积极参与外资企业项目建设，在为企业融资的同时实现与企业的深度合作。

（二）积极开展招商引资专项活动

在“世界500强对话湖北”“鄂港澳粤”等招商引资活动基础上，湖北省还专门针对自贸区建设开展多次跨国公司对接会、专场推介会等专题活动，介绍并推广湖北自贸区。鼓励和吸引先进生产要素加速集聚，特别支持研发中心、总部企业等项目落户湖北自贸区。通过吸引先进技术、重大功能性机构入驻，从整体上提升湖北自贸区的产业发展水平。比如，湖北自贸区已连续3年开展“中国（湖北）自由贸易试验区招商推介会”，向全世界介绍湖北自贸区的重点产业、发展方向、营商环境及自贸区建设成果。2020年的招商推介会因疫情通过网络直播方式进行，吸引了沃尔玛、欧姆龙等400多家世界500强及国内外知名企业、国际商会、协会等企业机构负责人参会。此外，湖北省还支持自贸区加强与商务部投资促进局、外国驻汉领馆、商会、协会等机构的合作，通过这些机构的牵线搭桥，积极开展招商引资活动，提高湖北自贸区吸引外资水平。

三、加强对外投资合作促进体系建设

（一）促进湖北企业积极融入“一带一路”建设

在吸引国外投资的同时，湖北自贸区同样支持本地企业开展多种形式的对外直接投资，并在对外投资促进、服务保障、风险防控体系建设方面做了许多工作，以推动企业发展装备制造业，促进国际产能合作，让湖北企业更好地融入“一带一路”建设。湖北自贸区武汉片区已设立了总规模50亿元的“一带一路”发展基金，支持区内企业开展境外技术并购和技术产能合作。

（二）支持湖北企业增强整合全球先进技术和创新资源的能力

首先，鼓励企业在境外新设研发机构和市场机构。对企业在境外新设研发机构和市场机构，发展基金将分别给予最高不超过300万元和100万元的资金支持，支持标准高于中关村。其次，鼓励企业并购与自身主营业务发展相关的国外研发机构，湖北省将对符合条件的并购企业给予实际收购金额10%的奖励。

（三）完善境外投资备案管理制度

为提高企业境外投资管理效率，对除关系国家安全、公共安全等敏感领域外的其他行业企业境外投资，湖北自贸区逐步将审批制变更为备案制。同时，积极落实备案管理权限下放制度，区内企业境外投资备案只需在湖北自贸区内相关部门即可完成。

（四）引导企业创新对外投资方式

湖北自贸区鼓励企业通过与各类金融投资企业合作开展境外并购、参股，或者运用股权投资基金等方式开展对外投资合作。通过及时发布资本市场信息、对境外投资企业进行业务辅导等方式引导企业在境外上市、发行债券、获得境外贷款等，助推企业做大做强。此外，鼓励省内企业在境外投资组建国际经济合作产业园区，深度融入东道国产业发展和国家战略，实现对外投资稳步发展。同时，通过宣传和政策引导，鼓励企业入驻湖北省企业投资组建的境外产业园。

（五）培育具有国际竞争力的对外投资主体

湖北省委省政府从战略高度出发，积极引导自贸区内有较强基础和实力的企业制定国际化发展战略，通过项目对接、资金扶持、政策扶持等手段，重点支持企业进行品牌建设、技术开发、市场开发、人才引进等方面的工作，培育区内企业做大做强。同时，鼓励区内企业尤其是符合自贸区重点产业发展方向的企业在境外开展跨境并购，以获得境外企业的市场渠道、知名品牌和先进技术。此外，湖北自贸区不断加强对区内企业的业务辅导，指导其建立科学的现代企业制度，选择合适的对外投资合作方式，减少境外投资风险。

四、支持重点产业领域投资

（一）支持建成“金融集聚核心功能区”

具体做法为：①为各类产业投资基金入驻湖北自贸区开辟绿色通道，特别支持金融机构和省级现有相关产业基金在自贸区内设立旨在支持清洁能源、新一代信息技术和高端装备制造等产业发展的产业基金，并对创业投资管理机构在自贸区产生的购房、租房、网络和水电等给予不同程度的补贴。在一系列优惠政策的推动下，2019 年 1 月，汉江投资控股有限公司落户襄阳片区，设立天使基金，联合设立青春邦襄阳股权投资合伙企业和长江长证（襄阳）产业投资基金，以支持区内企业创业、上市公司并购重组及汽车制造、医药医疗、新材料等重点产业发展。②发行专项债券以支持区内重点产业发展。比如，为加强基础设施建设和促进市场化改革，湖北自贸区积极引入民间资本，支持区内企业发行政府与社会资本合作（PPP）项目、配电网改造建设、城市地下综合管廊建设、城市停车场等专项债券。襄阳片区重点支持新能源汽车、高端装备制造等战略性新兴产业的专项债券发行。③大力支持 PPP 模式。湖北自贸区重点支持中央和省级预算内资金参与的项目建设，比如对符合条件的 PPP 项目，鼓励进行资产证券化。

（二）支持武汉片区“东湖陆港”口岸建设

在开通中欧班列基础上，为改善投资环境，发挥东湖综合保税区海关特殊监管制度的优势，降低区内企业保税物流和保税加工货物的通关成本，2017年10月，武汉东湖高新区与湖北机场集团签署合作协议，共建“东湖陆港”口岸，即“光谷城市货站”。机场集团将其提供的物流服务前移至综保区，企业只需在区内将货物交给机场集团即可完成航空运输的前期任务，而无须将货物运至机场，进一步减少了物流环节、降低了物流成本、提高了物流效率，营商环境得到优化。此外，为整合物流资源，武汉市还积极推动全市智能物流信息服务平台建设，提高口岸物流的服务能力。

五、完善投资管理制度

（一）推进“先建后验”改革

对于投资项目建设，湖北自贸区积极探索和试点“承诺审批制”，即要求项目建设单位在取得建设用地和规划许可后，在报建阶段只需做出相应承诺就可以依法依规开展设计、施工，项目建设完成后再进行验收，而无须对设计施工相关技术资料进行层层审批后才能进入实质性建设阶段。当然，“承诺审批制”不是说用项目建设单位的承诺代替审批，而是说项目建设单位承诺后即可开展项目建设工作，承诺的同时向相关审批部门提交符合要求的相应技术文件。项目建设单位既需要承诺其技术文件是符合相关审批规定的，还需承诺其建设过程会完全按照提交的技术文件要求进行。在承诺后的审批阶段和项目建成后的验收阶段，湖北自贸区分别采用统一评价和统一验收方式。以报建审批为例，项目建设单位提出申请，由自贸区组织或委托相关机构，一并完成环境影响、地震安全性、水土保持、文物保护等评价或评估，极大地提高了报建审批的效率。在最终的验收环节，也同样采取这种方式，组织相关单位统一完成项目的验收工作，即实现“多评合一、统一评审”。

（二）下放投资管理领域管理权限

为方便外资办理各项审批事项，提高办事效率，湖北省能够下放给自贸区的经济社会管理权限全部依法下放。为此，武汉东湖高新区政务服务局专门增设了13个行政服务窗口，“一站式”办理35个涉外审批事项，包括工商、税务、海关、国检、公安、出入境、外国专家局等部门，主要是为投资、进出口贸易、人才引进等服务。在省级部门能办的事情，在行政服务窗口均可一次性办完。

（三）保障投资建设项目用地

湖北省国土资源厅发布《关于积极服务湖北自贸区建设的意见》（鄂土资〔2017〕26号）明确，通过用地租赁、先租后让、租让结合等方式创新用地政策，降低企业的用地成本，并通过一系列政策支持自贸区内现有企业追加投资扩大项目建设用地。与自贸区产业发展定位相衔接，优先保障物流、高新技术产业等项目的用地需求。同时，以“放管服”改革为核心，优化用地审批流程，主动服务于自贸区企业的项目投资。同时，湖北自贸区通过先租后让、租让结合、工业用地租赁等方式创新用地政策，在保障企业项目建设用地（尤其是物流用地）基础上降低其用地成本。此外，自贸区鼓励企业提高土地使用效率，对现有工业用地追加投资，集约化使用土地。比如，对现有土地上的厂房，在不改变用地性质基础上可以加层建设厂房，或对现有厂房进行改造，或提高地下空间的使用效率。对此，国土部门不会增收土地价款。

第三节　促进贸易便利化

推动外贸转型升级是湖北自贸区建设便利化营商环境的主要任务。湖北自贸区促进贸易便利化发展的具体路径如图3-3所示。《总体方案》分别从培育新型贸易方式、加快服务贸易创新发展及创新通关监管服务模式三方面介绍了湖北自贸区外贸转型升级的路径，共涉及29项改革试点任务。从微观层面上看，湖北自贸区构建适合跨境电子商务、保税交割、仓单质押融资、境内外高新技术产品维修检测等新型贸易业态便利化发展的营商环境。同时，支持包括技术转让、咨询及服务、许可证贸易在内的技术贸易和文化贸易。比如，承接信息技术、工程设计等在内的服务外包业务。从宏观层面上看，湖北自贸区按照“一线放开、二线管住”的要求，全方位地创新通关便利化措施。比如，促进国际贸易“单一窗口”建设，构建通关环节各监管部门之间的信息共建共享机制，建设便利化的进出口税费缴纳制度，等等。

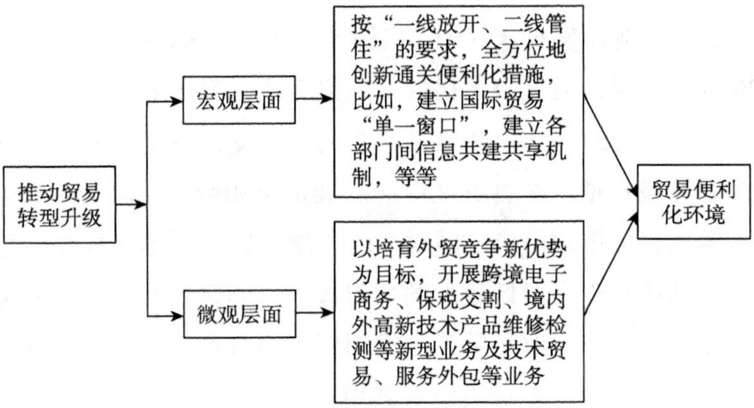

图3-3 促进贸易便利化的路径

一、加强贸易便利化改革的组织和制度建设

加强组织及制度建设是促进贸易便利化改革的重要内容。自贸区获批之前，湖北省相关片区及高新区在促进贸易便利化发展方面就做了许多有益尝试。以武汉海关为例，其认真落实省委省政府的相关要求，加强组织及制度建设，瞄准“减手续”“降成本”“优服务”，不断提升贸易便利化水平。

（一）成立专门机构

2016年9月20日，武汉海关在第三批自贸试验区的8个直属海关中率先成立了支持和推进自贸试验区建设工作领导小组，由党组书记、关长总负责，坚持抓思路、抓调研、抓推进、抓落实，统筹领导，协调推进，评估考核关区自贸试验区建设的各项工作。同时，建立运行机制，在没有专门机构、职数、配置的情况下，精选业务骨干，组成武汉海关自贸区建设工作领导小组，关区办公室还设置了专职常务副主任，专职专责推进海关对自贸区建设的支持工作。以最大的决心，举武汉海关全关之力，支持湖北自贸区的发展。2017 年 1 月 3 日，将改革办和自贸办合并为改革自贸办，负责并支持自贸区的改革建设工作。

（二）确定通关便利化制度创新原则、目标和基本思路

通过学习习近平总书记系列讲话，落实海关总署对海关工作的国际视野和全球标准，注重特色、内外联动、创新引领、安全便利、先行先试、复制推广的自贸区工作要求，结合湖北自贸区发展的特点，坚持问题导向、市场导向、法治导向和国际化导向，紧紧抓住重点、研究热点、改掉痛点、破解难点、突出亮点，优化制度调整。

（三）促进中欧班列发展

为更好地服务“一带一路”建设，武汉海关在创新中欧班列武汉运单规定、简化申报、中欧班列武汉车边验放等方面做了许多工作。

（四）服务国际物流枢纽建设

为支持口岸扩大对外开放，武汉海关在服务长江中游航运中心建设和国际航空口岸建设方面进行了较多制度创新，更好地服务于国际物流枢纽建设。

（五）促进自贸区重点产业发展

服务战略性新兴产业和高技术产业发展，打造产业示范区和集聚区。比如，武汉海关通过简化重大项目或服务的减免税汇总手续等措施服务自贸区的产业发展目标。

（六）支持新型贸易业态发展

武汉海关通过简化流程、服务持续前移等措施支持中小企业开展跨境电商业务，一系列举措很好地推动了湖北汉口北市场采购贸易从无到有，再到

健康发展，更好地培育了外贸增长新动能。

未来，武汉海关还将大胆改革，致力于复制推广，进一步彰显自贸区试验田的作用，把自贸区建设成为扩大开放的新型示范区。

二、拓展新型贸易业态和贸易功能

（一）积极发展跨境电子商务

湖北自贸区在培育、拓展新型贸易业态和贸易功能上下足了功夫。一方面，针对跨境电子商务与传统进出口业务的差异，自贸区逐步完善跨境电子商务公共服务平台，企业可通过该平台快速便捷地完成报关报检、物流、结算、退税等全流程服务。另一方面，在跨境电子商务公共服务平台基础上，湖北自贸区加强各片区之间的联动，共同建设跨境电子商务配套平台，整合并共享资源，实现共同发展。此外，湖北自贸区《总体方案》中还允许发展技术转让、技术咨询服务、成套设备引进等多种形式的技术贸易，承担信息技术、生物医药研发、工程设计等服务外包业务，以及开展境内外高技术、高附加值的检测维修业务试点。这些高附加值的新型贸易方式，不仅有广阔的空间，还有更高的附加价值，将助力湖北自贸区提高贸易竞争力。

（二）加快培育外贸综合服务企业

2016 年 11 月，为适应和促进跨境电子商务等新型贸易业态的发展，湖北省出台《关于加快培育外贸综合服务企业的实施意见》，要求引进和培育外贸综合服务企业，为广大中小微外贸企业开拓国际市场、完成外贸业务提供一体化服务。具体做法是：建设由公司运营的湖北外贸综合服务平台，具有相关资质的企业入驻该平台；有相关业务需求的外贸企业可通过该平台完成业务，而无须外贸企业自己完成。一旦外贸合同签订，外贸货源备足，外贸企业即可将后续所有业务交由该平台企业完成。目前，该平台已开拓物流、通关、保险、金融、展示等平台，能满足中小微外贸企业发展业务的绝大多数需求。以进口信用证融资为例，进口商缴纳 20%~30%的开证保证金，外贸综合服务平台的企业代理开立信用证并负责进口货物通关所有事宜。与此同时，以开证保证金为基础，在缴纳一定融资服务费的前提下，平台还可给予进口商最高不超过进口合同金额 80%的信用贷款。这样，进口商不仅可以通过该平台完成进口全流程业务，还可以获得与该笔进口相关的融资，为用户提供信用证项下的一站式解决方案。

（三）创新融资租赁业务发展方式

融资租赁是出租人采购承租人需求的商品并将商品出租给承租人的一种集租赁与买卖于一身的业务，出租人往往是拥有较强资金实力的金融类公司。这种业务方式能较好地解决承租人因资金短缺造成的发展压力，也为出租人拓展了业务范围，资源利用效率得到提高，对实体企业发展具有重要的促进作用。为此，湖北自贸区鼓励开展融资租赁业务试点。一方面，支持融资租赁企业落户湖北自贸区，满足区内企业的租赁需求，为区内企业开展融资租赁业务提供示范和经验总结。另一方面，给予区内企业政策支持，旨在培育一批具有较强市场竞争力的融资租赁企业，尤其是在工程机械、飞机、船舶等装备制造领域。此外，鼓励区内企业积极利用融资租赁方式引进国外先进设备，在破解资金约束的同时引进国外先进技术。

三、提高贸易领域行政服务效率

（一）向自贸区下放经济管理权限

湖北省及相关行政主管部门依法依规向湖北自贸区下放经济管理权限。向武汉市、宜昌市、襄阳市下放的权限有：外商投资企业设立、变更和终止等的备案，签发一般进出口许可证和机电产品进口许可证，核准对外劳务经营资格、成品油零售经营许可、对外工程承包资格审批、技术进出口合同登记等，这些向三市下放的经济管理权限也同样下放至武汉片区、宜昌片区和襄阳片区。除以上内容外，还有其他单独向三个片区下放的经济管理权限，比如商业特许经营备案、对外贸易经营者备案登记等。

（二）完善以信用监管为核心的事中事后监管机制

从事前的严格审批逐渐过渡到事中事后的信用监管、行业自律和社会监督。同时，实现“双随机、一公开”全过程监管，通过随机确定抽查对象和随机选派检查执法人员等方式进行检查，并将检查及处理结果及时向社会公开，接受社会监督。

（三）在商务领域推行“互联网+政务服务”

通过各种新媒体，湖北自贸区对区内企业定期或不定期进行业务培训及政策辅导，每一个重要的政策文件出台，自贸区都会邀请相关行业专家对企业进行培训和在线答疑。比如，推出中国（湖北）国际贸易单一窗口或是该窗口的某些重要板块时，武汉海关都会组织海关关员通过斗鱼直播平台进行讲解，并现场回答企业提出的疑问。

四、促进中国（湖北）国际贸易“单一窗口”建设

按照联合国贸易便利化与电子业务中心（UN/CEFACT）的解释，国际贸易单一窗口是指参与国际贸易和运输的各方，通过单一的平台提交标准化的信息和单证以满足相关法律法规及管理的要求。世界银行 2017 年的调研报告显示，在接受调查的 150 个经济体中有 60 多个经济体都引入了“单一窗口”制度。通俗地讲，“单一窗口”制度就是通过一个门户入网，一次认证登录，一站式办理国际贸易中报关、报检、外汇核销、出口退税等业务的通关服务平台。

“单一窗口”建设的目标就是要将国际业务操作的几乎所有环节都放在一个窗口提交标准化的电子资料即可完成。可以说，国际贸易“单一窗口”是促进贸易便利化的重要抓手，也是世界发达国家加快贸易发展的国际惯例。2016 年 11 月 22 日，李克强总理在上海自贸区调研时提出，要将国际贸易“单一窗口”建设打造成我国进出口贸易的新亮点。近年来，国家出台一系列政策文件，落实大通关制度改革，简化和统一单证格式、数据标准，实现申报人通过“单一窗口”向口岸管理部门一次性申报。2015 年 4 月《国务院关

于改进口岸工作支持外贸发展的若干意见》中提到，要依托电子口岸公共平台，推进国际贸易“单一窗口”建设，加快推进形成电子口岸的共享共建机制。2018年国家口岸办提出了《关于国际贸易“单一窗口”建设的框架意见》，明确提出我国“单一窗口”依托中央（公共内容）和地方（地方特色）完成建设。

湖北“单一窗口”于2017年1月5日正式上线（http：//hubei. singlewindow. cn，http：//www. hb-eprot. gov. cn）。根据大数据分析，湖北“单一窗口”的覆盖率达到了85%以上，说明省内绝大多数企业均通过“单一窗口”实现了通关，同时可实现实时掌握湖北地区企业进出口现状，比如运输方式、贸易方式等。在全面推广国际贸易“单一窗口”基础上，湖北电子口岸开发了一批既满足监管便利又满足企业需求的外贸服务、通关辅助管理、口岸物流作业的特色应用项目。一方面，打通数据壁垒，降低物流成本，通过“单一窗口”实现了订舱委托、铁路拆拼箱、邮快件管理等负责操作和高效作业。另一方面，通关流程更优化，智能监管更有效。“三个一”[①] 通关模式已在全省口岸覆盖，入网联合审批实现了让数据多“跑路”、企业少“跑腿”，全面提升了口岸信息化程度，从而进一步提升了贸易便利化水平。湖北“单一窗口”具有以下特点：

第一，实现入网联合审批。各联网审批单位工作人员可以通过互联网登录该管理系统进行有关电子口岸审核工作的交接、流转以及信息的发布和传递。对各单位在网上制卡情况进行跟踪管理，改善六家联审单位独立的审核模式，提高了企业的入网效率。

第二，查验免收费。湖北电子口岸开发了查验免收费项目，切实减轻了外贸企业负担，降低了贸易成本。

第三，查验联合验放。实现各个口岸管理相关单位之间的信息互换、监管互认、执法互助，推动海关与检验检疫部门开展“一次查验、联合验放”工作，提升关检双方执法的有效性，提高通关效率。

---

① 一次申报、一次查验、一次放行。

第四，铁路拆拼箱。2017 年 8 月 30 日，在中铁联集武汉中心站（汉欧国际海关仓库），由武汉汉欧国际物流有限公司参与建设的中国（湖北）国际贸易“单一窗口”铁路拆拼箱辅助管理系统正式上线启用，中国（湖北）国际贸易“单一窗口”驻武汉汉欧国际物流有限公司首家服务站正式授牌。

第五，建立订单委托系统。中欧（武汉）班列打破了中国传统以东部沿海城市为重点的对外贸易格局，搭建了与“一带一路”沿线国家经济联系和文化交往的桥梁。订单委托系统帮助班列运营单位和货代企业构建了一整套订舱标准化电子化流程，实现了电子单证数据传输、实时数据共享、智能制单、班列发运统计、货代管理等功能。自 2018 年 9 月开始，货代企业通过订单委托系统向班列运营企业提交电子化的订舱委托申请，保证数据实时共享、系统智能制单，有效提高办公效率和通关效率。

第六，上线出口退税系统。自平台上线以来，湖北企业积极推出并使用“单一窗口”出口退税平台，截至 2018 年 6 月，平台注册企业 2358 家，覆盖全省出口企业的 2/3 以上，申报出口退税金额超过 20 亿元。在武汉片区的出口退税可实现当日到账。该平台具有免安装、免维护、与平台无缝对接、便捷采集、业务配单、简化流程、批量修改等优势。

第七，上线加工贸易边角料交易平台。为更科学地实现对加工贸易进口料件、出口成品及全过程的监管，湖北“单一窗口”在原有加工贸易业务平台基础上推出边角料交易平台，加工贸易经营企业的边角料交易可在该平台完成，实现加工贸易边角料在阳光下交易。

第八，上线邮快件辅助管理系统。针对国际快件业务量和海关监管业务量激增的情况，2018 年 5 月 9 日，湖北临空国际快件监管中心成立，湖北国际贸易“单一窗口”邮快件辅助管理平台也随之正式上线运行。进驻湖北的快件运营企业、快件存储场站的物流数据与该平台实现对接和共享，不仅可以提高经营企业的通关效率，海关也能及时准确掌握快件进出境信息，实现科学高效监管。自 2018 年 4 月该平台投入运行以来，已办理快件业务超过 30 万单。

第四节　优化金融营商环境

金融领域的改革创新是湖北自贸区投融资环境建设非常重要的内容，投融资环境建设的路径如图 3-4 所示。《总体方案》中涉及金融领域的改革创新最多，有 51 项，占全部改革事项的 29.5%，主要包括扩大金融领域对外开放、增强金融服务功能、推进科技金融创新、建立健全金融风险防控体系四个方面。

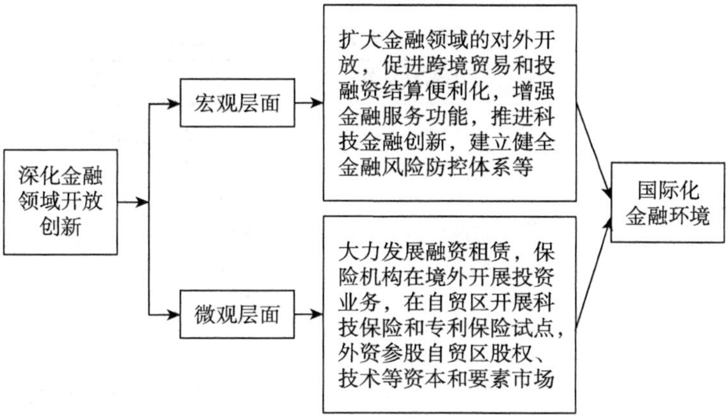

图 3-4　优化金融营商环境的路径

扩大金融领域的对外开放，就是要提升跨境贸易和跨境结算的便利度，吸引更多外资银行和民营银行入区发展，使银行业的开放水平和竞争能力得到大幅提升。在引入竞争、促进金融业做大做强的同时，也会使区内实体企业得到更优、效率更高的金融服务，从而实现金融企业和实体企业的相互促进及良性循环发展。增强金融业的服务功能，就是要通过一系列制度创新与改革，促进金融业自身的发展。积极培育与湖北自贸区产业发展目标相适应的科技保险、健康保险、融资租赁、科技金融等相关产业，使金融企业更好地服务于实体企业。在促进金融业改革发展并有效发挥其服务功能的同时，自贸区相关政府职能部门还需要完善对金融业的监管，建立健全金融风险防控体系。

沿着这一建设路径，自挂牌以来，湖北自贸区在深化金融领域改革方面做了许多工作。

一、出台相关政策法规

自挂牌成立之日起，湖北自贸区就致力于金融领域的制度创新，通过制度先行推动改革深入。截至2020年，湖北省及三个片区所在地方各相关行政主管部门出台了许多政策性文件，见表3-4。

表3-4　湖北自贸区金融领域改革的政策性文件

序号	文件名称	发布单位及文号	主要内容
1	《关于印发湖北自贸区金融改革综合实施方案的通知》	湖北省人民政府办公厅 鄂政办函〔2017〕42号	通过一系列改革措施，建立有效的工作联动及分工协作等机制，实现金融领域进一步对外开放，增强其金融服务功能，并推进科技金融创新，完善金融投融资机制，建立健全金融风险防控体系
2	《关于推进中国（湖北）自贸区商业保理行业发展的通知》	湖北省商务厅 鄂商务发〔2017〕39号	明确在湖北自贸区开展商业保理业务的公司类型、合作形式、商业保理业务的具体种类等，同时给予各自贸区自主权，制定具体的商业保理行业管理办法，并要求各片区建立相关部门沟通协调工作机制，规范行业发展和经营行为，健全监管制度并加强政务服务
3	《关于中国（湖北）自由贸易试验区内资融资租赁试点企业确认有关问题的通知》	湖北省商务厅 湖北省国税局 鄂商务发〔2017〕63号	明确在湖北自贸试验区内的内资融资租赁业务试点企业的申报条件、申报材料及相关要求、申报的工作程序等内容

续表

序号	文件名称	发布单位及文号	主要内容
4	《关于支持中国（湖北）自由贸易试验区建设的指导意见》	中国人民银行武汉分行 国家外汇管理局湖北省分局 武银〔2017〕68 号	通过深化外汇体制改革、优化金融服务、加强风险监测与管理，促进贸易投资便利化，需要从创新金融服务和金融产品模式、拓宽科技型中小企业融资渠道、构建专业的金融信用信息服务平台等方面促进科技金融创新，从促进人民币在跨境贸易和投资中的使用渠道、支持集团内开展跨境双向人民币资金池业务等方面扩大人民币的使用，拓宽自贸区内企业和金融机构扩大投融资渠道
5	《湖北银监局关于做好中国（湖北）自由贸易试验区银行业改革创新工作的意见》	中国银监会湖北监管局办公室 鄂银监办发〔2017〕211 号	为支持自贸区实体企业的更好发展，需要创新自贸区内的银行业监管制度，包括：简化银行业市场准入方式，支持中外资银行、非银行金融机构、民间资本入区发展，鼓励自贸区内银行业开展跨境投融资业务、离岸业务及其他金融创新业务，创新投融资服务产品，如投贷联动业务
6	《关于印发简化中国（湖北）自由贸易试验区内银行业金融机构和高管准入方式的实施细则（试行）的通知》	中国银监会湖北监管局办公室 鄂银监办发〔2017〕216 号	简化自贸区内各类金融机构准入方式，指定类型的金融机构在区内新设、变更、终止分行的，用事后报告制代替以前的事前审批制，同时适用报告制的金融机构高管人员的准入也适用报告制度
7	《湖北资本市场落实中国（湖北）自由贸易试验区总体方案的指导意见》	湖北证监局 鄂证监发〔2017〕29 号	为强化自贸区的金融服务能力，湖北证监局需做好以下工作：培育和发展自贸区相关证券交易市场主体，鼓励期货行业双向开放，在有效防范金融风险的条件下创新开发符合自贸区发展的新的金融产品和服务，在支持自贸区建设的同时，实现实体行业和金融行业自身的转型升级

续表

序号	文件名称	发布单位及文号	主要内容
8	《中国（湖北）自由贸易试验区保险机构和高级管理人员审批备案管理办法》	中国保监会湖北监管局 鄂保监发〔2017〕13 号	明确了自贸区保险机构和高级管理人员分别适用审批制和备案制的情形，并将这些备案和审批程序从中国保监会下放到湖北保监局。细化了审批制和备案制的具体流程，包括所需材料、时限、流程，并对保险机构和高管人员的后续管理包括法律责任以及湖北保监局行使后续监管职责等进行了明确规定
9	《推进中国（湖北）自由贸易试验区外汇管理改革试点实施细则》	国家外汇管理局湖北省分局 鄂汇发〔2018〕3 号	详细规定了自贸区内企业实体开展经常项目业务、资本项目业务和外汇市场业务的创新试点做法
10	《关于在中国（湖北）自由贸易试验区开展外汇创新业务的通知》	国家外汇管理局湖北省分局 鄂汇发〔2019〕21 号	探索在区内实施资本项目外汇收入支付便利化业务、简化境内直接投资基本信息登记变更注销等手续、资本项目外汇收入或结汇所得人民币资金依法用于境内股权投资、降低对区内企业开展跨国公司资金集中运营管理业务的资金要求等业务

资料来源：根据相关文件资料进行整理。

自贸区挂牌成立以来，省、市各级行政主管部门出台了一系列金融支持政策，包括金融改革实施方案、外汇政策、银行业政策、证券业政策、保险业政策、融资租赁、商业保理等金融新业态支持办法等。比如，以湖北省人民政府的名义发布《关于印发〈湖北自贸区金融改革综合实施方案〉的通知》，一一对应地细化了《总体方案》中对于深化金融领域开放创新的具体做法，同时成为未来支持湖北自贸区金融改革创新的纲领性文件。其目标是实现湖北自贸区建设和武汉城市圈金融改革创新的联动发展，使之更好地服务于实体经济和区域经济建设，力争在金融领域的服务方式、金融机构的设置及金融产品创新、行政主管部门对金融机构的管理模式等方面进行创新，以更好地实现金融服务便利化。

二、大力推动金融创新

（一）开展跨境电商支付结算方式改革

2017 年，武汉片区的跨境电商公共服务平台正式投入运营，为入驻企业提供海关、商检、税务、物流、外汇等一站式服务。但是，开展跨境电商业务，跨境电商支付是前提，必须具有中国人民银行批准的支付牌照，而最初全国只有 27 家具有支付资质的企业，湖北省没有一家。所以，湖北自贸区成立之初，区内企业只能与上海自贸区内一家具有资质的企业合作，开展异地结算和跨境支付，但是这样就导致沟通时效较长、对接效果较差。为适应跨境电商业务发展，中国建设银行光谷自贸区分行与一家具有支付资质的企业合作，为跨境电商公共服务平台接入本地的服务窗口，客户只需在该平台上获取一个账号，就能获得平台含支付结算在内的一站式服务，为企业顺利开展跨境电商业务带来了极大的便利，助力新业态新产业发展。

（二）创新推出财政出口增信贷

在宜昌片区，政府联合银行、担保公司，多方合作，创新推出财政出口增信贷。具体来说，由市财政局代表政府提供 5000 万元的风险补偿基金，市商务局推荐企业，担保公司提供抵押物不足情况下的担保，最后由银行投放贷款。2018 年初，宜昌片区一家企业接到一笔国际大订单，急需扩大产能，出现 2000 万元的资金缺口。按照传统贷款流程，在抵押物不足情况下需要由该企业所在总公司提供担保，就算一切顺利，获得贷款的时间最少也需半年，对企业来说，时间就是效益、就是生命，拖延半年时间意味着企业订单肯定已不存在，此时，宜昌片区的财政出口增信贷让该企业在不到 1 个月的时间就获得贷款，且利率较低。在目前金融市场上，年贷款利率一般高于 5%，而财政出口增信贷由于有政府提供担保，执行了 4.35% 的基准利率。财政出口增信贷推出 1 年，就为区内 18 家企业提供了约 3.8 亿元贷款。

（三）开展投贷联动业务

2018 年，武汉片区开展的“集合贷”“萌芽贷”等创新金融产品为 600

多家科技型中小企业提供了50多亿元贷款。此外，武汉片区还大力试点投贷联动业务。银行、企业之间除了借贷关系还有股权投资关系。这让成为企业股东的银行可以将自身开展全球业务获得的资源和经验为企业所用，投贷联动业务为企业开展跨境并购、运营提供更多资源。现在，武汉片区已集聚各类金融机构、金融服务机构1500多家，宜昌片区1年内新设5家银行分支机构，襄阳片区获批2家融资租赁公司，这些机构在服务实体经济上将提供更多的创新动力。

就在自贸区挂牌的当天，中国银行、中国建设银行等多家金融机构在自贸区三大片区的分支机构也正式投入运营。中国银行旗下的中银国际还联合武汉的两家投资公司共同创立投资基金，为自贸区武汉片区的企业提供投贷联动业务。企业一旦获得其投资，在今后的贷款中还可以获得利率优惠。比如，中银科技贷原来的贷款上限是3000万元，而投贷联动针对中小科技型企业（科创企业）的贷款上限是5000万元。此外，流动资金的贷款期限一般情况下是一年，为了与投资期限匹配，投贷联动项下的贷款一般可以给予三年的中长期流动资金贷款。从资源供给和需求的角度来看，银行更关心企业的资源需求，所以中银投贷联动在未来还将为企业的跨境并购及运营提供更多的资源。

创新金融服务，未来湖北自贸区还将涌现更多的金融租赁、汽车金融、消费金融等金融新业态。同时，为降低企业对外直接投资的风险，自贸区还将设立科技保险、内河航运保险等专业的保险机构和保险业务，扩大出口信用保险的覆盖面，为企业“走出去”保驾护航。

三、扩大金融领域对外开放

（一）引导企业积极开展集团内跨境双向人民币资金池业务

一般来说，企业在境内和境外的资金要分开使用，分别存放在不同的账户，这些不同账户之间的资金往来必须向监管部门申请并获得审批。而湖北自贸区鼓励开展集团内跨境双向人民币资金池业务。也就是说，企业境内外资金可以在一个账户内集中调配和安排，这样可以有效提高企业的资金使用效率，强化资金管理，提高企业的经营管理水平特别是财务管理水平。建行光谷自贸区分行已经为武汉凡谷电子技术股份有限公司等十多家企业提供了这一服务。可以看出，在湖北自贸区内，企业的投融资活动、资金流进流出的自主权和便利性都会更大些。此外，湖北自贸区积极探索简化资金池管理的措施，鼓励企业使用合法有效的电子单证办理进出口收付汇业务。

（二）允许区内银行发放境外人民币贷款

湖北自贸区内的金融开放政策在吸引更多金融机构集聚的同时，还给予区内银行在一定权限和范围内对境外居民发放贷款的权利。比如，自贸区内企业在海外投资或承接项目，在缺少资金影响企业或项目运营时，银行可通过海内外联动，由海外的分支机构直接提供贷款。这样，自贸区企业可以更好地利用境内外两个市场、两种资源来实现融资以促进企业发展。

（三）完善本外币账户管理机制

除积极开展集团内跨境双向人民币资金池业务、允许区内银行发放境外人民币贷款业务外，湖北自贸区在开放金融领域还做了许多尝试。比如，2019 年 12 月，湖北省出台《关于中国（湖北）自由贸易试验区本外币账户管理的指导意见》。在现有管理体系基础上，文件全面梳理现行相关政策，对现有本外币账户管理的部分做法进行优化，提出完善湖北自贸区内企业本外币账户结算功能、融资功能、汇兑功能、理财功能、监督职能的有效做法，为实体经济跨境贸易和投融资提供便利，为科学监管和防范资金使用风险提供有力支撑。

四、加强金融服务体系建设

（一）深化“互联网+金融服务”建设

在一系列政策法规的推动下，外汇管理局湖北省分局和中国人民银行武汉分行助力各金融机构进行业务流程优化，为进出口企业提供全流程网上金融服务。比如，2018 年 6 月，中国建设银行湖北省分行的“跨境 e”系统实现与中国（湖北）国际贸易“单一窗口”对接，外贸企业进出口收付汇、购汇、结售汇、国际收支申报及贸易融资等业务均可通过网络完成，为企业进出口提供了方便、高效、低成本的服务。

（二）加强部门联动

由中国人民银行武汉分行牵头，税务机关和银行等部门密切配合，已在湖北自贸区试点实施出口退税环节退库、更正和免抵调业务网上办理，为企业提供“一站式”服务。

（三）积极支持满足条件的支付机构开展跨境支付业务

截至 2020 年底，支付宝、财付通、通联支付等支付机构已被许可开展跨境支付业务，不仅为区内企业进出口结算提供极大便利，还能通过这些支付机构业务拓展推动自贸区金融领域的改革创新。

（四）支持金融机构做大做强

本地金融机构受业务特点、发展基础等方面的限制，在金融产品创新方面竞争力不强，服务地方经济能力也不强。为此，中国人民银行武汉分行鼓励本地金融机构积极进行创新发展。比如，支持开展信贷资产证券化业务，允许湖北自贸区内本地金融机构优先发行大额存单。湖北银行、汉口银行等本地银行已相继开展资产证券化业务，极大地增强了其资金实力和市场竞争力。

（五）加强业务辅导和政策培训

武汉片区以自贸区公开课和自贸半月谈（小型、专题活动）的形式为经济主体讲解关于自贸区金融领域改革创新的相关知识和政策，同时，武汉片区还建立了自贸区微信公众号，定期或不定期地发布自贸区发展动态和相关政策措施。

第五节　优化创新创业环境

优化创新创业环境是湖北自贸区营商环境建设不可或缺的内容，而这离不开创新发展体制机制的建立。湖北自贸区优化创新创业环境的路径如图 3-5所示。《总体方案》从深化科技体制改革、健全知识产权保护运用机制、集聚和利用国际创新要素、构建完善的人才支撑系统四个方面阐述了湖北自贸区推动创新驱动发展的具体做法，一共涉及 33 项改革任务。首先，需要推动科技成果转移转化、国际技术合作开发等方面的体制机制改革。其次，发挥全球领先专业认证机构对先进技术专利、版权等的引领作用，并结合科学合理的知识产权保护和运用机制，最大限度地发挥知识产权对产业结构调整和经济发展的促进作用。再次，建立促进先进创新要素（包括技术、人才、资金等）向自贸区集聚的体制机制，并鼓励自贸区内企业积极融入全球先进要素的创新网络。最后，在构建人才支撑系统方面，需要通过人才激励、人才培养、完善外籍高层次人才的工作生活环境等渠道助力人才对自贸区建设发挥最大效用。

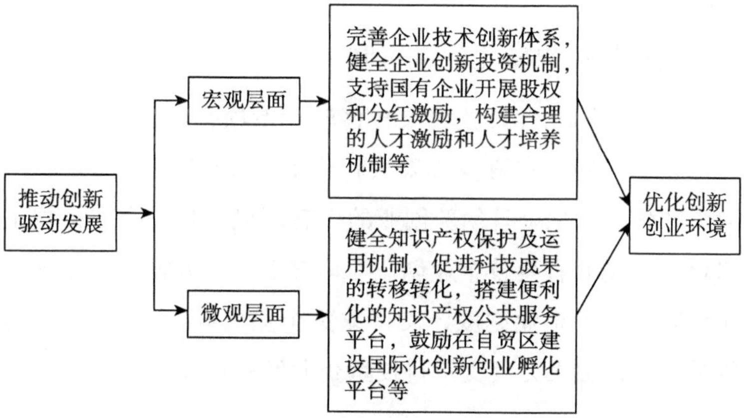

图 3-5　优化创新创业环境的路径

一、深化科技体制改革

（一）制定支持创新驱动发展的政策法规

在创新驱动发展方面，湖北省相关行政主管部门先后出台多项政策性文件，以支持湖北自贸区创新驱动发展和改善其创新创业环境。湖北省人民政府办公厅《关于印发〈湖北省激励企业开展研究开发活动暂行办法〉的通知》、湖北省知识产权局《关于印发〈中国（湖北）自由贸易试验区重大项目专利导航工作建设方案〉的通知》、湖北省知识产权局《关于印发〈加强中国（湖北）自由贸易试验区知识产权工作的意见〉的通知》等文件都从制度层面很好地保证了自贸区经营主体的创新研发活动。

（二）建立科技成果转化机制

自2015年起，湖北省就启动实施“科技成果大转化工程”，每年组织1000项高校院所科研成果在省内转化。2017年，湖北省政府办公厅出台了《湖北省科技成果转移转化专项行动方案》，围绕加强科技成果转移转化公共服务平台建设、建设完善技术转移中介服务体系、激发高校院所研发平台科技成果转化活力、发挥产学研金加速科技成果转移转化功能等六个方面提出了22项具体措施。

（三）健全科技成果转化促进机制

为细化和配合《湖北省科技成果转移转化专项行动方案》的实施，2017年省科技厅印发了《湖北省科技成果大转化工程2017年工作方案》，深入实施科技成果大转化，优化全省创新创业的生态环境，壮大全省科技企业规模。此外，还出台了《湖北省科技企业创业与培育工程升级版实施方案》，通过建立科技厅领导联系服务企业制度，支持龙头企业建设专业孵化器、设立创业种子基金等措施，以更大力度支持科技型企业发展壮大。

二、支持创新成果转化

（一）支持外资在自贸区设立研发机构

世界500强外资企业独资或合资在湖北自贸区设立的具有独立法人地位的研发机构，可以独立申报并承担省科技计划项目。这样做的目的是以项目的方式支持外资在自贸区内设立研发机构，希望吸引更多优秀外资企业来区内创新发展。同时，为鼓励区内企业“走出去”，湖北省科技厅对企业在海外并购研发中心也给予一定补贴。

（二）鼓励外资在自贸区内建立技术转移服务机构

通过一系列政策措施，湖北自贸区鼓励成立技术转移服务机构，吸引更多国际先进技术到区内乃至全省落地转化。

（三）资金支持创新成果转化

以奖励方式支持外资技术转移服务机构服务企业转化国外先进技术成果，特别是国外的先进制造业技术和高新技术，使之符合自贸区建设、自贸区产业定位。同时，以补贴形式支持自贸区企业加强国际合作和国际技术转移。当然，要求转移的技术是获得美国、日本和欧洲等专利局授权的发明专利技术，还要求企业为高新技术企业。随着湖北开放发展的深入，推进以国际技术转移为代表的国际科技合作是提升湖北创新驱动发展水平很重要的工作。2017年湖北省举办了2017湖北国际技术转移对接洽谈会，服务自贸区企业与国际先进技术对接，吸引国际先进技术到自贸区转化。

三、助力提高创新能力

（一）支持企业提高专利利用水平

湖北自贸区鼓励企业进行专利的国际申请，促进企业提升专利利用水平，支持企业提升科研水平，增强贸易竞争能力。明确重点支持企业申请并获得美国、日本、欧洲专利，因为这三类专利的国际公认度很高，可较好地反映专利水平。明确对于满足条件的企业在申请省级创新平台时，不限定其销售收入规模。比如，目前企业类省级工程研究中心设立对销售规模的要求是企业申请前一年的销售收入要超过3亿元，农业领域的省级研究中心设立对企业前一年销售收入的限定是2亿元。而在自贸区内，若企业获得三大专利发明授权，申请省级平台时不再限定其前一年的销售收入。

（二）支持企业创新创业

一是支持科技企业孵化器吸引留学人员来自贸区创业，推动创业企业申报高新技术企业，以此引导科技企业孵化器加强对留学人员创业的服务。二是支持大学生在区内创业。省科技厅设立了大学生创业专项资金，支持大学生在省内创业，下一步，湖北省还将出台更多措施鼓励大学生在自贸区内创业。三是支持自贸区科技企业孵化器设立天使基金、投资在孵企业，将科技企业孵化器收益方式从房东收益变为股东收益，形成良性的利益纽带，更大限度发挥孵化器的孵化能力并激发其动力。

（三）进一步激发企业创新的内生动力

湖北省政府办公厅出台了《关于激励企业开展研究开发活动暂行办法》，该文件规定采取财政资金奖补方式，对省内企业的研发投入、标准制定、承担国家项目、建设国家级科技创新平台等11类研究开发活动给予支持。为推动政策落实，湖北省科技厅配套出台了实施细则，明确了每一类研发活动补助的具体办法。2017年已经兑现补助1.2亿元。2017年下半年，又启动了科研项目的征集工作，并将根据征集的项目情况，尽快予以支持。

（四）创新技术移民制度

人才和技术是自贸区整合全球资源并全面融入全球生产网络体系最重要的资源。随着自贸区建设的深入实施，各项优惠的移民制度将更好地促进海外企业在鄂投资。比如，一般情况下，外籍人才在华居留许可期限为一年，而湖北自贸区新的技术移民制度规定可以长达五年，同时，还放宽了技术型人才在湖北自贸区取得外国人永久居留证的条件。这些技术移民在自贸区内创办科技型企业，与中国公民享有同等的权利和待遇。外籍专家来自贸区工作，对其子女入学以及其他与工作生活密切相关的事情，自贸区都会提供尽可能的便利。此外，湖北自贸区还积极致力于海外人才离岸创新创业中心基地建设，打造人才来去自由、落户便利的国际人才自由港。

而针对国内人才，自贸区也正在着力构造完善的人才支撑系统，让科研人才双向流动，可以离岗创新创业或到企业兼职。武汉有许多大学，要利用制度红利把这些大学生以及优秀的资源留在湖北。自贸区制度红利的释放以及产业集聚尤其是国际产业的集聚，将会给湖北带来更多就业机会和更高质量的就业岗位，而自贸区的建立对人才也有极大的吸引力。2017 年 11 月，东湖开发区发布“光谷大学生政策十条”，旨在通过一系列政策吸引优秀大学生在这里创新创业，这些优惠政策包括：提供人才公寓，设立“光谷奖学金”“扎根光谷奖”以奖励拥有科技成果的大学生在东湖开发区创办科技型企业。

四、鼓励发展科技金融

知识产权是战略性资源，是一个国家或地区竞争力的核心要素；金融是现代经济的核心。知识产权金融是知识产权和金融两种资源的融合。促进知识产权和金融的有效融合，能拓展中小微企业的融资渠道，改善市场主体创新发展环境，促进创新资源的良性循环，有助于建立健全基于知识产权价值实现的多元资本投入机制。通过专业化金融服务，扩散技术创新成果，全面促进知识产权转移转化，有助于引导金融资本向高新技术产业转移，促进传统产业的转型升级和战略性新兴产业的培育发展，提升经济质量和效益，这是知识产权资本化的体现。

2016 年，湖北省政府和办公厅先后出台了《湖北省人民政府关于加快知识产权强省建设的意见和实施方案》，提出要在全省尤其是湖北自贸区内推进知识产权金融创新发展，推进武汉城市圈知识产权金融创新，创新知识产权投融资产品，推进知识产权资本化、证券化以及专利保险试点。2017 年 3 月，提出要建立知识产权质押融资市场化风险补偿机制，按照风险可控、商业可持续的原则，开展知识产权质押融资。为贯彻落实《湖北省人民政府关于加快知识产权强省建设的意见和实施方案》，加快促进知识产权与金融资源的有机融合，充分发挥知识产权金融工作服务社会经济发展的重要作用，2017 年 6 月，省知识产权局会同有关部门共同制定了《关于推进湖北省知识产权金融服务工作的指导意见》，要求各部门加强在知识产权质押融资、专利保险、知识产权运营等方面的工作。

第六节　优化要素集聚环境

构建适合要素集聚的营商环境是促进湖北自贸区（中部地区和长江经济带）产业转型升级的重要内容，总体建设方案从加快建设长江中游航运中心、构建国际物流枢纽、促进中部地区和长江经济带产业转型升级和绿色发展、打造区域发展综合服务平台四个方面展开。湖北自贸区优化要素集聚环境的具体路径如图 3-6 所示，共有 31 项具体改革措施。在建设长江航运中心方面，结合区域产业发展特点以及以服务产业发展为目的，需要积极培育适合航运保险、船舶检测、海事仲裁等高端航运要素集聚发展的营商环境。放宽船舶融资租赁、外资经营国际传播管理等业务，增强运力资源综合效能，并让这些要素更好地服务于长江经济带建设。在国际物流枢纽的建设方面，需要发展多式联运、中欧班列、全货运航线以及国际货运中转等方面的业务，特别是让湖北自贸区更好地发展航空运输服务业务，促进自贸区内国际快件属地通关业务的开展。在促进中部地区和长江经济带产业转型升级方面，需要以绿色发展为引领，推动要素自由流动和优化配置，发挥产业发展引导基金的产业引领作用，促进区域产业的合理布局、协调发展，并通过完善的综合服务平台促进现有产业的转型升级。

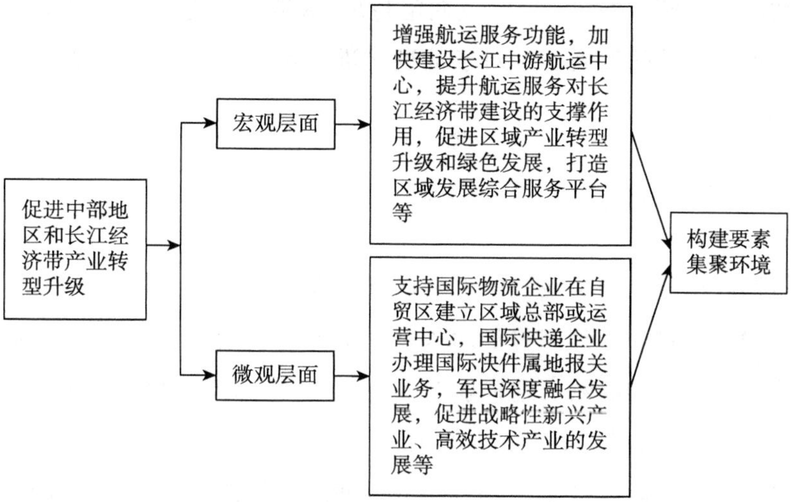

图 3-6　优化要素集聚环境的路径

一、支持设立产业投资基金

《总体方案》明确提出，要通过政策引导，优化高端要素集聚环境，促进湖北自贸区在引领长江中游城市群产业转型升级中发挥重要作用。为此，湖北省提出，要鼓励设立产业投资基金，重点促进新一代信息技术、高端装备制造、新能源汽车、清洁能源等高新技术产业领域的要素集聚。比如，2019年1月，汉江投资控股有限公司联合相关基金管理公司设立长江长证（襄阳）产业投资基金5亿元，重点支持襄阳片区内汽车制造、医药医疗、新材料、先进制造等领域内具有潜在成长优势企业的发展。2019年6月，在第一届中国自由贸易试验区论坛上，人保财险50亿元科技保险投资基金项目落户武汉片区，该基金项目重点对科技型企业（尤其是科技型中小企业）提供股权债券融资以及科技保险支持。在2020年6月《商务部关于支持中国（湖北）自由贸易试验区加快发展若干措施的通知》中，商务部也明确提出，湖北自贸区要加快跨境电商、外包示范、反向定制①、大数据、进出口追溯体系、供应链体系等产业领域的发展。这对于促进先进要素在自贸区集聚并带动产业转型升级起到很好的示范效应。

二、加快提升运输能力建设

建设国际物流枢纽是促进中部地区和长江经济带产业转型升级的重要内容。要建设国际物流枢纽，打通对外联系的通道是前提。作为武汉对外开放的国际大通道之一的汉欧班列辐射欧亚地区 28 个国家，2016 年开出 122 列。2017 年，武汉汉欧国际物流有限公司的运量已超过 300 列，基本实现了天天都有班列。另外，武汉准备开通到中亚、西亚的线路。依托黄金水道，湖北还将在拓展干支直达、江海直达航线和近洋航线上下功夫。天河机场三期的硬件设施处于中部一流水平，武汉将陆续开通到各大洲主要物流节点城市的全货运航线和国际中转货运航班。

航空、铁路、水路、公路全方位一体化，湖北自贸区是全国所有自贸区中唯一一个实现四者兼备的自贸区。但是，目前分批转运主要依靠公路，运输成本被抬高。为此，《总体方案》提出，要大力推进多式联运，这不仅有助于降低物流成本，还能更好地解决企业物流最后一公里甚至最后一百米的问题。这是湖北自贸区建设的难点之一，当然也是最大的机遇。

依托这条铁路，中欧（武汉）铁水联运项目将实现川陕、成渝地区的货物可铁路运至阳逻港，再分拨到长江各港口，而东盟四国和中国台湾地区的货物可通过江海直达航线到阳逻港，再通过铁路从吴家山转运至欧洲。此外，湖北自贸区还将支持建设多式联运物流监管中心。在自贸区内的多式联运换乘，只要不打开集装箱铅封，就不需要再接受检验。湖北完全可以借助自贸区建设的优势，充分辐射到长江中游各个省份，让这些省份的产品在出口时，“一体化”地在武汉办结所有出口手续。

---

① 反向定制，即利用大数据技术收集数量庞大且活跃的用户信息，根据用户的个性化消费偏好集中向商家采购，商家做出快速响应的一种新型商业模式，典型案例即戴尔的“按需定制”营销。

此外，还重点支持现代航运服务业发展。鼓励发展船舶融资租赁业务，放开对业务经营地点的限制，同时简化业务办理程序。对从事国际船舶运营管理业务的外资企业，其许可权限从行业主管部门下放至湖北省。逐渐放开对中国籍国际航行船舶的入级检验，特定条件下，经营国际船舶运营管理的国内企业还可租用外籍船舶从事临时运输。为提高运输综合效能、逐渐扩大国内流通货物和国际流通货物同船运输的范围，交通运输部长江航务管理局还提出，支持武汉航运交易所开展信息发布和行业研究，开展航运金融保险业务，培育航运知识产权，开展航运人才培育和船舶交易，为增强湖北自贸区航运服务功能奠定基础。

三、促进制造业与互联网深度融合

《总体方案》中明确提出，“支持建立‘互联网+制造’融合发展的标准、认证、安全管理等体制机制”。《湖北省促进中部地区崛起“十三五”规划实施方案》提出，“十三五”期间，湖北省促进中部崛起的重要任务之一就是要通过互联网与制造业融合发展培育壮大新兴产业。2018 年 8 月，湖北省出台《关于深化制造业与互联网融合发展的实施意见》，该意见提出，要建设促进互联网与制造业融合发展的平台，积极发展网络制造，通过“制造企业‘双创’平台建设工程”“智能制造培育示范工程”“两化融合管理体系推广普及工程”“系统解决方案能力提升工程”“工业云平台建设工程”，为融合发展提供强有力的支撑。

为此，湖北自贸区积极开展“中国制造 2025”试点示范，支持互联网与制造业的深度融合发展。2020 年 7 月，武汉东湖高新技术开发区开启新一轮信息技术与制造业融合发展的大规模调研，对企业新一代信息技术应用、智能制造、推进数字化转型发展、3～5 年应用需求即政策需求等方面进行全面摸底，为科学制定智能制造发展战略和提供良好政策环境做好扎实的基础性工作。

第四章
湖北自贸区营商环境的建设成效

第一节　形成一大批可复制推广的改革试点经验

现在，湖北自贸区已经形成一大批可供复制推广的改革经验，且三个片区还形成了许多各自的改革特色。可以说，湖北自贸区制度创新的成果是显著的，除自贸区本身外，全省其他各个部门都应该站在新的起点上认真总结经验，为今后湖北自贸区乃至湖北全省营商环境建设提供良好的经验借鉴。

一、第一批改革试点经验

自挂牌成立以来，湖北自贸区及省直相关行政主管部门以制度创新为核心，进行大胆改革，在政务服务、贸易投资、金融创新等方面形成了一批可供复制推广的改革试点经验。2018 年 3 月 27 日，湖北省人民政府下发《关于复制推广中国（湖北）自由贸易试验区第一批改革试点经验的通知》，分别要求湖北省全省及湖北自贸区三个片区复制推广已形成的第一批改革试点经验。湖北自贸区第一批可供复制推广的改革试点经验的基本情况见表 4-1。

表 4-1　湖北自贸区第一批可供复制推广的改革试点经验一览表

序号	改革事项简称	主要做法	改革来源地	制度创新细分领域
在全省范围内复制推广				
1	国地税一窗通办	在办税服务厅设置国税、地税一体化排队叫号系统，纳税人在办理国税、地税业务时，只需在一个窗口申请，办税人员按照统一业务流程和法定时限和权限分别办理国税、地税业务	武汉片区	政务环境
2	先放行、后改单	自贸区内一般信用及以上等级企业，申报过程中出现错误，需要修改出口报关单及备案清单时，在修改内容不影响海关统计和监管秩序、国家许可证件管理、税款征收和国家外汇出口退税管理的情况下，允许企业先放行再修改报关单	武汉片区	贸易环境
3	减免税手续汇总办理	自贸区内集成电路及液晶显示板企业进口符合免税条件的进口物资，企业可申请存入公共型保税仓库，并适用保税仓库电子账册管理，向海关申请备案后存入保税仓库。出库进入国内市场时适用减免税政策的，海关采取分批出库、集中申报模式，并按月定期汇总办理减免税手续	武汉片区	
4	内外贸同船运输货物智能放行	企业向海关系统导入运输工具、内外贸货物及交易信息、空箱等数据，当货物进出口海关监管场所卡口时，通过自动比对来自企业、海关、运输工具等方面的数据，触发卡口并自动抬杆放行货物	武汉片区	
5	先出区、后报关	海关特殊监管区域和保税物流中心的货物出境时，经海关核准后，依托海关信息化管理系统，出境货物可以先出区，待货物抵达出境口岸海关监管场所后，海关对无查验的报关单实行申报即放行的制度	武汉片区	

续表

序号	改革事项简称	主要做法	改革来源地	制度创新细分领域
6	便捷保税货物流转	货物在海关特殊监管区域之间、海关特殊监管区域和保税监管场所流转，报关时企业可以自行选择运输工具承运保税货物，实现保税监管和全国通关一体化的有机衔接	武汉片区	贸易环境
7	加工贸易扁平化改革	针对性地减少加工贸易的部分审批环节，下放一些管理权限，在优化加工贸易手册和账册的设立、变更，余料结转，核销结案方面，减少作业环节，进一步简政放权，提高加工贸易管理的便捷化水平	武汉片区	
8	中欧班列（武汉）运单归并、简化申报	同一进境日期、同一品名、同一合同号、同一经营单位、同为铁路运输的从俄罗斯经满洲里到武汉的回程专列运输进口木材，其提运单可在满洲里归并，将多个集装箱货物合并为一票进口货物办理报关或转关手续 对从武汉经阿拉山口出境的货物，支持出口转关报关简化申报，即多个集装箱货物可合并为一票货物办理，以简化出口通关流程、提高通关效率	武汉片区	
9	中欧班列（武汉）车边验放	企业提前确定班列到达时间，向放行海关预约，提前办理货物通关手续。班列到达时，海关关员在车边监督卸货，办理货物转关核销，货物直接放行，企业可直接办理提货手续	武汉片区	

续表

序号	改革事项简称	主要做法	改革来源地	制度创新细分领域
在湖北自贸区内复制推广				
10	不动产抵押权变更登记	不动产登记机构联合片区银行网点，设立不动产抵押登记便民服务窗口，申请人将不动产贷款、登记资料一并提交，银行在放款过程中一并代为收集、整理资料。银行通过不动产抵押登记信息平台，将数据传递给登记机构，登记机构正式受理、审核、登记、发证。 对已经抵押的房屋、土地等不动产到期后再次续押时，无须债权人注销抵押权，只需补交债权合同补充协议、续期抵押合同以及相关申请，办理抵押权变更登记，就可完成续贷	襄阳片区	政务环境
11	不动产登记业务实现“马上办、网上办、一次办”	系统开展不动产权籍调查，实现不动产信息数字化，合并权籍调查及领取权籍调查单环节，自助缴费及自助取证环节一次性在不动产自助取证终端机上完成，将在房管部门的交易行为和国土规划部门的变更登记环节合并简化为在政务中心完成	武汉片区	
12	出口食品生产企业备案采信模式	自贸区出口食品生产企业办理出口食品生产企业备案时，海关不再开展现场检查，而由企业做出符合法律法规要求的自我声明后直接发放《出口食品生产企业备案证明》。待企业出口食品时，海关再开展现场检查，若发现问题，则由企业整改后再审核，以确保市场安全卫生控制条件符合备案规定，即从事前的审批转变为事中事后监管，把经营自主权完全交给企业	宜昌片区	投资环境
13	外资企业设立及变更商务审批和工商登记实现“四个一”	规范并整合商务和工商部门的外资企业审批及登记申请材料为一套纸质材料，商务部门审批和工商登记合并为一道审批程序在一个外资受理窗口完成，以上两个环节所需的主体资格证明、住所、经营范围等相同或相似内容的审批标准统一，对资料符合要求的审批和登记一并领取批准证书和营业执照，即“一套纸质材料、一道审批程序、一个审批标准、一并领取证照”	武汉片区	

资料来源：根据相关政策文件整理而得。

湖北自贸区第一批制度创新成果具有以下特征：

（1）主要在武汉片区内完成。13项改革措施中除“出口食品生产企业备案采信模式”和“不动产抵押权变更登记”分别来自宜昌片区和襄阳片区外，其他11项均来自武汉片区。

（2）制度创新的细分领域主要体现在优化贸易环境尤其是通关便利化改革方面。通关便利化改革涉及“先放行、后改单”“减免税手续汇总办理”“内外贸同船运输货物智能放行”“先出区、后报关”“便捷保税货物流转”“加工贸易扁平化改革”“中欧班列（武汉）运单归并、简化申报”“中欧班列（武汉）车边验放”等八个方面，占总试点措施的61.5%。

（3）政务服务环境优化方面的改革包括“国地税一窗通办”“不动产抵押权变更登记”“不动产登记业务实现‘马上办、网上办、一次办’”三个方面。

自挂牌成立以来，湖北自贸区大胆创新、自主改革，仅在1年时间里就形成了13项可供复制推广的改革试点经验。这为湖北自贸区营商环境进一步优化建立了信心、提供了经验，为经济主体带来了实实在在的好处。

以宜昌片区的“出口食品生产企业备案采信模式”为例，为了助力自贸区打造贸易便利化营商环境，按照安全、便捷、监管高效的原则，宜昌片区推出出口食品生产企业备案采信模式，改革创新出口食品生产企业备案审批方式。宜昌海关依托自贸区改革，以《企业自我声明》代替现场审核程序，通过“前放后管”，为企业提供便利。力求通过制度创新，有效推进宜昌食品出口增长，吸引更多出口食品生产企业落户宜昌自贸片区。宜昌自贸片区企业湖北一致嘉纤生物科技有限公司位于湖北自贸区宜昌片区花溪路182号宜昌生物产业园内，主要从事魔芋休闲食品及魔芋凝胶制品的加工。2017年9月8日，该企业通过出口食品生产企业备案系统提交出口食品生产企业备案申请。在宜昌海关及武汉海关有关人员的共同努力下，通过采信企业自我声明方式，当天即通过受理申请、组织评审、文件审核、审查批准等程序。公司申请当天就通过备案审批并取得《出口食品生产企业备案证明》。

二、第二批改革试点经验

2018 年 12 月 28 日，湖北省人民政府下发《关于复制推广中国（湖北）自由贸易试验区第二批改革试点经验的通知》，要求全省、各开发区、各自贸片区复制推广湖北自贸区新一批改革试点经验。第二批改革试点经验包括 14 项在全省范围内复制推广的改革事项、1 项在省内各开发区复制推广的改革事项和 2 项在自贸区复制推广的改革事项，共计 17 项。湖北自贸区第二批可供复制推广的改革试点经验的基本情况见表 4-2。

第二批改革试点经验具有以下特点：①制度创新细分领域主要包括优化贸易营商环境和投资环境。17 项改革事项中有 9 项与优化贸易环境相关，占比超过一半，涉及外汇收支、通关便利化、加工贸易、跨境电商等内容。另外，有 5 项与优化投资环境有关，分别为：投资项目“多评合一+综合评估”联合评价模式、投资项目“多审合一”联合审核模式、投资项目“多验合一”联合竣工验收工作机制、建设工程履约保证综合保险和工业投资项目“先建后验”。②武汉片区涉及的改革事项最多，共有 11 项，襄阳片区和宜昌片区各有 8 项。武汉片区的改革事项主要在优化贸易环境方面，5 个投资项目监管改革中有 3 个来自宜昌片区，武汉片区和襄阳片区各有 1 个。

以国际贸易“单一窗口”出口退税平台为例，将出口退税纳入“单一窗口”后，平台可自动获取企业的出口报关数据，省去 90% 以上企业录入出口退税相关数据的时间，同时还免去系统切换和维护升级等环节，出口企业可“一站式”办结出口退税业务，大幅提高工作效率。该项改革措施推出后，截至 2019 年，共有超过 10000 家企业通过该平台完成出口退税业务 10 万余次，涉及出口退税额超过 200 亿元。

表 4-2 湖北自贸区第二批可供复制推广的改革试点经验一览表

序号	改革事项简称	主要做法	改革来源地	制度创新细分领域
在全省范围内复制推广				
1	“退更免”业务全程电子化	由出口退税全程电子化，中国人民银行武汉分行牵头，整合商业银行、国税、地税、海关、外汇管理等相关部门业务，实现从退税、退库到更正、免抵调（库）的各环节业务均通过网络实现。具体来说，税票实现电子开立、国库电子接收、商业银行通过网络发送支付信息，出口商品退税效率极大提高	武汉片区 襄阳片区 宜昌片区	贸易环境
2	一站式综合法律服务平台	设立整合全市包含律师、公正、司法、援助、人民调解在内的法律服务资源的公共法律服务中心，为自贸区经济主体提供“一站式”法律综合服务。通过线上线下受理案件，法律服务团队在对案件遴选分类基础上快速处理。比如，重大案件由政府牵头协调相关部门 15 日内解决，便捷解决案件可当面答复或在网上直接回复	襄阳片区	政务环境
3	银行辅助贸易外汇收支企业名录管理改革	进出口企业名录登记交由片区商业银行受理，商业银行一并向外汇管理局提交名录登记及开户资料并交其进行实质性审核。审核通过后将企业名录登记确认书确认、账户信息反馈、银行网上业务开通等信息一并向企业反馈。同时，银行对企业进行政策宣传和业务辅导	襄阳片区	贸易环境

续表

序号	改革事项简称	主要做法	改革来源地	制度创新细分领域
4	投资项目"多评合一+综合评估"联合评价模式	与项目建设相关的环境影响、节能、文物保护、气候可行性、地震安全性等5项串联评估改为"多评合一",即项目建设单位"一次申请",相关单位分头组织、同步进行。同时,以工业园区为单位,对园区内的水土保持评价、地质灾害危险性评估和压覆矿产资源评估实现"综合评估",即无须就单个项目进行评估,但园区内项目均能享用"综合评估"结果	宜昌片区	投资环境
5	投资项目"多审合一"联合审核模式	将投资项目的建设工程施工图设计文件审查、施工图规划审查备案、消防设计审核、易燃易爆建设项目防雷装置设计审核合并为并联审查。建设单位只需通过"多审合一"窗口即可完成审核申请、咨询服务,并借助电子签名完成全程在线集中审查	宜昌片区	
6	投资项目"多验合一"联合竣工验收工作机制	将建设工程竣工规划、水利、人防、消防、国土、园林、环保、住建等方面的验收合并为"一次告知、统一受理、集中踏勘、统一发证",即项目建设单位在竣工后一次性地提出联合验收申请,自贸区对涉及的相关文件和材料进行统一受理,然后组织相关部门现场集中踏勘,验收合格后统一签发竣工验收文件,验收不合格的,建设单位组织整改后再次申请联合验收	宜昌片区	
7	跨境电商进口商品通关集中审图和集中查验	跨境电商直邮进口的包裹,监管场所运营人在视频监控范围内对包裹进行扫描查验,并保存扫描图像。海关则依据清单信息,通过集中审图快速查看扫描图像,并集中、批量、开箱查验被系统布控的少量包裹,查验完成后即可快速放行	武汉片区	贸易环境

续表

序号	改革事项简称	主要做法	改革来源地	制度创新细分领域
8	通关环节一体化担保管理	武汉海关建设"通关环节一体化保函系统",通过该系统,企业一张保函可同时在武汉关区内多个业务现场针对多项税款担保事项提供担保,而非仅为一个担保事项提供担保,某个担保事项结束后系统自动恢复其额度并多次使用,提高保函使用效率的同时简化了海关审核担保的流程	武汉片区 襄阳片区 宜昌片区	贸易环境
9	企业自主选择海关盘库时点	自贸区内加工贸易联网适用加工贸易电子账册的企业,可结合生产经营实际及盘点计划,自主选择海关盘库时点,以减少海关盘点对企业生产经营的影响,提高企业管理灵活度	武汉片区 襄阳片区 宜昌片区	
10	加工贸易边角料网上交易	武汉海关建设"加工贸易边角料交易系统",跟踪市场变化情况并结合第三方机构提供的信息,对边角料进行价格评估。在此基础上实现加工贸易边角料网上公开竞价交易,以防范加工贸易经营单位可能出现的机会主义行为,有效规范海关监管	武汉片区 襄阳片区 宜昌片区	
11	国际贸易"单一窗口" 出口退税平台	将出口退税平台纳入湖北国际贸易"单一窗口",通过该平台采集出口业务相关信息并传输至税务端,由税务机关审核后最终将退税款项通过银行退还给出口企业,实现退税全程电子化	武汉片区 襄阳片区 宜昌片区	
12	原产地签证管理改革	将《对外贸易经营者备案登记表》与《原产地签证企业备案表》合二为一,扩大原产地签证范围,免除签证费用,提供绿色通道,实现签证全国一体化和全程一体化,提高企业对区域性关税优惠政策的使用效率和企业的市场竞争力	武汉片区	
13	跨境电商"银关保"	由保险公司提供税收担保,银行据此出具关税税收保函后海关放行,以解决跨境电商企业没有银行授信或授信额度很低又缺少关税担保金的问题,并给予企业保险费60%的补贴,助力企业快速通关	武汉片区	

续表

序号	改革事项简称	主要做法	改革来源地	制度创新细分领域
14	建设工程履约保证综合保险	保险公司为企业出具建设工程履约保证综合保险单，以代替用现金的方式提供履约保证，并为建设工程投保企业提供 60% 的保险费补贴，可显著减少对企业流动资金和银行授信额度的占用	武汉片区	投资环境
在各开发区复制推广				
15	工业投资项目“先建后验”	改“先批后建”为“先建后验”，工业投资项目业主向行政审批部门申请项目预审，相关职能部门收到预审申请后按各自职能提出项目准入、建设标准和建设规范，企业据此做出承诺后即可依法依规自主进行项目设计和施工，各职能部门依据企业承诺内容对项目建设情况进行全程监管服务，最后企业申请联合验收	襄阳片区	投资环境
在湖北自贸区内复制推广				
16	股权激励专项基金	政府设立政策性专项基金，通过市场化运作，为员工（尤其是核心人才）认购企业股份提供资金支持，为企业长效发展提供稳定的人才资源	武汉片区	要素集聚环境
17	外国人服务“单一窗口”	外国人工作许可管理权限下放至自贸区，整合商务、外事、公安、外专等多部门外国人证件业务为一个窗口，外国人只需一次性提交材料，各部门共享信息、同时办理，极大地提高了服务效率	武汉片区	

资料来源：根据相关政策文件整理而得。

三、第三批改革试点经验

2019 年 4 月 9 日，湖北省人民政府下发《关于复制推广中国（湖北）自由贸易试验区第三批改革试点经验的通知》，要求全省、各开发区、各海关特殊监管区、各自贸片区复制推广湖北自贸区新一批改革试点经验。第三批改革试点经验包括 5 项在全省范围内复制推广的改革事项、1 项在省内国家级高新区和经济技术开发区复制推广的改革事项、3 项在全省各海关特殊监管区域复制推广的改革事项和 3 项在自贸区内复制推广的改革事项，共计 12 项。湖北自贸区第三批可供复制推广的改革试点经验的基本情况见表 4-3。

第三批改革试点经验具有以下特点：①改革事项细分领域主要集中在优化政务服务环境方面，共有 5 项，分别为：行政审批和政务服务申请材料递减制度、24 小时自助政务服务、互联网+智慧出入境、企业住所（经营场所）信息申报登记制度、推行“两无一免”制度。其次是优化创新创业环境和贸易环境方面，各有 3 项。②在全省范围内复制推广的改革事项最多，为 5 项，说明湖北自贸区制度创新成果最直接的效应就是带动和促进全省营商环境优化。③武汉片区、襄阳片区和宜昌片区形成的改革试点经验分别为 9 项、4 项和 5 项。④从前三批改革试点成果中可以看出，制度创新正在向更深层次推进。第一批和第二批改革试点成果更多偏向于操作层面，比如如何促进通关便利化及优化政务服务环境。第三批则更多偏向于通过制度建设推动“放管服”深度改革和创新驱动发展，比如，通过“专人对接+金融创新+政策供给”，创新科技成果转移转化机制；通过制定《“3551 光谷人才计划”暂行办法》，从制度上规范对人才的激励机制。

以技能人才与专业技术人才评价“双贯通”制度创新为例，宜昌片区制定了《企业工程系列专业技术人才职称评审与技能人才职业资格评价“双贯通”试点办法（试行）》，明确经过相关评审和评价，专业技术人才可获得相应的职业资格，职业技能人才也可获得相应专业技术职称。该文件对适用对象、范围、条件、认定程序和要求等做了详细规定。比如，技能人才评定专业技术职称时，中级工、高级工和技师直接对应中专、大专和本科；取得国家规定的职业资格证书或技能等级证书后从事本专业的工作年限可视为专业技术资历并可直接运用于专业技术职称评审。通过这种模式，既可以克服传统专业技术职称评审中“唯论文”“唯学历”的缺陷，让专业技术人才将专业知识更好地运用于实际工作，解决企业的技术难题，也能打破技能人才评审专业技术职称时的学历、资历限制，科学地提升技能人才的知识结构和水平，极大地激发其工作积极性。可见，这一文件有效地打通了技能人才和专业技术人才评价的制度藩篱，拓宽了人才成长空间。

四、第四批改革试点经验

2020 年 4 月 14 日，湖北省人民政府下发《关于复制推广中国（湖北）自由贸易试验区第四批改革试点经验的通知》，要求全省和各自贸片区复制推广湖北自贸区新一批改革试点经验。第四批改革试点经验包括 11 项在全省范围内复制推广的改革事项和 6 项在自贸区内复制推广的改革事项，共计 17 项。湖北自贸区第四批可供复制推广的改革试点经验的基本情况见表 4-4。

第四批改革试点经验具有以下特点：①优化投资环境方面的制度创新事项最多，有 6 项，包括：撤销冒名登记新模式、完善企业简易注销机制、用气便利化改革、企业行政处罚不良信用主动修复机制、企业标准自我公开声明第三方技术评价、环保一码清。②有 3 项涉及改善贸易环境，分别为：湖北国际贸易“单一窗口”跨境电商综合服务平台、一般原产地证自动审核、海关减免税数据与企业 ERP 联网申报。③优化创新创业环境、政务环境和金融环境方面分别有 1 项、2 项、3 项改革试点经验。优化创新创业环境方面涉及知识产权网上维权；优化政务环境方面包括“全通版”食品药品许可证和纳税人跨区自由迁移；优化金融环境方面包括资本项目收入支付便利化、科技信贷政策评估机制、票据再贴现支持民营及小微企业发展。④优化要素集聚环境方面的改革试点经验为 2 项，即科技资源共享服务、企业工程系列专业职称委托（自主）评审。⑤武汉片区、襄阳片区和宜昌片区分别推出 8 项、7 项、6 项改革试点措施。

表 4-3　湖北自贸区第三批可供复制推广的改革试点经验一览表

序号	改革事项简称	主要做法	改革来源地	制度创新细分领域
在全省范围内复制推广				
1	行政审批和行政服务申请材料递减制度	经济主体办事过程中涉及两个以上行政审批和政务服务事项的，若申请材料已经前置事项审核，后置事项主管部门不再对相同材料进行审核。同时，精简涉及多个行政审批和政务服务事项的申请材料，经济主体也无须重复提交相同材料给不同主管部门，而由部门间共享申请材料	宜昌片区	政务环境
2	24 小时自助政务服务	在政务服务大厅和人口密度较大的社区、银行网点、商圈，配备自助办理设备或自助服务点，设立自助服务事项清单，将办理频繁、时效要求较高的政务服务事项列入清单，提供 24 小时便民自助政务服务	宜昌片区	
3	互联网+智慧出入境	在支付宝 App 上开辟“襄阳出入境”平台，群众可通过该平台完成出入境相关事项，比如预约、填表、缴费、查询、手机自拍出入境证件照等	襄阳片区	
4	海关汇总征税保函“银关通”	商业银行与海关系统对接，使得企业经由商业银行开出的保函数据能与海关实现实时共享，企业无须提交纸质保函，其担保额度实时扣减和自动恢复的同时，企业在线备案、开立保函、修改、撤销等信息也能实现实时共享	武汉片区 襄阳片区 宜昌片区	金融环境
5	企业工程系列技能人才和专业技术人才评价“双贯通”	企业工程系列技能人才可获得专业技术职称，专业技术人才也能获得职能技能资格。根据技能人才和专业技术人才各种职业特征制定“双贯通”标准，明确改革适用对象、范围、条件及程序，克服传统职称评定和技能人才认定的缺陷，为人才发展铺平道路	宜昌片区	要素集聚环境

续表

序号	改革事项简称	主要做法	改革来源地	制度创新细分领域
在全省国家级高新区和经济技术开发区复制推广				
6	企业住所(经营场所)信息申报登记制度	满足条件的企业,在申请设立或变更企业住所(经营场所)时,无须提供房屋产权或租赁合同等证明,只需向登记机关提交《住所(经营场所)信息申报表》作为其住所(经营场所)的使用证明。此外,鼓励企业集中登记,降低企业开办门槛	武汉片区	政务环境
在全省各海关特殊监管区域复制推广				
7	“一区多功能、一仓多形态”	通过科学的数据管理,实现保税货物在同一海关特殊监管区域或不同特殊监管区域间自由流转,同时,不同性质的进境保税货物(比如保税加工、保税物流、网购保税进口货物)也能自由转换和同仓存放	武汉片区 襄阳片区 宜昌片区	贸易环境
8	进口消费品预检核放监管模式	武汉东湖综保区内进口同品种、同品牌、同规格、同产地消费品,应进口商或其代理人的申请,可对其实施一次性集中检验,消费品分批出区则无须再次检验	武汉片区	
9	进口肉类“港一区直通”查验管理模式	从口岸入境的肉类产品,在入境口岸只需对集装箱外表消毒,整箱运至武汉东湖综保区指定查验场所实施查验和监管,提高此类产品入境通关效率	武汉片区	
在湖北自贸区内复制推广				
10	推行“两无一免”制度	对小微企业普惠性税收减免政策退库和所得税年度汇算清缴多缴退税、个人所得税等税费手续费退库、其他减税降费政策调整形成的退库,无须申请,实行无纸化退税,大幅提高了退税效率,降低了企业经营成本	襄阳片区	政务环境

续表

序号	改革事项简称	主要做法	改革来源地	制度创新细分领域
11	科技成果转化新机制	由专业人员和专门机构统筹协调推进科研院所科技成果转移转化,通过组建财政专项资金、探索政府直接参与股权投资新模式、制定成果转化的促进政策等支持发展前景较好的科技成果转移转化项目,设立武汉科技创业投资引导基金,发挥基金的杠杆作用,引导社会资本支持重点产业的科技成果转移转化	武汉片区	创新创业环境
12	人才基金支持创新创业新模式	印发《“3551 光谷人才计划”暂行办法》,编制人才基金资助清单,对满足条件的人才所在的企业给予不同程度的资助,并为获得资助的企业提供财务税务培训、企业增资谈判辅导等增值服务	武汉片区	要素集聚环境

资料来源:根据相关政策文件整理而得。

表 4-4　湖北自贸区第四批可供复制推广的改革试点经验一览表

序号	改革事项简称	主要做法	改革来源地	制度创新细分领域
在全省范围内复制推广				
1	撤销冒名登记新模式	采用现代化信息技术深入调查,对冒用他人身份信息骗取注册登记的公司,按规定予以撤销,将相关责任人员纳入经营业务黑名单,情节严重者移交公安机关处理	武汉片区	投资环境
2	完善企业简易注销机制	有限责任公司、非上市股份公司等 12 种市场主体的注销适用简易程序,通过相关部门间信息共享,企业只需填一张申请表、做一次公告、交一份承诺书,即可完成企业退出	武汉片区	

续表

序号	改革事项简称	主要做法	改革来源地	制度创新细分领域
3	用气便利化改革	将7个用气办理环节压缩至4个,5项申请材料减少至3项,缩减用气安装时限。设计3个“定型套餐”以适应不同小型工商项目,并降低其用气成本。通过便捷用气缴费、过户,降低战略性新兴产业企业用气价格,提高用气服务水平等方式服务企业发展	武汉片区	投资环境
4	企业行政处罚不良信用主动修复机制	对企业失信行为进行分类管理,对无意失信行为、失信行为已被依法纠正且行政处罚公示期已满的企业,市场监管部门主动对接国家企业信用信息公示系统,提出对企业信用信息进行修复的意见,以尽快恢复企业信用记录	襄阳片区	
5	企业标准自我公开声明第三方技术评价	政府委托专业的第三方机构对企业标准的规范性、合法性和风险性等进行评估,引导企业规范其产品标准,并对企业可能存在的产品质量、使用安全等进行评价和预判,降低可能存在的产品标准风险	宜昌片区	
6	湖北国际贸易“单一窗口”跨境电商综合服务平台	推出湖北国际贸易“单一窗口”跨境电商综合服务平台,实现不同监管部门间的资源共享和对跨境电商业务的联合监管	武汉片区 襄阳片区 宜昌片区	贸易环境
7	一般原产地证自动审核	企业通过湖北国际贸易“单一窗口”提交一般原产地证书办理申请后,系统实现自动审核和自助打印原产地证书	武汉片区 襄阳片区 宜昌片区	
8	海关减免税数据与企业ERP联网申报	将芯、屏生产企业ERP系统与海关信息系统对接,企业可直接利用ERP系统向海关提出减免税申请	武汉片区	

续表

序号	改革事项简称	主要做法	改革来源地	制度创新细分领域
9	科技信贷政策评估机制	中国人民银行武汉分行开发了融自动抓拍、数据网络直报和网上评估为一体的科技金融统计与评估系统，用以评估各银行机构执行科技金融信贷政策的效果和科技金融政策实施情况，并对执行和实施情况进行通报，为科技创新政策调整提供依据	武汉片区	金融环境
10	科技资源共享服务	建设科技资源共享服务平台，整合知网、湖北省大型仪器设备共享平台等系统，为地区企事业单位和个人提供集成科技资源，实现科研设备在不同单位之间共享，并提供科技信息共享交流平台，提高科研设备使用效率，降低企业创新成本	襄阳片区	要素集聚环境
11	知识产权网上维权	开通“襄阳 12330”微信公众号，实现知识产权维权、侵权举报、侵权监控、律师在线服务等“一站式”服务，并对接“安盾网”，借助其专业维权经验为企业提供综合高效的确权、用权、维权等知识产权服务	襄阳片区	创新创业环境
在湖北自贸区内复制推广				
12	“全通版”食品药品许可证	通过确定统一的审核标准、办事指南、审批流程、验收队伍、证照样式、证照编码、变更程序和有效期，将食品生产许可、药品经营许可等 9 项许可证件合并为一张“全通版”食品药品许可证，简化办事流程，提高效率	襄阳片区	政务环境
13	环保一码清	建立环保二维码信息公开系统，将重点排污单位纳入该系统，以公开其环保基本信息、废水废气排放、环保风险、危险废物管理等情况，拟投资企业也可通过该系统了解地区环保情况	宜昌片区	投资环境

续表

序号	改革事项简称	主要做法	改革来源地	制度创新细分领域
14	纳税人跨区自由迁移	区外企业流入自贸区，迁出地税务机关不增加办理门槛，也不对其进行税务清查，即时办结迁出手续，迁入地区税务机关整合相关数据资源。纳税人无须填写涉税申请表单，仅提供其住所证明及新营业执照	宜昌片区	政务环境
15	资本项目收入支付便利化	进行资本项目收支便利化改革试点，区内企业资本项目外汇收入用于境内支付业务时，简化业务流程，无须逐笔提交证明材料，而只需留存材料备查，银行随时监控企业外汇收支状况并进行定期抽查，外汇管理部门根据抽查结果监控风险	武汉片区	金融环境
16	票据再贴现支持民营及小微企业发展	精选商业银行为区内中小微企业和科技型中小企业提供票据再贴现业务，建立再贴现支持企业白名单，鼓励和引导银行对区内白名单企业进行优先重点支持	襄阳片区	
17	企业工程系列专业职称委托（自主）评审	区内规模较大、人力资源管理工作规范、人才智力密集、社会形象好的重点企业，可申请自助评审工程系列专业技术初级和中级职称。自主评审企业需规范其所有评审环节，职称评审主管部门需加强监督和跟踪指导	宜昌片区	要素集聚环境

资料来源：根据相关政策文件整理而得。

五、第五批改革试点经验

2020 年 12 月 29 日，湖北省人民政府下发《关于复制推广中国（湖北）自由贸易试验区第五批改革试点经验的通知》，要求全省和各自贸片区复制推广湖北自贸区新一批改革试点经验。第五批改革试点经验包括 11 项在全省范围内复制推广的改革事项，3 项在自贸区内复制推广的改革事项，1 项在湖北国家级经济技术开发区和高新技术开发区复制推广的改革事项，1 项在省内其他经济技术开发区、高新技术开发区、工业园区复制推广的改革事项，1 项在全省快递类海关监管作业场所复制推广的改革事项，1 项在全省海关特殊监管区复制推广的改革事项，共计 18 项。湖北自贸区第五批可供复制推广的改革试点经验的基本情况见表 4-5。第五批改革试点经验具有以下特点：

（1）涉及优化政务服务环境的改革事项最多，有 12 项，占比 66.7%，包括企业开办事项异地通办、“一照通”改革、企业注册登记智慧办、营业执照全程电子化线上帮办模式、医疗器械“承诺即投产”、不动产网上登记、施工许可豁免、“简案快办”“一事联办”主题式办事服务、药品零售企业网上延续换证、“一站式”网上诉讼服务、无人车管所。

（2）涉及优化贸易环境和投资环境的改革事项各有 3 项，占比均为 16.7%。贸易环境改善的试点经验主要体现在通关便利化方面，包括出口航空煤油合格评定新模式、快件作业无纸化、保税物流货物触发申报新模式。投资环境改善方面的试点经验包括“不动产+用电”过户一体化服务、“获得用水”便利化改革、工业用地土地出让“书证同发”。

（3）没有涉及优化要素集聚环境、金融环境和创新创业环境的改革事项。

（4）武汉片区、襄阳片区和宜昌片区涉及的改革试点经验分别有 10 项、6 项和 8 项。①

① 部分改革事项同时涉及 2 个或 3 个片区，比如出口航空煤油合格评定新模式和快件作业无纸化涉及 3 个片区，“一照通”改革涉及宜昌片区和襄阳片区，“一事联办”主题式办事服务涉及武汉片区和襄阳片区。

表 4-5　湖北自贸区第五批可供复制推广的改革试点经验一览表

序号	改革事项简称	主要做法	改革来源地	制度创新细分领域
在全省范围内复制推广				
1	企业开办事项异地通办	武汉市范围内新企业注册登记可在全市通办，最后由属地受理并审批送达	武汉片区	政务环境
2	“一照通”改革	食品、特种设备、计量、重要工业品、检验检测等行业许可证与其营业执照合并，并实行“一网申请、一单填报、一事联办、一次办成、一照涵证”	襄阳片区 宜昌片区	
3	企业登记智慧办	企业注册登记审查材料精简，部门间共享数据，实现电子化申报和自动审批	宜昌片区	
4	营业执照全程电子化线上帮办模式	优化注册登记流程，申请人提交申请材料后增设预审环节，预审合格后完成电子签名，实现企业注册“一次办”，缩短企业开办时间、流程和成本	武汉片区	
5	医疗器械“承诺即投产”	信用记录较好的医疗器械企业申请转产，主管部门告知企业需履行的承诺并由企业做出承诺后即可进行试生产，后期主管部门按企业承诺内容进行监管	宜昌片区	
6	“不动产+用电”过户一体化服务	申请人不动产过户和用电过户一次办理、同步办结	宜昌片区	投资环境
7	“获得用水”便利化改革	水务集团入驻市、区两级政务中心，对中小微企业实行“上门服务、零跑腿、零费用”，并推出“减环节，优服务”“减时长，优效率”“减资料，优网点”系列便利化举措	武汉片区	

续表

序号	改革事项简称	主要做法	改革来源地	制度创新细分领域
8	不动产网上登记	包含商品房预售预告登记、预售商品房抵押权预告登记在内的六大登记业务实现“一网通办”	襄阳片区	政务环境
9	施工许可豁免	豁免限额以上四大类项目的施工许可证，通过“双随机、一公开”、信用监管等制度进行动态监管，引导企业安全规范生产	宜昌片区	
10	出口航空煤油合格评定新模式	在风险评估基础上，对于航空煤油出口，海关认可符合资质要求的实验室出具的检测报告，后期对出口企业和检测企业实施动态监管	武汉片区 襄阳片区 宜昌片区	贸易环境
11	“简案快办”	对于知识产权案件，利用电子平台送达法律文书，召开庭前会议对案件进行分类分流，简单案件争取庭前调解	襄阳片区	政务环境
在湖北自贸区内复制推广				
12	“一事联办”主题式办事服务	设置“一事联办”综合窗口和受理频率较高的主题式服务，推出“一窗收件、联合现勘、一标审批、同步发证”	武汉片区 襄阳片区	政务环境
13	药品零售企业网上延续换证	药品零售企业申请换发药品经营许可证，实行“在线无接触辅助审查+视频核查”，市场监管局强化电子材料核查和后期监管	武汉片区	
14	“一站式”网上诉讼服务	利用“中国移动微法院”平台，对诉讼案件实行“网上立案、网上庭审、网上查控”，同时将诉前调解、法规查询、阅卷等辅助服务也融入该平台，提高纠纷解决效率	武汉片区	

续表

序号	改革事项简称	主要做法	改革来源地	制度创新细分领域
在省内国家级经济技术开发区、高新技术开发区复制推广				
15	无人车管所	开发“无人车管所平台”，实现车辆及驾驶员管理全过程自助办理，并实现24小时自助服务	武汉片区	政务环境
在省内其他经济技术开发区、高新技术开发区、工业园区复制推广				
16	工业用地土地出让“书证同发”	土地出让条件和权籍调查同步进行，无须对出让土地地质灾害危险性等进行单独评估，签订交地确认书的同时受让方就可获得不动产权证	宜昌片区	投资环境
在全省快递类海关监管作业场所复制推广				
17	快件作业无纸化	开发“寄递辅助系统”并与企业ERP系统实现数据交换，快件申报、审核、查验、监管等全流程实现电子化	武汉片区 襄阳片区 宜昌片区	贸易环境
在全省海关特殊监管区复制推广				
18	保税物流货物触发申报新模式	在对综保区保税物流货物进出口通关环节进行科学划分的基础上，通过湖北国际贸易“单一窗口”实现前续环节完成后自动发送回执，后续环节自动执行，企业只需一次录入即可完成通关全流程	武汉片区	贸易环境

资料来源：根据相关政策文件整理而得。

第二节 入选全国“最佳实践案例”

自由贸易试验区是中国对外开放和制度创新的示范区，经过7年多发展，已形成一大批可复制推广的改革试点经验。在国务院和商务部的倡导下，已连续评选出5批全国“最佳实践案例”。前2批分别于2015年11月和2017年7月发布，分别涉及上海、广东、天津和福建自贸区。2019年7月11日，国务院自由贸易试验区工作部际联席会议办公室对外发布自由贸易试验区第三批“最佳实践案例”，全国11个自由贸易试验区共有31项入选，其中湖北自贸区有4项入选，分别是：襄阳片区的推行“全通版”食品药品许可证、推行“两无一免”制度和推行不动产抵押权变更登记，宜昌片区的涉税执法容缺容错机制。

一、推行“全通版”食品药品许可证

2017年4月挂牌成立以来，襄阳片区推出“全通版”食品药品许可证，将原来相互独立的食品生产、食品经营、部分药品生产和经营、化妆品生产等9类行政许可进行整合，合并为对《食品药品生产经营许可证》的许可，同一申报主体只核发一张许可证，许可证的年审换发次数由原来的多次减少到1次，降低了企业办证成本，压缩了企业办证时间，提升了部门的行政效能。

考虑到9类生产经营的共性和个性，自贸片区食品药品监督管理行政部门将其申报材料分为共性资料和业态资料，共性资料为每类生产经营活动均需提供的材料，比如相关人员的身份证明、申报主体的证明文件等，而业态资料为每类生产经营活动所特有。推行“全通版”食品药品许可证以后，申报主体无须重复提供共性资料，一次性提交即可，只需另外提供业态资料。对相关主体亦进行归并验收。

该项制度推行以来，行政许可审批效率大幅提高，经营主体证书办理时

间、办理费用大幅下降。以药品零售连锁经营为例，实行食品、药品、保健食品、医疗器械、化妆品生产经营“多证合一”之前，100个门店就需要分别提交100套申请材料，假设每个门店办证时间为20天，则共需2000天，所有门店要进行共100次验收，换发许可证则需再次重复进行。制度改革以后，同样100个门店，只需一套申报材料，20天完成，是原来所需时间的1/100。此外，亦无须在每个门店进行多项验收，一个申报主体只需由一个验收小组一次性完成现场核查即可。

二、推行“两无一免”制度

襄阳片区推出“两无一免”制度旨在简化退税流程。对小微企业普惠性税收减免政策退库和所得税年度汇算清缴多缴退税、个人所得税等税费手续费退库、其他减税降费政策调整形成的退库，无须申请，实行无纸化退税，免于填报退税申请单，自动办理退税业务。

传统退税业务中，由于不了解相关税收支持政策，部分纳税人没能及时享受到税收优惠。对此，襄阳市税务局与相关部门沟通协商后决定，对一些业务量较大且风险可控的退税事项，无须纳税人申请填写《退库申请书》，由税务机关通过金税三期系统自动发起批量退税。2020年，襄阳片区对该制度进行了升级，增加了个人所得税汇算清缴退税业务。由于该系统中已有纳税相关信息，自动发起退税业务后，退税款项自动退还到纳税人账户，退税流程从8个减少到4个，平均退税完成时间从20天减少至7天。

自2017年4月推出该项制度以来，截至2019年8月，襄阳片区已累计为650户纳税义务人办理“两无一免”退税2300余万元，为407家小型微利企业办理退税1400余万元，因政策调整为691户印花税纳税人办理退税近30万元。由于受新冠肺炎疫情影响，2020年，各级政府均不同程度地为企业尤其是高新技术企业进行纾困。襄阳市也推出了针对小型微利企业的汇算多缴企业所得税税款退还政策，片区内的襄阳振本传动设备有限公司就符合该条件，由于推行“两无一免”制度，该公司在2个工作日后就收到了57.4万元的退税款项。这对于新冠肺炎疫情后的企业来说，无疑是雪中送炭。

三、推行不动产抵押权变更登记

襄阳片区推行不动产抵押权变更登记，把不动产登记场所延伸到各个银行网点，通过登记机构和银行系统的对接，实现了相关信息共享，使贷款人不需要往返于不动产登记机构，而是可以在银行直接办理抵押登记。此外，抵押权的变更登记取消了原有抵押权注销这一环节，而是根据申请、抵押物范围、金额、债务履行期限、变更登记情况办理不动产抵押权变更登记。这一利企利民的服务举措在全国和全省都位居前列。

不动产抵押权变更登记制度改革避免了抵押物悬空被查封和限贷等风险。改革前需要先由不动产登记机构办理抵押权注销登记，再由房管部门办理再抵押备案，最后不动产登记机构办理新的抵押登记，这种“注销抵押+房管抵押备案+新的抵押”模式容易导致抵押物悬空。在这一原有模式下，贷款到期后，借款人需要另行筹措资金，甚至通过其他渠道获得高价“过桥资金”用于还清贷款，贷款还清后再次进行抵押获得贷款。进行不动产抵押权变更登记制度改革后，借款人无须承担高额的资金成本和消耗较长的时间成本，也减少了因其他经济纠纷而被查封和限贷的风险。许多企业特别是民营企业会因借高息贷款而承担很高的财务成本，甚至导致企业破产。这项改革在一定程度上减少了企业融资难、融资贵的问题。此外，自便民服务窗口设立以来，借款人、抵押登记双方无须数次往返于金融机构和登记机构之间，也有效降低了企业融资的时间成本。

不动产抵押权变更登记制度改革的操作性和针对性强，聚焦于企业融资难点，因此，从这一改革推出以来，得到广大市场主体一致好评，经济效应非常明显。从 2017 年 4 月推出该项举措以来，截至 2019 年 7 月，襄阳片区已办理不动产抵押权变更登记业务共计 386 笔，涉及担保债权金额约 60 亿元。同时，该项改革还被评为 2017 年襄阳市“十大法治事件”之一，2018 年由湖北省政府发文在整个湖北自贸区内复制推广。

四、涉税执法容缺容错机制

在传统涉税执法业务中，只有申请人审查材料符合法定要求，其申请业务才能被受理。这样，由于申请材料填写不符合规范或提交材料缺失，申请人往往要多次“跑路”以符合要求，办税时间很长。推出容错容缺机制后，税务机关制定业务清单，明确可受理的容缺容错业务范围，在缺少某些申请材料或某些申请材料错误需要更正的情况下，申请人承诺事后补齐或修改即可先行为业务办理。同时，容错容缺机制与企业信用建设挂钩。一方面，纳税信用等级为 C 或 D 的纳税人不适用容错容缺机制；另一方面，对给予容错容缺便利但又重复再犯的申请人，要扣减其信用分。通过失信惩戒、授信激励的动态修正，引导纳税人加强诚信建设和企业内部经营管理，共同建设良好的纳税营商环境。

该项政策实施以来，税务机关对纳税人可能出现的申请失误实施了审慎包容监管，与纳税人建立了良好的沟通关系。比如，税务部门在对宜昌某科技公司进行稽查时发现，客户给该公司的部分税票不符合要求，导致其少缴税款近 30 万元。与该公司进行深入沟通后发现其被客户欺骗，属于容错机制中的非主观故意，为此，税务机关只要求其补足税款但没有对其信用评价降级，也不将其纳入纳税黑名单。这种包容监管的税收执法方式，使得纳税人对税收遵从有了更深认识，有助于形成诚信、合法经营的良好氛围。

第三节　入选全国“制度创新十佳案例”

中山大学自贸区综合研究院已连续 4 年发布《中国自由贸易试验区发展蓝皮书》，构建中国自贸区制度创新指数以评估自贸区制度创新成果，并评选出全国“制度创新十佳案例”。2018—2019 年，襄阳片区的“容缺审批制度”和武汉片区的“专利权质押融资制度”入选；2019—2020 年，宜昌片区的“企业信用档案可视化工程”入选。

一、容缺审批制度

在传统审批许可业务中，申请人经常会出现申请材料有误、不全，或不满足条件的情况，此时申请人需要修改、补齐或满足条件后才能再次办理。这样的审批效率非常低下，审批时间成本很高。为打造便利化营商环境，襄阳片区编制容缺审批清单，属于清单内的审批事项，在基本条件具备、主要申请材料齐全的情况下，即使部分申请材料缺失或者其他条件不具备，法定代表人、项目负责人或其代理人亦可据此做出承诺，承诺在规定时限内补齐材料或满足条件，行政管理部门即可在部分材料缺失或其他条件不满足的情况下受理审批事项。2018 年，襄阳片区已将发改、环保、城建、农业、林业、城管、人社、教育、民政、食药监、人防、卫计、文体新旅等 13 类共计 80 个事项纳入容缺审批清单。截至 2020 年底，该清单规模已超过 200 项。此外，容缺审批制度还与市场主体信用建设和监督机制有机结合，片区行政审批部门利用湖北省市场主体信用信息共享平台，对未能严格按照承诺完成的企业进行记录，引导企业和个人加强诚信建设，营造良好的营商环境。片区内的驼龙新能源公司申请新建厂房验收，由于该公司基本条件具备，主要申请材料齐全，自贸片区对其执行容缺审批制度，一边进行验收一边补齐材料，极大地提高了验收效率。

实施容缺审批制度以来，市场主体可以“边补边办”，节省了很多“跑腿”时间。同时，由于该制度与严格事中事后监管有机结合，促使行政审批部门的工作重心从传统的审查申请材料转移到提升服务质量和引导市场主体规范有序经营上，这样更有助于形成发展与监管的良性循环。

二、专利权质押融资制度

科技型中小企业是促进武汉片区产业社会转型升级和高质量发展的重要力量。但是，科技型中小企业特别是处于初创期的企业不仅面临资金不足问题，还面临可抵押实物资产不足的问题，这也成为限制其参与市场竞争的重要阻碍。为解决这类轻资产科技型企业资金不足且融资困难的问题，武汉片区创新推出专利权质押融资制度。具体来说，引入第三方专业机构，对企业价值特别是专利权价值进行评估，保险公司按评估的专利权价值的一定比例为企业担保，出具贷款保证保险单，银行凭该保险单为企业提供贷款，即专利权质押融资贷款。为提高保险机构和贷款机构为这类企业提供贷款的积极性，武汉片区还设立了专利权质押融资风险扶持基金。若企业按期还本付息，政府按基准利率给予银行25%的贴息，给予保险机构40%的保费补贴。若有企业无法偿还贷款，其损失由保险机构、政府和贷款机构按5∶3∶2的比例承担。

专利权质押融资制度的实施，不仅较好地解决了因专利无形性、专有性等特点带来的定价难题进而提高了企业授信额度，活跃了知识产权市场交易，还能帮助大量科技型中小企业缓解其资金难题，提高企业经营效益。2017年12月，武汉片区内一家光电子信息公司利用专利权质押融资获得贷款200万元，成为首家利用该项制度获得银行贷款的企业。2018年，武汉市专利权质押融资贷款完成98笔，总计7.12亿元。其中一家机电公司利用专利权质押融资一次性就获得3000万元贷款，成为该项制度推出以来获得贷款最多的企业。

三、企业信用档案可视化工程

在政务服务网络建设和智慧城市建设基础上，宜昌片区广泛收集各类市场主体实际运营现状信息，并运用大数据系统建设企业信用档案可视化工程。具体来说，根据信息收集情况，宜昌片区为每个市场主体设置一个信用二维码，不管是商铺还是企业，只要关系人使用手机扫一扫，其信用信息会自动呈现，以此作为关系人决策的重要参考依据。网上商铺入驻时该工程就自动生成并嵌入信用二维码。当然，基于大数据系统，该工程会不断收集、整理企业运营过程中的新信息，客户或用户也可在“扫一扫”过程中及时反馈市场主体守信情况，作为调整企业信用状态的依据。

市场主体的信用二维码不仅有助于关系人及时准确了解其信用状况，较好服务于行政主管部门的高效监管，同时，还是银行等金融机构对企业融资的重要参考依据。比如，信用评价等级不高的企业，无法享受到“涉税执法容错容缺机制”服务，也不能享受更多融资服务。在三峡物流园区，信用级别为“优”和“良”的企业，既能获得比既定优惠政策高15%~30%的再优惠，也能享受“涉税执法容错容缺机制”服务。在获得融资服务方面，信用等级为“优”和“良”的企业可以享受到许多融资便利和优惠，比如获得无抵押贷款、纯信用贷款、贷款审批速度更快等。2020年，企业信用档案可视化工程已向银行推荐优良授信企业近2万家，银行授信额度高达80亿元，发放贷款10294笔，涉及贷款金额超过60亿元。建立可视化市场主体信用档案，让守信者获得实实在在的好处，有助于形成诚信经营的良好营商环境。

第四节　制度创新指数全国排名靠前

作为第三批自由贸易试验区，湖北自贸区制度创新指数全国排名靠前。2018—2019年和2019—2020年中国自贸区制度创新总指数前10名情况见表4-6。

表4-6　2018—2019年和2019—2020年自贸区（片区）制度创新总指数前10名

排名	2018—2019年		2019—2020年	
	自贸区（片区）	制度创新总指数	自贸区（片区）	制度创新总指数
1	前海	86.26	上海	87.14
2	上海	85.05	前海	86.90
3	南沙	83.53	南沙	85.13
4	天津	80.83	天津	82.13
5	厦门	79.81	厦门	81.28
6	横琴	79.16	成都	79.92
7	武汉	78.24	武汉	79.85

续表

排名	2018—2019 年		2019—2020 年	
	自贸区（片区）	制度创新总指数	自贸区（片区）	制度创新总指数
8	福州	78.16	福州	79.65
9	成都	77.63	横琴	79.54
10	重庆	76.55	重庆	79.44

资料来源：http：//www.gd.xinhuanet.com/newscenter/2020 - 07/23/c_ 1126277174.htm，经整理而得。

从排名上看，在全国 18 个自贸区共计 43 个自贸片区中，连续两年武汉片区排名均为第 7 位。在第三批自贸区（片区）中，2018—2019 年排名第 1，2019—2020 年排名第 2，仅位于成都片区之后。从制度创新总指数上看，虽然武汉片区排名上没有发生变化，但制度创新指数从 78.24 上涨到 79.85，说明制度建设成果显著，营商环境改善明显。另外，襄阳片区和宜昌片区在 2019—2020 年的排名分别为第 18 位和第 29 位，制度创新总指数分别为 74.87 和 74.55，在第三批自贸片区中排名分别为第 9 位和第 10 位。

第五章
湖北自贸区营商环境建设存在的问题

对标国际高标准投资贸易规则体系及《总体方案》的174项改革试验任务，截至2020年底，所有改革试点任务已全部落地实施。总体而言，湖北自贸区在行政管理创新、贸易与投资便利化、金融创新等领域的制度框架已初步形成，但自挂牌以来，自贸区营商环境建设还存在一些需要在后续阶段解决的问题。

第一节　集成性制度创新合力尚未形成

截至2020年底，湖北自贸区坚持问题导向，以制度创新为核心，在优化政务服务环境、贸易环境、投资环境、金融环境、创新创业环境及要素集聚环境方面形成了5批共计77项改革试点经验。对这些改革试点经验涉及的制度创新细分领域进行分析后发现，湖北自贸区营商环境建设存在诸多不平衡问题，统计情况见表5-1。从中可以看出，湖北自贸区营商环境建设的重点集中在优化政务服务环境、贸易便利化和投资环境方面，三个细分领域的改革事项分别为23项、26项、16项，共计65项，占全部改革事项的比重达84.4%。此外，还存在各项制度间协同性不足的问题。

表 5-1 湖北自贸区前 5 批改革试点经验细分领域统计

序号	政务环境	贸易环境	投资环境	金融环境	创新创业环境	要素集聚环境	合计
1	3	8	2	0	0	0	13
2	1	9	5	0	0	2	17
3	5	3	0	1	1	2	12
4	2	3	6	3	1	2	17
5	12	3	3	0	0	0	18
合计	23	26	16	4	2	6	77

资料来源：根据相关文件资料整理而得。

一、金融领域开放创新力度不够

湖北省各级相关行政主管部门已出台了一系列法律法规，以促进金融领域开放创新。从前 5 批总结形成的改革试点经验来看，湖北自贸区金融领域开放创新力度不够，主要体现在以下两个方面：

（一）制度创新成果涉及范围很小

从《总体方案》可以看出，深化金融领域开放创新的改革任务有 51 项，涉及扩大金融领域对外开放、增强金融服务功能、推进科技金融创新、建立健全金融风险防控体系四个方面，是湖北自贸区改革任务最多的领域，占 6 大领域 174 项改革任务的 29.3%。自挂牌成立以来，湖北自贸区试点形成、在全省范围及特定地区内复制推广的涉及优化金融服务环境的成果仅 4 项，占总数的比重仅为 5.2%，主要包括推出海关汇总征税保函“银关通”制度、科技信贷政策评估机制、资本项目收入支付便利化制度和票据再贴现支持民营及小微企业发展制度。

（二）制度创新程度不够

现有制度创新更多涉及操作层面。在第三批改革试点成果中，海关汇总征税保函“银关通”制度改革的结果，仅仅实现海关与商业银行系统对接，企业通过银行保函数据与海关共享，担保额度实现实时扣减和自动恢复，企业无须在海关和商业银行之间来回“跑路”而是让数据“跑路”。在第四批改革试点成果中，资本项目收入支付便利化改革的结果同样也是实现金融服务便利化，区内企业资本项下的外汇收入若用于境内支付业务，监管部门简化业务流程，不需要企业逐笔提交证明材料，只需在首次办理时留存资料备查即可，银行加大对企业日常外汇收支业务的抽查力度，外汇管理部门则根据银行抽查结果随时监控企业的用汇风险。推出科技信贷政策评估机制改革亦仅仅是开发科技金融统计与评估系统，用以评估各银行机构科技金融信贷政策的实施情况和执行效果，为调整科技创新政策提供决策依据。

虽然在全省或全国范围内复制推广的改革试点经验只反映自贸区制度创新成果的一部分，但这毕竟是改革的亮点，由此可从一定程度上说明湖北自贸区金融领域制度创新范围较小、程度不够。

二、创新创业环境仍需改善

（一）改革成果涉及的范围较窄

推动科技创新驱动发展在《总体方案》中包括深化科技体制改革、健全知识产权保护运用机制、集聚和利用国际创新要素、构建强大的人才支撑系统四个方面，共计 33 项改革任务。虽然各级行政主管部门针对优化湖北自贸区创新创业环境出台了一系列政策法规，并将这些政策法规积极运用于实践，但是，从挂牌以来的实践结果来看，形成的改革试点经验仅 2 项，仅占已形成的复制推广改革事项总数的 2.6%，在 6 大领域中占比最小。其中一项与科技成果转化有关，即武汉片区推出的科技成果转化新机制，通过组建财政专项资金来统筹推进科研院所科技成果转移转化；另一项与服务科技创新有关，即襄阳片区推出的构建科技资源共享服务平台，为所在地区企事业单位和个人提供集成的科技资源。

（二）缺乏从根本上推动创新创业发展的体制机制建设

《总体方案》中涉及的 33 项推动创新驱动发展的改革任务中，大多与体制机制建设有关。以聚集和利用国际创新要素为例，包括“加快建设现有国家技术标准创新基地和国家宽带网络产品质量监督检验中心”“鼓励自贸区内企业和科研院所在国外设立研发机构，参与国际科技项目合作”等 7 项内容，都是从根本上推动自贸区优化创新创业环境的举措。虽然已有相关政策法规做支撑，但从实践成果来看，还没有在这方面形成可供复制的试点经验。

当然，已形成的可供复制推广的改革试点经验仅仅是自贸区制度创新成果中的一部分，但也能从一定程度上反映出湖北自贸区在推动创新驱动发展和创新要素集聚方面的改革力度不够。

三、要素集聚环境仍需优化

（一）制度创新范围较窄

形成的可供复制推广的改革试点成果不多，涉及范围较窄。湖北自贸区前五批 77 项改革成果中仅有 6 项与优化要素集聚环境有关，占比 7.8%。这 6 项分别是：武汉片区推出的设立股权激励专项基金、设立人才基金以支持创新创业、设立外国人服务“单一窗口”制度，宜昌片区推出的企业工程系列技能人才和专业技术人才评价“双贯通”机制、企业工程系列专业技术职称委托（自主评审）制度，襄阳片区设立的科技资源共享服务平台。

（二）已形成的改革成果多限于操作层面

制度创新力度不够，比如，为吸纳更多优秀人才入主自贸区，武汉片区推出服务于外国人的“单一窗口”，将外国人工作许可的管理权限下放至自贸区，为外国人提交申请材料、共享各类信息提供较大便利。但是，这一制度创新与其他相关政策没有实现有机融合，如与股权激励基金设置使用没有实现有效衔接。

（三）要素集聚制度创新较少

要素集聚方面的支持性、优惠性政策文件涉及范围较窄，限制性条款较多。以武汉片区《“3551 光谷人才计划”暂行办法》为例，其资助对象包括国际顶尖人才、产业领军人才、高层次创新创业人才三类。国际顶尖人才包括诺贝尔奖获得者、两院“院士”等；产业领军人才包括国内外国家级项目课题组主要负责人、国家级科技创新奖获得者等；高层次创新创业人才包括国内外科研院所副教授及以上职务专家学者、在世界知名企业担任高级职务的经营管理和专业技术人才。可以看出，其对资助对象的要求较高，仅限于技术创新、经营管理等方面的人才，而对市场需求量大、贡献于产业转型的一线专业技能人才等没有给出明确的资助办法。经过 2020 年 8 月的修订，《“3551 光谷人才计划”暂行办法》仍存在其他类似问题。

四、各项制度创新间的协同性不够

由于自由贸易试验区出台的各项制度创新政策往往涉及多个行政监管部门，而每个部门都会在各自职权范围内提出相应的改革措施，所以存在政出多门、目标各异、措施各异甚至相互冲突、不协调的情况。这一问题不仅出现在湖北自贸区，其他自贸区也存在类似问题。

（一）政务服务政策创新协同性不够

首先，事中事后监管的权力边界不清晰。这里不仅要厘清中央、省级、自贸区三级人民政府之间的权力边界，省级和自贸区各级行政监管部门间的权力边界，更要梳理各自贸片区与自贸区政府间的关系，各海关监管区、高新区和自贸区政府间的权力关系。由现有的政策制度文件内容可知，边界不清晰问题显而易见，这必将影响事中事后监管制度效应的发挥。其次，部门间信息共享还未完全实现。目前，湖北自贸区各部门间信息共享的范围较窄，共享系统建设还存在“融合对接难”问题。原因主要在于不同监管部门往往独立收集信息、独立开发平台，导致平台间难以实现有效兼容，因此难以实现信息共享，各部门政策合力也无法有效形成。同时，政策制定较少且滞后。除挂牌成立时各部门集中出台相应政策措施以外，湖北自贸区出台的政策规范较少，往往是实践中遇到难题才启动政策制定程序，因而制定的政策还存在滞后性问题，这在很大程度上影响了政策效应的发挥，尤其是政策合力效应的发挥。

（二）金融制度创新合力难以形成

一方面，金融领域开放创新是湖北自贸区建设的重点，涉及的改革事项多达51项；另一方面，金融领域开放创新是对外开放的深水区和敏感领域，因为它对于一国或地区经济社会发展非常重要，涉及特定阶层利益较多，所以也是建设难点。此时，只有各项政策间形成合力，才能既解决改革任务多的问题，又达到提高改革效应的目的。但是，从前面的分析可知，金融领域开放创新产生的可供复制推广的改革成果仅有4项，因此既没有完成改革任务数量，也没有达到改革目的。此时，更需要解决各项金融开放创新政策间集成度不够的问题。以完善本外币管理体制为例，湖北自贸区《总体方案》中明确规定，要“探索建立与自贸区相适应的本外币账户管理体系，促进跨境贸易、投融资结算便利化”。2017年7月5日，中国人民银行武汉分行、国家外汇管理局湖北省分局出台的《关于支持中国（湖北）自由贸易试验区建设的指导意见》中提及建立本外币账户管理体系，鼓励使用人民币跨境结算业务，支持跨国企业开展跨境双向人民币结算资金池业务，等等。但是，该文件没有就如何在现有管理体系下系统使用本外币账户做具体规定，在其他相关文件中也没有体现。

第二节　法治化营商环境的引领和保障作用不强

一、完善的法治框架尚未形成

没有“良法”，“善治”就是一句空话。一方面，自贸区建设除了靠中央政府的顶层设计之外，更多地需要通过地方立法进行先行先试。根据上海自贸区和第二批自贸区建设的经验，《总体方案》是自贸区建设的纲领性文件，在《总体方案》的指引下，自贸区根据发展需要制定《建设管理办法》，以细化各项建设管理措施。在提炼、总结《总体方案》与《建设管理办法》的基础上，将重要内容转化成法律语言，形成《自贸区条例》并由地方人大讨论通过，进而从法律层面保障和引领自贸区建设。各代表性自贸区相关文件的出台时间见表5-2。湖北自贸区挂牌成立以来，形成了《总体方案》《湖北自贸区建设管理办法》和《湖北自贸区条例》三份法律文件。但是，《湖北自贸区条例》出台时间较晚，在指导自贸区建设方面的功能还未完全体现。同时，《总体方案》中主要任务和措施并未完全体现在相关法律、法规和政策性文件中。另外，相关配套法律法规与《湖北自贸区条例》的契合度还不够，难以形成促进自贸区建设的合力。

表5-2 代表性自贸区相关文件出台时间

序号	自贸区	《总体方案》	《建设管理办法》	《条例》
1	上海自贸区	2013年9月18日	2013年9月29日	2014年7月25日
2	天津自贸区	2015年4月8日	2015年4月20日	2015年12月24日
3	广东自贸区	2015年4月8日	2015年4月25日	2016年5月25日
4	福建自贸区	2015年4月8日	2015年4月20日	2016年4月1日
5	辽宁自贸区	2017年3月15日	2018年1月1日	2018年8月7日
6	四川自贸区	2017年3月15日	2017年8月6日	2019年5月23日
7	湖北自贸区	2017年3月15日	2017年4月18日	2018年9月30日

资料来源：根据相关文件资料整理而得。

二、多元化的商事纠纷解决机制尚未建立

（一）缺乏具有可操作性的规定

现有自贸区政策文件与《总体方案》中关于商事纠纷解决机制的规定不完全协调同步。比如，《总体方案》中规定，要“对接国际商事争议解决规则”，“提高商事纠纷仲裁国际化程度”。围绕这一规定，目前只有《关于为中国（湖北）自由贸易试验区建设提供优质高效法律服务的意见》进行了比较详细的规定。但在这份文件中，没有对如何对接国际商事争议解决机制做出具体规定，只是谈到如何发展律师事务所、培养公职律师、推进公证机构

和司法鉴定机构建设等非核心内容。对如何“提高商事纠纷仲裁国际化程度”也仅谈及“推进民商事仲裁机构设置”这一点。在解决知识产权纠纷案件时，《总体方案》中规定“探索建立自贸区跨部门知识产权执法协作机制，完善纠纷调解、援助、仲裁工作机制”，但在湖北省知识产权局《关于印发〈加强中国（湖北）自由贸易试验区知识产权工作的意见〉的通知》（鄂知发〔2017〕9号）中也未就此做出明确规定。

（二）多元化纠纷解决机制还需不断优化

随着全国司法体制改革的深入，各地都在大力推进建设多元化商事纠纷解决机制，因此纠纷解决渠道确实已逐步实现了多元化，但由于制度建设还未细化，多元化纠纷解决机制的优势还未得到充分发挥。比如，本该进行调解或仲裁的案件却选择了诉讼，本该通过诉讼解决的案件又选择了其他非诉讼渠道。这不仅使案件解决的时间和成本增加，还使经营主体对自贸区的营商环境产生质疑。当然，这一现象在湖北及全国其他地区（包括自贸区）均普遍存在。

三、以信用监管为核心的事中事后监管体系尚不健全

“善治”是“良法”的体现和延续。制定法律法规固然重要，但不能忽略法律法规的执行。企业经营需在完备且有效的法律框架下进行，但企业逐利性和市场非完全性使得政府监管不可或缺，建立以信用监管为核心的事中事后监管体系非常重要。目前，湖北自贸区在这方面存在的问题主要体现在以下方面：第一，企业信用信息采集不完全、不及时，信用信息体系建设不健全。比如，出现违规违法后，企业的信用信息更新不及时；企业违规违法行为得到修正后，其信用信息自动恢复也不及时。第二，企业信用信息在各监管部门间还未完全实现共享。比如，对新建投资项目进行集中验收时，许多关于项目建设单位、建设项目本身的信息没有及时更新，更没有在部门间实现共享，导致验收效率不高。第三，包括工商、税务、海关、外汇等在内的各监管部门监管行为还未完全实现从事前审查、审批向事中事后监管转变。

第四，社会监督范围及体制还不健全。

第三节 与高标准营商环境之间有较大差距

不管是原先的武汉综合保税区，还是武汉东湖高新技术开发区、宜昌高新区东山园区和生物产业园区、襄阳国家级高新区，都处于改革开放前沿，政府管理体制机制有较多创新和特色。但对标高标准的国际贸易投资规则体系，湖北自贸区国际化营商环境还存在较大差距。

一、政策可执行性较差

由于自贸区是对外开放的前沿，入驻的外资企业、中小企业、民营企业较多，虽然已出台一系列针对性政策和优惠措施，但普遍存在可操作性不强的问题，许多优惠政策对大多数经营主体都很难适用。具体体现在以下方面：

贸易便利化方面，《总体方案》中关于推动贸易转型升级的改革事项涉及培育新型贸易方式、加快服务贸易创新发展、创新通关监管服务模式三个方面，而对于如何基于现实构建开放型产业体系、如何结合产业转型实现贸易转型升级、如何最大限度发挥三个自贸片区营商环境建设的合力等内容缺乏明确和具有可操作性的规定。此外，贸易管理制度的层级以及货物分类监管等内容仍需细化。

在对外资实行准入前国民待遇加负面清单制度方面，实质性内容不多。2018 年到 2020 年间，虽然负面清单内容减少幅度很大，部分领域实现对外资无限制，比如金融服务业。但是，对外资准入的限制仍然存在。这种存在不仅体现在部分条文中，还体现在部分行政审批程序上。比如，《负面清单（2020 年版）》对金融服务业外资准入已无明文限制性规定，但在公布该版清单的说明中还明确规定："《负面清单》中未列出的文化、金融等领域与行政审批、资质条件、国家安全等相关措施，按照现行规定执行。"由此可以看出，虽然从形式上看，自贸区《负面清单》范围已大幅缩小，但对外资准入的限制还在一定程度上存在。另外，从现有自贸区《负面清单》给出的内容来看，只列出限制或禁止外资进入的领域，对于限制外资进入的领域，具体操作措施描述不清晰甚至缺少相关措施，这与部分发达国家主导的区域投资协定的规定相去甚远，比如美国双边投资协定（2012 版本）对外资准入的具体限制措施就有较为明确的规定。

此外，湖北自贸区制度创新中没有很好地反映当代经贸规则发展的新需求。比如，21 世纪以来，特别是在新冠肺炎疫情带来全球供应链发展受挫、各国将目光转向国内发展的大背景下，电子商务和数字化商品交易蓬勃发展，以数字技术推动传统产业转型升级、推动从最终品交易到中间品交易再到积极融入全球价值链已成为大多数发达国家经济社会发展的重点，这些国家也在积极调整国内相关法律法规。作为中国对外开放前沿和制度创新高地的自由贸易试验区，其建设发展规划及相关制度和政策中对此却没有明确规定，当然也包括湖北自贸区。令人欣喜的是，2020 年 6 月，为支持湖北后疫情时代的发展，商务部出台《关于支持中国（湖北）自由贸易试验区加快发展若干措施的通知》，其中明确规定，要“支持湖北自贸区积极试点跨境电商零售进口”，“指导湖北自贸区大力推动数字商务新模式新业态发展”。当然，这也缺乏可操作性规定，需要湖北自贸区在今后的政策制定和制度创新中积极体现和实现。

二、要素供给的支撑作用不强

（一）经济发展水平不高

湖北虽属中部地区且为长江经济带重要节点城市，但相对于上海、天津、广东等沿海地区来说，不具有地理区位优势，由此引发其经济发展水平、社会发展水平、基础设施建设水平等远远落后于东部沿海地区。与此相关，中国改革开放进程的递次推进也使得湖北省对外开放水平不及沿海地区。从前面的分析就可以看出，湖北省经济总量在全国经济总量中所占的比重非常小，仅从 2009 年的 3.75%增加到 2019 年的 4.63%。

（二）投资积累不足

经过多年发展，湖北省经济社会发展已具有较强基础，固定资产投资已连续多年增长，但其在全国固定资产投资总额中所占的比重不足5%，凸显全省固定资产投资对经济增长的持续推动力不强。2020年，由于新冠肺炎疫情影响，全省各行业固定资产投资规模均呈现较大幅度下滑，这必将加剧资金积累不足对全省经济社会发展的拖累。2020年1—11月，湖北省固定资产投资同比下降23.3%，制造业、房地产开发和基础设施固定资产投资规模同比分别下降28.5%、7.7%、27.5%，高技术产业制造业固定资产投资规模同比下降幅度达13.8%，全省民间投资也下降25.2%。①

（三）劳动力供给优势不明显

虽然作为中部中心城市，武汉是一个人口净流入城市，但相对于强大的产业发展需求，劳动年龄人口仍处于需求大于供给的状态。根据相关统计数据，2019年武汉常住人口1121.2万，净流入人口214.8万，净流入占比19.2%，在全国所有城市中排第11位。② 2019年8月，笔者在从事湖北省社科基金重点项目研究的武汉调研工作时发现，武汉市内许多企业都存在技术工人尤其是年轻技术工人短缺且留不住的问题，比如武汉富士康、联想基地等。

（四）产业优势不明显

经过多年发展，湖北省制造业地位逐步巩固，服务业竞争力逐渐增强。但是，与经济发展质量较好的省份相比，湖北省产业结构还需要进一步优化，产业发展对湖北自贸区经济社会发展尤其是制度创新的支撑作用还有待增强。比如，从全国平均水平来看，2009年和2019年第一、第二、第三产业

---

① 冯志强.2020年前11月湖北工业、投资、消费稳步回升，进出口总额同比增长10.1%[EB/OL].（2020-12-17）[2021-01-15].湖北网络广播电视台，http://news.hbtv.com.cn/p/1912682.html.

② 越乔.武汉净流入人口超214万！[EB/OL].（2020-12-23）[2021-01-15].网易，https://www.163.com/dy/article/FUII5URQ0514BINQ.html.

增加值比例分别为 9.64：45.96：44.41 和 7.11：38.97：53.92，第三产业增加值占比显著增加，2019 年第三产业增加值占比已达到 53.92%。在相同时期内，湖北省三次产业增加值比例分别为 13.73：46.79：39.48 和 8.31：41.67：50.01，全省制造业占比还相对较高，服务业占比相对较低。此外，在创新创业大背景下，湖北省科技创新实力已得到极大增强，但技术储备不够，工业发展仍呈现“大而不强”的局面。

湖北省经济发展总体水平不高，资本积累不足，劳动力供给和产业发展优势不明显，这些都使得湖北自贸区内的企业虽有政策环境支撑，但企业获取土地、资金、劳动力等要素的成本较高，特别是资金和人才获取的便利性较差。同时，完成与企业经营相关的质量检测与认证、安全认证、安评、环评等相关环节的成本较高且外部支撑性较差。

三、市场化程度不高

作为内陆自贸区，由于地理位置、经济发展水平、基础设施建设等方面的现实缺陷，湖北自贸区对外开放程度不高，尤其是在吸引外商投资和对外投资方面，与上海自贸区、天津自贸区等沿海自贸区相比还存在很大差距。自挂牌成立至 2020 年 2 月，湖北自贸区进出口总额累计 3117.4 亿元，占同期全省进出口总额的比重达 30.2%。与此形成鲜明对比的是，这一时期内，累计新增企业 47273 家，而新设外商投资企业 279 家，占累计新增企业总数的比重仅为 0.6%。①

引入国际通用的管理规范和行业标准较少，企业参与国际标准制定的能力还不够，对外开放程度不高，还未形成较为活跃的各类型企业积极参与市场竞争的局面，境外科研机构参与本地产业企业创新转型计划的数量较少，科研管理及研发成果转化机制还不够健全。这些都将是未来 3~5 年湖北自贸区建设国际化营商环境的重点内容和方向。

① 别鸣．湖北自贸区显现开放高地效应　3 年新增企业 4 万余家　累计进出口额超 3000 亿元［EB/OL］．（2020-04-29）［2021-01-15］．新浪网，http：//k.sina.com.cn/article_1895394815_70f96dff02000r21e.html？from=local.

以建设投资便利化的营商环境为例，《负面清单》及准入前国民待遇的外资管理模式还需健全，需要结合湖北自贸区的实际制定更详细、更具可操作性的管理规范。虽已实现外资企业设立及变更商务审批和工商登记的“四个一”制度，但各监管部门之间还需加强协调，优化职能，减少企业的经营成本。

第四节 缺乏科学的自贸区营商环境评价指标体系

一、营商环境具有丰富的科学内涵

营商环境是反映一个国家或地区经济主体从事商业活动的便利性和竞争性的综合指标。除基础设施、产业结构和技术进步等基本要素以外，一般意义上的营商环境还应包括与企业整个经营过程有关的一系列政府监管、市场环境、社会环境和法治环境的总和。因此，营商环境建设是一项包含经济社会改革多方面内容的系统工程。

营商环境不仅具有丰富的内涵，还会随着内外部环境变化进行适应性调整。在经济发展和改革开放程度不高的早期，人们对营商环境的理解仅限于基础设施环境、企业用工成本、税收优惠、土地及其他政策优惠等方面。随着改革开放程度加深以及市场竞争日趋激烈，各个国家或地区政府行政效率和市场运行规则体系状况就成为营商环境建设的重要内容。当前，在复杂的国际国内经济政治形势下，企业经营更关注投资所在地的产权保护程度、经济政策质量及其稳定性、适宜新业态新模式发展的人文法律环境等。所以，营商环境建设是一项异常宏大的工程，需要许多相互独立又相互联系的经济社会主体在一定环境下共同完成。在新的历史条件下，营商环境不仅决定了高端要素的流向以及这些要素对经济社会发展的影响，也直接关系到经营主体投融资活动及经济效益的好坏，因此成为一个国家或地区国际竞争力和综合实力的外在体现，是其经济社会发展的标志性特征，也是当前中国培育外贸竞争新优势和积极开展国际合作的重要内容。

在中国，较早意识到营商环境重要性、进行系统性研究并付诸实践的是广东省。早在 2012 年 10 月，广东省委省政府就出台了《广东省建设法治化国际化营商环境五年行动计划》，增强广东省的国际竞争新优势，切实当好推动科学发展和促进社会和谐的排头兵。此时，建设“法治化国际化营商环境”的提法第一次出现。2013 年 12 月，在《中共中央关于全面深化改革若干重大问题的决定》中的建立公平开放透明的市场规则部分，提出要“推进国内贸易流通体制改革，建设法治化营商环境”。2015 年 1 月，国务院总理李克强在世界达沃斯年会上提出，中国要“打造国际化市场化便利化的营商环境”，这是对营商环境建设目标和内容的首次完整表述。2017 年 5 月，李克强总理在“全面推进‘多证合一’改革”电视电话会议上提出，要“进一步降低创设企业的制度性交易成本，进一步营造国际化法治化便利化的营商环境”，并强调“营商环境就是生产力”。自此，“国际化、法治化和便利化营商环境”的提法为公众所熟知。

建设法治化营商环境，就是要运用法治思维、法治精神和法治方式，为企业经营构建公开、公平、公正且透明的监管体系，让企业经营有法可依，有法必依。具体体现为：第一，强化各主体的契约意识，不仅包括狭义上企业与企业之间，还需包括政府各级行政监管部门之间以及政府与企业之间的契约关系。这种契约意识的形成除了依靠习惯、意识形态、道德、价值观等非正式制度外，更重要的是需要完备且有效的正式法律制度来约束。第二，形成一整套营商法规体系，比如，要促进就业、鼓励创新创业及中小企业发展，应有明确具体的法律法规，强有力的产权保护制度、竞争促进制度以及反垄断制度，执行高效的司法审判系统及相关商业纠纷解决程序，科学的税收政策，等等。第三，用科学的监管体系监督各级各类行政主管部门，提高其在健全法律框架下的行政能力和服务能力。

建设国际化营商环境，就是要构建市场化的、符合世贸组织规则及国际惯例的运行机制。具体来说：第一，积极融入包含在 WTO、其他多边和双边框架下多形态的贸易体系，使通关制度、检验检疫、标准认证、产品检测标准等贸易规则真正与国际接轨，同时在贸易投资一体化背景下，实现贸易投资规则的国际化。第二，实现政府运作模式国际化。各级政府需要厘清与市场的关系，积极开展“放管服”改革。第三，密切关注全球产业发展趋势，结合实际加快推进产业结构转型升级，构建科学、开放的产业体系。第四，除实现企业经营与政府监管的市场化和国际化外，还需要在文化建设、社会建设等方面构建国际化的体制机制。

建设便利化营商环境，就是要使经营主体在其生命周期的各个阶段完成各项工作的程序数量少、时间短，直接花费成本少。

二、自贸区营商环境应具有自贸区特色

自由贸易试验区不同于区域经济一体化过程中的自由贸易区。自由贸易试验区是在一国国境内关境外邻近港口、码头的地方划出一片区域，政府在该区域内先行先试，进行制度创新。在该区域内的贸易投资等经营活动更自由便利，甚至实行比世贸组织规则更优惠的制度安排，准许外国商品自由进出、豁免关税，外商投资享受国民待遇，甚至实行准入前国民待遇加负面清单制度。在条件成熟的情况下，总结自贸区建设过程中的改革创新经验和成果，并复制推广至全国其他地区。因此，相对于其他地区，自贸区是一国或地区对外开放的前沿，其营商环境的内涵更丰富，更具有体制机制创新特色。2017 年 6 月，李克强总理在考察辽宁自贸区大连片区时强调，“要以推进供给侧结构性改革为主线，通过持续深化‘放管服’改革，降低制度性交易成本，为各类企业创造更好的营商环境”；“自贸区建设要瞄准世界最优营商环境，先行先试，在推进新一轮高水平改革开放、促进经济提质增效和升级中探索经验，发挥示范带动作用”。

三、亟须出台符合湖北自贸区特色的营商环境评价指标体系

营商环境具有丰富的科学内涵。从现有文献来看，国内外对营商环境的研究具有两个特点：第一，笼统研究营商环境及其经济社会效应，指标选择各不相同，如邱立成、赵成真（2012），邓明（2012），聂爱云和陆长平

（2012），宋林霖和何成祥（2018）；第二，研究营商环境的某一方面，如产权保护制度、合约实施制度（解垩，2007；王永进等，2010；董雪兵，2012；张莉，2017）。因此，对于如何衡量营商环境，还没有形成普遍、权威的评价指标。在中国，“经济分权+政治集权”政府治理模式之下，各地方政府官员的职位晋升严重依赖于该地的经济发展，因此各地方政府之间展开了“锦标赛”式的竞争。这种竞争的直接结果就是各地方政府的行政效率、法律法规的执行效率等存在差异。此外，虽然各地区宏观层面的政治法律体系相同，但各地还有地方性法规，加上政府的执行力差异，因此，营商环境质量存在差异。

自上海自由贸易试验区作为中国第一个自贸区成立以来，在中国设立的自由贸易试验区已有三批，其中第三批共有 11 个，湖北自贸区是其中之一。这些自贸区分布于全国各地，各自的战略定位和发展目标均有所差异，如表 5-3 所示。因此，在战略定位和发展目标驱动下的主要任务和措施就会不同，营商环境建设的内容和目标也会不同，当然其评价指标也会不同，比如辽宁自贸区就根据其战略定位和发展目标制定了一套完整的营商环境评价指标体系。虽然国内外许多研究机构和学者基于不同目的建立了一系列评价营商环境质量的指标，比如世界银行的营商环境评价指标体系，但是，针对湖北自贸区的营商环境评价指标体系目前还处于空白状态。可喜的是，湖北省商务厅已于 2017 年 8 月通过政府采购项目的方式进行招标，委托专业机构编制湖北自贸区营商环境指数体系。希望这一结果早日公布，并能对湖北自贸区营商环境进行科学的评价。

表 5-3　部分代表性自贸区的战略定位和发展目标

序号	名称	战略定位	发展目标
1	上海自贸区	到2020年率先建立同国际投资和贸易通行规则相衔接的制度体系，把自贸试验区建设成为投资贸易自由、规则开放透明、监管公平高效、营商环境便利的国际高标准自由贸易园区，健全各类市场主体平等准入和有序竞争的投资管理体系、促进贸易转型升级和通关便利的贸易监管服务体系、深化金融开放创新和有效防控风险的金融服务体系、符合市场经济规则和治理能力现代化要求的政府管理体系，率先形成法治化、国际化、便利化的营商环境和公平、统一、高效的市场环境	经过2~3年的改革试验，加快转变政府职能，积极推进服务业扩大开放和外商投资管理体制改革，大力发展总部经济和新型贸易业态，加快探索资本项目可兑换和金融服务业全面开放，探索建立货物状态分类监管模式，努力形成促进投资和创新的政策支持体系，着力培育国际化和法治化的营商环境，力争建设成为具有国际水准的投资贸易便利、货币兑换自由、监管高效便捷、法制环境规范的自由贸易试验区，为我国扩大开放和深化改革探索新思路和新途径，更好地为全国服务
2	天津自贸区	以制度创新为核心任务，以可复制可推广为基本要求，努力成为京津冀协同发展高水平对外开放平台、全国改革开放先行区和制度创新试验田、面向世界的高水平自由贸易园区	经过3~5年改革探索，将自贸试验区建设成为贸易自由、投资便利、高端产业集聚、金融服务完善、法制环境规范、监管高效便捷、辐射带动效应明显的国际一流自由贸易园区，在京津冀协同发展和我国经济转型发展中发挥示范引领作用
3	广东自贸区	依托港澳、服务内地、面向世界，将自贸试验区建设成为粤港澳深度合作示范区、21世纪海上丝绸之路重要枢纽和全国新一轮改革开放先行地	经过3~5年改革试验，营造国际化、市场化、法治化营商环境，构建开放型经济新体制，实现粤港澳深度合作，形成国际经济合作竞争新优势，力争建成符合国际高标准的法制环境规范、投资贸易便利、辐射带动功能突出、监管安全高效的自由贸易园区

续表

序号	名称	战略定位	发展目标
4	福建自贸区	围绕立足两岸、服务全国、面向世界的战略要求，充分发挥改革先行优势，营造国际化、市场化、法治化营商环境，把自贸试验区建设成为改革创新试验田；充分发挥对台优势，率先推进与台湾地区投资贸易自由化进程，把自贸试验区建设成为深化两岸经济合作的示范区；充分发挥对外开放前沿优势，建设21世纪海上丝绸之路核心区，打造面向21世纪海上丝绸之路沿线国家和地区开放合作新高地	坚持扩大开放与深化改革相结合、功能培育与制度创新相结合，加快政府职能转变，建立与国际投资贸易规则相适应的新体制。创新两岸合作机制，推动货物、服务、资金、人员等各类要素自由流动，增强闽台经济关联度。加快形成更高水平的对外开放新格局，拓展与21世纪海上丝绸之路沿线国家和地区交流合作的深度和广度。经过3~5年改革探索，力争建成投资贸易便利、金融创新功能突出、服务体系健全、监管高效便捷、法制环境规范的自由贸易园区
5	辽宁自贸区	以制度创新为核心，以可复制可推广为基本要求，加快市场取向体制机制改革、积极推动结构调整，努力将自贸试验区建设成为提升东北老工业基地发展整体竞争力和对外开放水平的新引擎	经过3~5年改革探索，形成与国际投资贸易通行规则相衔接的制度创新体系，营造法治化、国际化、便利化的营商环境，巩固提升对人才、资本等要素的吸引力，努力建成高端产业集聚、投资贸易便利、金融服务完善、监管高效便捷、法治环境规范的高水平高标准自由贸易园区，引领东北地区转变经济发展方式、提高经济发展质量和水平
6	四川自贸区	以制度创新为核心，以可复制可推广为基本要求，立足内陆、承东启西，服务全国、面向世界，将自贸试验区建设成为西部门户城市开发开放引领区、内陆开放战略支撑带先导区、国际开放通道枢纽区、内陆开放型经济新高地、内陆与沿海沿边沿江协同开放示范区	经过3~5年改革探索，力争建成法治环境规范、投资贸易便利、创新要素集聚、监管高效便捷、协同开放效果显著的高水平高标准自由贸易园区，在打造内陆开放型经济高地、深入推进西部大开发和长江经济带发展中发挥示范作用

续表

序号	名称	战略定位	发展目标
7	湖北自贸区	以制度创新为核心，以可复制可推广为基本要求，立足中部、辐射全国、走向世界，努力成为中部有序承接产业转移示范区、战略性新兴产业和高技术产业集聚区、全面改革开放试验田和内陆对外开放新高地	经过3~5年改革探索，对接国际高标准投资贸易规则体系，力争建成高端产业集聚、创新创业活跃、金融服务完善、监管高效便捷、辐射带动作用突出的高水平高标准自由贸易园区，在实施中部崛起战略和推进长江经济带发展中发挥示范作用

资料来源：根据相关文件资料整理而得。

第六章
国内外营商环境建设的典型经验

自贸区建设是中国改革开放的试验田，是制度创新的先行先试地区。在湖北自贸区设立之前，中国已有两批共 4 个自贸试验区，这些自贸区（包括现有的其他自贸区）的制度创新成果是湖北自贸区建设法治化、国际化和便利化营商环境的有益借鉴。截至 2020 年底，21 个自贸区已经形成了许多可以在全国范围复制推广的改革试点经验。中央政府更是以国务院发文的方式连续五次提出，要求全国各地在考虑自贸区各自功能定位、发展目标和产业发展特色的条件下，推广自贸区制度创新的经验，为推动全面深化改革和扩大开放提供有益参考。此外，国外自由贸易试验区的成功经验也是湖北自贸区营商环境建设的有益借鉴。

第一节　国内自由贸易试验区营商环境建设的典型经验

在上海自贸区运行一年后，商务部会同上海市各级行政主管部门对一年来自贸区制度创新进行了全面总结，形成了第一批在全国范围内可供复制推广的改革试点经验。2015 年 2 月，国务院建立自由贸易试验区工作部际联席会议制度，设立联席会议办公室。在联席会议办公室、商务部及其他相关部门的合作下，形成了第二批可供复制推广的经验内容，即 8 个“最佳实践案例”。自此，自由贸易试验区将制度创新成果区分为改革试点经验和“最佳实践案例”。全国自贸区第三批、第四批、第五批、第六批改革试点经验分别于

2016 年 11 月、2018 年 5 月、2019 年 4 月、2020 年 7 月对外公布实施，第二批、第三批“最佳实践案例”分别于 2017 年 7 月、2019 年 7 月对外公布。由表 6-1 可知，六批在全国范围内复制推广的改革事项涉及投资管理 33 项、贸易便利化改革 38 项、事中事后监管 28 项、金融领域 8 项、服务业开放 10 项、人力资源管理 5 项，合计 122 项。另外，第二批和第三批全国“最佳实践案例”分别有 4 个和 31 个，合计 35 个。

表 6-1　在全国范围内复制推广的改革试点经验汇总①

批次	时间	投资管理	贸易便利化	事中事后监管	金融领域	服务业开放	人力资源管理
第一批	2014 年 12 月	9	5	4	4	5	—
第二批②	2015 年 11 月	1	4	3	—	—	—
第三批	2016 年 11 月	3	7	2	—	—	—
第四批	2018 年 5 月	6	9	7	—	5	—
第五批	2019 年 4 月	5	6	6	—	—	—
第六批	2020 年 7 月	9	7	6	4	—	5
小计		33	38	28	8	10	5

资料来源：根据相关文件整理而得。

一、投资管理领域

第一批到第六批在全国范围内复制推广的投资管理领域改革试点经验见表 6-2。从表 6-2 中可以看出，全国自由贸易试验区投资管理领域的制度创新具有以下特点：

第一，对外商投资更加开放。国内自由贸易试验区认真贯彻执行准入前国民待遇加《负面清单》制度，外资管理环境更加宽松。比如，《负面清单》以外领域，包括一些敏感领域（外商投资广告类企业、出版物发行业务许可

① 可供复制推广的还包括在全国其他海关特殊监管区域内复制推广的改革事项。由于这部分内容涉及面较窄，故略去。

② 第二批改革试点经验也是第一批全国“最佳实践案例”。

与网络发行）外商投资企业的设立及变更实行备案制度。开办企业流程得到简化，工商、税务等在内的多部门行政许可由“单一窗口”集中受理完成，同时，企业注销程序也被极大简化。

第二，通过多种制度创新简化纳税程序，对纳税人的纳税行为监管更加便捷。比如，企业涉税事项备案、一般纳税人登记、领用税控发票、办税等事项已实现网上办理，税务登记号码网上自动赋码，极大地压缩了纳税程序，减少了纳税时间。同时，纳税监管程序也逐渐优化。比如，税务机关根据纳税人纳税、遵守法律法规等情况进行信用评级，根据评级结果对企业实行分类管理，对信用等级较高的纳税人适用较为宽松的监管模式，对信用等级较低的纳税人则进行重点监控。这样，监管效率得到大幅提高，且营造了良好的诚信经营环境。

第三，对企业投资经营行为的监管更加科学有效，极大地降低了市场主体经营成本。比如，企业产品标准信息可通过国家标准委企业产品标准信息公共服务平台进行备案公示，极大地减少了企业标准信息备案的流程和时间。取消生产许可证委托加工备案管理，简化国际运营船舶登记程序，运营船舶的国籍证书、船舶最低安全配员证书等实现并联办理。

表 6-2　投资管理领域改革试点的典型经验

序号	简称	具体做法
1-1①	外商投资广告企业项目备案制	设立外商投资广告企业或现有外商投资企业增加广告业务，取消对主体资格、经营业绩、投资年限及其他要求的限制，并对其实行备案制，且全部通过网络完成
1-2	涉税事项网上审批备案	企业涉税事项通过网络完成审批备案，填报各类电子表格后打印盖章，扫描后上传并交税务部门处理，使得涉税事项审批备案能完全通过网上完成
1-3	税务登记号码网上自动赋码	税务机关根据工商等部门提供的相关信息，由系统自动生成税务登记证的号码

① “1-1”中第一个“1”表示第一批改革试点经验，第二个“1”表示第一批改革试点经验中投资管理领域的第一个典型试点经验，下同。

续表

序号	简称	具体做法
1-4	网上自主办税	建设网上办税平台，让纳税人的涉税活动（申报纳税、办理证明、税费缴纳等）在网上完成，极大地提高了纳税便利程度
1-5	纳税信用管理的网上信用评级	税务机关根据纳税义务人的纳税、遵守相关法规等情况进行信用评级，而评级信息来源、评级信息公示等行为实现网络化
1-6	组织机构代码实时赋码	通过升级组织机构代码办证系统，对窗口办事流程进行改造，实现申请人在网上申请即可获得组织机构代码
1-7	企业标准备案管理制度创新	通过创建并完善国家标准委企业产品标准信息公共服务平台，企业的产品标准信息可通过该平台备案、公示，极大地减少了企业标准信息备案流程和时间
1-8	取消生产许可证委托加工备案	对实行生产许可证制度管理的商品，其生产企业或委托生产企业的备案管理程序取消
1-9	企业设立实行“单一窗口”	企业设立时包含的工商、税务等多个部门的流程由一个窗口集中受理完成
2-1	投资管理体制改革的“四个一”制度	对外资从招商到竣工在内的所有审批环节进行整合，整合后按照“一表申请、一口受理、并联审查、一章审批”方式，所有相关部门作为一个整体对每个环节进行综合审批
3-1	《负面清单》以外领域外商投资企业设立及变更审批改革	外商投资企业投资《负面清单》以外的领域，企业设立或变更由审批制改为备案制，即不将此作为办理其他事项的前置条件，备案的同时可以办理涉及相关业务的其他程序，效率得到极大提高
3-2	税控发票领用网上申请	市场经营主体领取税控发票实现网上申请，减少了企业“跑路”的时间和流程
3-3	企业简易注销	各地通过建立注销登记服务平台等方式，简化企业注销登记程序，特别是针对无债务、无业务的企业，使其能快速退出市场
4-1	船舶证书“三合一”并联办理	运营船舶的三种证书并联一次性办理，即船舶国籍证书、船舶最低安全配员证书、燃油污染损害民事责任保险或其他财务保证
4-2	国际船舶登记制度创新	船舶登记程序简化，提供海事各部门“一站式”办理业务，实现各登记部门信息共享，并取消对国际船舶在自贸区登记主体的股比限制

续表

序号	简称	具体做法
4-3	对外贸易经营者备案和原产地备案“两证合一”	通过国际贸易“单一窗口”，企业在商务主管部门完成对外贸易经营者备案手续，就无须再次向贸促部门办理原产地证企业备案手续
4-4	低风险生物医药特殊物品行政许可审批改革	对于C级和D级的低风险生物制品，实行每年一次审批，而非原来的每批审批，同时还可实现分批核销
4-5	一般纳税人登记网上办理	增值税一般纳税人登记，网上申请、受理、审核、推送等实现一站式服务
4-6	工业品生产许可证“一企一证”改革	包括38种工业品的“工业产品生产许可证”实行按企业发证而非按产品种类发证，简化了企业办理程序，减少了办理时间
5-1	公证“最多跑一次”	推行公证“网上办”，取证材料由公证方实地调查核实而非申请人提供材料
5-2	自然人“一人式”税收档案	在全国范围内建立自然人“一人式”税收档案，基于个税征管系统全面收集纳税人相关信息
5-3	网上办理跨区域涉税事项	与经营地税务机关、银行签订三方协议后，跨区域经营纳税人可申请跨区域涉税事项报告、报验、信息反馈、预缴税款
5-4	优化涉税事项办理程序，压缩办理时限	优化非正常户解除办理流程，压缩增值税专用发票最高开票限额的审批时限
5-5	企业名称自主申报	对确定企业名称取消预先核准，自主确定企业名称的范围进一步扩大
6-1	出版物发行业务许可与网络发行备案联办	同时办理出版物发行业务许可和网络发行备案，企业只需填写一张申请表和登记信息，一次性提交材料，同时加强事中事后协同监管，实现部门间信息共享
6-2	规范管理绿色船舶修理企业	引导和鼓励船舶修理企业健康发展，在生产条件、质量管理、安全管理、环境保护、职业健康等方面确定统一监管标准
6-3	开辟电力工程审批绿色通道	电力工程在公安、自然资源、绿化、市政等方面实现并联审批，在挖掘、占路、10千伏及以下电力管线规划等方面的行政许可实现快速受理
6-4	以三维地籍为核心的土地立体化管理模式	开发三维地籍管理系统，探索土地管理制度、政策、信息平台、技术标准、数据库等方面的三维立体化管理

续表

序号	简称	具体做法
6-5	不动产登记业务便民模式	不动产登记实现“一证一码”，通过扫描二维码可随时随地查询办理进度、费用缴纳、限制状态、证书附图等信息
6-6	增值税小规模纳税人智能辅助申报服务	通过电子税务局向增值税小规模纳税人推送申报数据、辅助其实现便捷报税
6-7	证照“一口受理、并联办理”审批	开办企业涉及的市场监管、税务、社保、公安等部门的审批一次完成，企业只需按清单一次性提交材料即可完成这些行政许可业务
6-8	企业“套餐式”注销服务	设置企业注销营业执照和相关许可证清单，通过企业信息公示平台一次性完成企业注销的所有流程
6-9	医疗器械注册人委托生产模式	除自主生产外，医疗器械注册人可委托具有生产条件的企业进行生产

资料来源：根据相关文件整理而得。

二、贸易便利化领域

优化贸易环境是全国各个自由贸易试验区制度创新的重点内容之一。从最终形成的在全国范围内复制推广的改革试点经验来看，共有 38 项成果，占总改革成果的 31.1%。第一批到第六批在全国范围内复制推广的贸易便利化领域改革试点经验见表 6-3。从表 6-3 中可以看出，全国自由贸易试验区贸易便利化领域的制度创新具有以下特点：

第一，进出境通关模式进一步优化。比如，在全国范围内基本实现检验检疫及通关作业无纸化。多种产品的检验检疫实行采信第三方结果（如机动车）。海关总署认可世界海关组织的经认证经营者（AEO）并对这些经营者实行通关便利化措施。在海关系统内部建立协调员制度，以协调海关与企业之间、海关内部各部门之间的业务后对外统一回复。对原产地签证管理进行改革创新，实现海关、边检、运输、质检等部门一次性联合检查，对一般信用及以上企业实行“先放行、后改单”，将生产型出口企业的退税服务业务前置，实行中欧班列“集拼集运”，推出冰鲜水产品两段准入监管模式，等等。

第二，国际贸易“单一窗口”功能逐步完善。除实现各监管部门“一个平台”实现全部监管外，还开通了一些更具个性化的服务模块。比如，开发海关业务预约平台，企业可自主预约办理查验等业务，并在线查询预约结果。同时，在完善现有中国电子口岸标准版基础上，各地针对实际业务开发了具有地方特色的服务模块，通关效率大幅提高。比如，上海自贸区陆续开发了国际贸易“单一窗口”1.0、2.0、3.0 版本，突出地方服务特色，将多达 17 个部门的进出口监管环节整合于该平台，实现“一个平台、一次提交、结果反馈、数据共享”，通关效率大幅提高。

第三，各地海关对跨境电商业务下进出口商品的通关流程进行了优化，通关便利化程度逐步提高。广东自贸区对跨境电商企业及其产品进行事前备案，对进出境环节实行全申报制度，对进境跨境电商产品实施“先放后证”制度，同时，对第三方的检验检疫结果予以采信，并建立完善的跨境电商产品质量追溯体系，促进跨境电商市场健康发展。设置跨境电商零售进口退货中心仓，对跨境电商零售进口货物及退货货物实施便捷监管。

第四，保税货物监管更加科学高效。一方面，保税货物具有“两头在外”的特点，其不会对国内商品流通市场产生显著影响；另一方面，保税货物进境后在境内的储存或加工环节又能在一定程度上带动境内物流、仓储业务发展，促进就业和产业结构转型升级。因此，在促进保税货物入境的同时加大监管力度就显得非常重要。各地创新推出各种监管措施，以实现对保税货物的科学高效监管。比如，提出备案申请后才能从事保税燃料油供应，保税燃料油可实现跨港区供应，允许飞机制造行业对保税进口料件在企业或集团内不同加工贸易手册和不同企业之间结转。

表 6-3 贸易便利化领域改革试点的典型经验

序号	简称	具体做法
1-1	全球维修产业检验检疫监管	进口用于维修业务的机电产品，需要对企业资质和产品风险进行评估，评估合格则对进口机电产品免除装运前检验，且对企业实行不定期监管，而非原来的逐批检验

续表

序号	简称	具体做法
1-2	中转货物产地来源证管理	制定专门针对中转货物各类产地来源证的管理规范，实现对中转货物管理制度的规范化
1-3	检验检疫通关无纸化	进出口检验检疫实现全程网络化和无纸化
1-4	第三方检验结果采信	在保障产品质量的前提下，中国出入境检验检疫官方机构采信第三方符合条件的机动车检验机构出具的检验结果
1-5	出入境生物材料制品风险管理	构建出入境生物材料制品风险管理系统，对这类产品的质量风险进行识别、评估和控制
2-1	上海自贸区的国际贸易“单一窗口”	在现有中国电子口岸标准版基础上，上海自贸区连续开发了国际贸易“单一窗口”1.0、2.0、3.0版本的地方特色服务模块，将进出口涉及的多达17个部门的监管环节通过该平台实现“一个平台、一次提交、结果反馈、数据共享”，给对外贸易经营主体带来了极大的便利
2-2	福建自贸区的国际贸易“单一窗口”	对外贸易企业及相关物流企业利用电子口岸的地方特色服务模块，一次性递交各个监管部门所需的所有标准化单证及其电子信息，监管部门通过该平台将所有处理结果反馈给企业
2-3	天津自贸区的京津冀区域检验检疫一体化	通过“一个平台、一次提交、结果反馈、数据共享”，使企业的申报由原来基于单机的客户端模式，变为基于互联网的网页申报模式，并在国内首创货物报关报检大表录入方式，实现了申报模式的改革创新
2-4	广东自贸区的跨境电商监管	事前对跨境电商企业和产品进行备案管理，事中对跨境电商商品及相关产品（包括运输工具、集装箱、包装物等）实行全申报制度，对跨境电商保税进口商品实施“先放后证”的监管模式，同时建立跨境电商商品质量追溯体系，并对第三方的检验检疫结果予以采信
3-1	依托电子口岸公共平台建设国际贸易单一窗口，推进单一窗口免费申报机制	依托现有的中国电子口岸公共服务平台，各地建设有地方特色的国际贸易“单一窗口”，实现进出口企业一次申报标准化的外贸单证，进出口环节各监管部门在信息共享基础上统一执法操作，执法结果互认，统一反馈监管信息，简化通关流程，减少通关时间

续表

序号	简称	具体做法
3-2	国际海关经认证的经营者（AEO）互认制度	海关总署认可国际海关经认证的经营者（AEO），并对这些经营者实施通关便利化措施，比如商品归类行政裁定和内销选择性征税全国适用
3-3	出境加工监管	海关对出境加工返销入境的货物实行电子账册管理，明确规定返销入境的加工品完税价格的确定办法、电子账册核销办法等内容
3-4	企业协调员制度	海关设立协调员，协调企业和海关之间的业务联系，同时协调海关内部各部门办理的相关业务后对外统一回复，提高企业处理相关海关事务的效率
3-5	原产地签证管理改革创新	降低原产地证书申请人门槛，允许申请人属地备案后在任何一个选定的签证和领证机构申请签发产地证，同时，可以就近选择备案机构
3-6	国际航行船舶检疫监管新模式	推出全国签证一体化，允许申请人在属地完成原产地综合服务平台网上申报备案后，选择多个签证、领证机构，向任何一个原产地受理窗口申请签发原产地证书
3-7	免除低风险动植物检疫证书清单制度	制定《免于核查输出国家或地区动植物检疫证书清单》，对于来自特定国家和地区的特定的低风险动植物及动植物产品，进口通关时可不提交动植物检验检疫证书
4-1	跨部门一次性联合检查	商品和船舶进出境的检查由海关、边检、运输和质检四个部门联合进行，实施一次性并联检查
4-2	保税燃料油供应服务船舶准入管理新模式	由满足条件（期租水路运输企业的适装船舶）的保税燃料油供应企业提出申请，可从事保税燃料油供应服务
4-3	先放行、后改单作业模式	一般信用及以上等级的企业，申报过程出现错误，当需要修改出口报关单包括备案清单时，在修改内容不影响海关统计和监管秩序、国家许可证件管理、税款征收和国家外汇出口退税管理的情况下，货物先行运输出境，再修改出口报关单
4-4	铁路运输方式舱单归并新模式	针对铁路运输的大宗商品，如果满足“五同”（同一品名、同一规格、同一合同、同一公司、同一批次）原则，可将许多车厢的舱单归并为一个，只需填写一份报关单即可完成报关，极大地提高了通关效率、降低了通关成本

续表

序号	简称	具体做法
4-5	海运进境集装箱空箱检验检疫便利化措施	级别较高的集装箱经营人，空箱入境时检验检疫机构将减少对空箱进行查验的比例
4-6	入境大宗工业品联动检验检疫新模式	大宗工业品入境的直提或检疫的部分环节可提前办理，在口岸检疫时无须开箱只对集装箱外表实施检疫处理，而货物的检验检疫则可在货物使用地或卸货地完成
4-7	国际航行船舶供水“开放式申报+验证式监管”	诚信度高、记录良好的国际航行船舶需要供水时，可通过电话、传真、微信公众号等多方式提前申报后完成加水作业，在出境时提交正式申请进行验证
4-8	进境保税金属矿产品检验监管制度	简化不同进境保税金属矿产品入境检验检疫流程，入区时实施分类检查，比如放射性和固体废物属性检查，对入区后需进口的产品，简化品质、数量检验流程，采信第三方检验结果
4-9	外锚地保税燃料油受油船舶“申报无疫放行”制度	保税燃料油的受油船舶在申报时，无须对其实施检疫即可放行
5-1	海运危险货物查验信息化、船舶载运危险货物及污染危害性货物合并申报	建立智慧海事危防信息系统，实现危险货物海运查验信息化。同时，对既属于污染危害性货物又属于危险货物的海运货物，实现申请人合并申报，海事部门合并受理
5-2	国际航行船舶进出境通关全流程“一单多报”	国际航行船舶进出境通关申报、核放等全流程通过国际贸易“单一窗口”完成，《船舶出口岸许可证》实现远程自助打印，也无须提交其他纸质材料
5-3	保税燃料油跨港区供应模式	保税燃料油供受单位备案后，两地海事、海关等部门实现信息共享，供受单位可开展保税燃料油跨港区直供作业
5-4	海关业务预约平台	企业可通过国际贸易“单一窗口”自主预约办理查验等业务，并查询预约结果
5-5	生产型出口企业出口退税服务前置	税务机关将原本在企业退税申报后进行核查及服务的程序提前至申报之前，企业提出退税申请后可快速完成退税
5-6	中欧班列集拼集运	支持回程中欧班列开展以整个集装箱为单元的内外贸混编运输业务

续表

序号	简称	具体做法
6-1	创新推出“融资租赁+汽车出口”	支持企业以融资租赁方式出口汽车
6-2	飞机行业内加工贸易保税货物便捷调拨监管	允许飞机制造行业对进口保税料件在集团内不同加工贸易手册、不同企业之间结转，通过海关电子底账核查及企业自查方式实现便捷监管
6-3	跨境电商零售进口退货中心仓模式	设置跨境电商零售进口退货中心仓，对跨境电商零售进口货物及退货货物实施便捷监管
6-4	进出口商品智慧申报导航服务	通过“单一窗口”为企业进出口通关提供及时、准确、全面的个性化导航服务
6-5	冰鲜水产品两段准入监管模式	一般信用及以上企业进口冰鲜水产品，企业出具书面承诺后海关抽样并放行，企业配送和海关检测同时进行，检测合格后立即入市销售，提高入市效率
6-6	货物贸易“一保多用”管理模式	建立以企业为单元的海关担保管理模式，企业的一份担保文件可在不同业务领域、不同担保事项间通用，担保额度自动扣减、自动返还，进一步减少企业资金负担
6-7	边检行政许可网上办理	企业和个人办理上下、搭靠外国船舶等边检许可，实现在线申请、在线审核

资料来源：根据相关文件整理而得。

三、事中事后监管领域

优化政务服务环境是全国各个自由贸易试验区制度创新的重点内容之一。从最终形成的在全国范围内复制推广的改革试点经验来看，共有 28 项成果，占全部改革成果的 23.0%。第一批到第六批在全国范围内复制推广的事中事后监管领域改革试点经验见表 6-4。从表 6-4 中可以看出，全国自由贸易试验区事中事后监管领域的制度创新具有以下特点：

第一，信用制度体系建设逐步完善。主要体现为：①经济主体信用信息采集方式和内容标准化，支持全社会参与信用信息建设。②让市场主体公布其信用信息，各监管部门从各方面收集其诚信经营信息。信用等级较高的企业，适用较为宽松的监管政策，而信用等级较低的企业则适用较为严格的监管政策。利用诚信体系建设弥补事前监管的不足，让“诚信者畅行天下，失信者寸步难行”。③全国各地各行政主管部门协同合作，加强对全国信用信息共享平台和国家企业信用信息公示系统等平台的建设。④建设商事主体信用信息修复制度。

第二，政务服务方式逐步优化。主要体现为：①进出境人员、货物、运输工具的边防检查申请、后续服务等均通过网络完成。②简化外锚地保税燃料油加注船舶出入境手续，优化在内河航行的国内船舶的查验程序，对在外锚地加注保税燃料油的受油船舶的监管流程逐步简化，对保税燃料油供应企业实施信用监管。③海关对报关单位的注册登记及电子口岸入网实现全程无纸化。④法院在执行案件过程中探索实施“委托公证+政府询价+异地处置”财产执行全程电子化模式。

第三，监管方式更加科学。主要体现为：①各级行政主管部门健全信息共享制度。②鼓励行业协会、专业服务机构等社会力量参与市场监督管理。③推出智能化监管服务模式，比如，广东自贸区横琴片区推出集工商、税务、质监、商务、银行等信息于一体的商事主体电子证照卡，将其作为企业的身份证，企业可持证在区内办理各项业务。④海关对进出口企业（特别是经营异常、违规企业）的信用信息进行公示。⑤海关对无法当场完成行政处罚的相关案件，将处罚相关证据材料进行电子送达。

表 6-4　事中事后监管领域改革试点的典型经验

序号	简称	具体做法
1-1	社会信用体系	支持各类社会经济主体参与社会信用体系建设，实现社会信用信息的网络化以及在各个主管部门之间共享
1-2	信息共享和综合执法制度	各级行政主管部门健全信息共享制度，让信息更好地为行政执法活动服务，并实现各个部门之间的联合执法
1-3	企业年度报告公示和经营异常名录制度	对未按规定公示企业年度报告及其他需要公示事项的，企业将被列入经营异常名录。通过企业信用信息公示系统，提醒公众谨慎与这类企业开展业务往来活动

续表

序号	简称	具体做法
1-4	社会力量参与市场监督	鼓励包括行业协会、专业服务机构在内的组织参与市场监督管理
1-5	各部门的专业监管制度	发挥各专业管理部门和机构的优势，加强对各个行业的监督管理
2-1	天津自贸区的以信用风险分类为依托的市场监管制度	建立多部门归集的市场主体信用信息公示系统，并将所有市场主体纳入该系统，对企业进行分类管理，重点关注异常企业、失信企业、违法企业的经营活动，并对市场主体进行随机抽查和联合检查，将检查结果纳入信用信息公示系统，通过该系统信息建立、维护和更新实现对市场主体的有效监管
2-2	政府智能化监管服务模式	广东自贸区横琴片区推出集合企业各类信息（包括工商、税务、质监、银行、商务等）的商事主体电子证照卡作为企业身份证，企业可持卡在片区内办理各项业务。以此为基础，由工商部门牵头梳理出企业可能涉及的违法经营行为清单，并及时提醒企业
2-3	推进信用信息应用加强社会诚信管理	通过社会诚信体系建设，弥补事前监管的不足，通过市场主体信用信息公开，有效防范市场交易风险，同时，各个监管部门利用信用信息系统形成的监管信息也是其他相关部门开展后续监管的依据
3-1	引入中介机构开展保税核查、核销和企业稽查	企业或海关可以委托具备资质的中介机构和服务机构，帮助企业完成认证、审计、评估、鉴定等工作，帮助海关完成企业稽查、保税监管等业务
3-2	海关企业进出口信用信息公示制度	海关对进出口经营企业进行分类管理，建立企业进出口信用信息系统，并通过该系统完成企业信息的公示，特别是对经营异常企业、违规企业等进行公示，对其他合作者和消费者起到良好的提示和警示作用
4-1	企业送达信息共享机制	实现法院和企业、其他行政主管部门之间的信息共享，如果诉讼文书无法送达企业，则将企业列入经营异常名录，对失信企业进行联合惩戒，倒逼企业履行法院判决
4-2	边检服务掌上直通车	进出境人员、货物和运输工具的边防检查申请、后续服务等工作环节，通过网络来完成

续表

序号	简称	具体做法
4-3	简化外锚地保税燃料油加注船舶出入境手续	在外锚地加注燃料油的境外船舶在办理边检程序时，若加注完成后离境且无船员变化的，无须查验船员的相关证件，若有船员变化的，则只需检查离船或上船人员的相关证件
4-4	国内航行内河船舶进出港管理新模式	简化对内河航行的国内船舶的查验
4-5	外锚地保税燃料油受油船舶便利化海事监管模式	对在外锚地加注保税燃料油的受油船舶的监管，实现预先查询、一次申报、一次审批、一次办结制度，简化监管流程
4-6	保税燃料油供油企业信用监管新模式	对保税燃料油供油企业建立信用信息监管制度，对这类企业的现场监管、污染、安全事故等方面的作业情况进行信用评级，对不同级别的企业实施差异化管理，对级别高的企业的监管程序极大简化
4-7	海关企业注册及电子口岸入网全程无纸化	报关单位注册登记及对外贸易经营主体电子口岸入网实现全程网络和无纸化办理
5-1	审批告知承诺制、市场主体自我信用承诺及第三方信用评价	实现国家企业信用信息公示系统和全国信用信息共享平台与审批、综合监管平台的互联互通及信息共享，审批事项推行告知承诺制和信用承诺制，第三方机构对企业信用进行评价
5-2	编制公共信用信息“三清单”	编制市场主体数据清单，实现对监管结果分级分类，据此形成行为清单。编制应用清单实现对日常监管、行政处罚、行政审批等城市公共信用信息事项的目录管理
5-3	实施船舶安全检查智能选船机制	对船舶的安全管理进行分类，对高风险船舶进行重点监管，提高监督检查的针对性和效率
5-4	进境粮食检疫全流程监管	运用互联网技术和视频监控，对进境粮食从申报、卸货、储存、运输等环节进行全流程监管
5-5	优化进口粮食江海联运检疫监管	对装载进口粮食的船舶进行全程定位和适载性风险管理，防止出现撒漏、短重及疫情扩散风险
5-6	优化进境保税油检验监管制度	根据信用等级对保税油进境经营企业实施分类管理和差别化通关措施

续表

序号	简称	具体做法
6-1	“委托公证+政府询价+异地处置”财产执行云处置	执行案件申请人可在异地委托对拟执行财产进行第三方价值评估，财产拍卖成功后通过专用网络平台委托异地法院执行解封、解押、过户等手续
6-2	多领域实施包容免罚清单模式	对市场主体非主观故意并及时纠正、首次违法、轻微违法等多种行政违法行为，编制包容免罚清单
6-3	海关公证电子送达系统	海关对无法当场完成行政处罚的相关案件，将处罚相关证据材料进行电子送达并全程存留电子凭证
6-4	商事主体信用修复制度	被列入严重违法失信企业之日起满3年，企业未发生相关违法行为的，可通过相关平台发布公告进行信用修复
6-5	融资租赁公司风险防控大数据平台	利用大数据平台对融资租赁公司进行风险识别、风险评估及监测，经数据分析对重点关注企业采取针对性措施
6-6	大型机场运行协调新机制	通过机场运管委、联合运控中心、机场协同决策系统实现对大型机场的协调协同管理

资料来源：根据相关文件整理而得。

四、金融领域

金融领域开放创新是全国各个自由贸易试验区制度创新的重点内容之一。从最终形成的在全国范围内复制推广的改革试点经验来看，只有8项成果。第一批到第六批在全国范围内复制推广的金融领域改革试点经验见表6-5。从表6-5中可以看出，全国自由贸易试验区金融领域的制度创新具有以下特点：

第一，拓展跨境交易人民币结算范围和外商直接投资外汇资金意愿结汇范围。比如，最早由上海自贸区发起的放开个人经常项下跨境人民币结算业务，已在全国范围内推广，在自贸区内就业的自然人可开立个人银行结算账户或个体工商户单位银行结算账户，以办理经常项下跨境人民币结算。商业银行可直接办理。外商投资企业的外汇资本金实现自主结汇。

第二，大力推行知识产权证券化业务，帮助科技型中小企业降低资金使用压力和成本，以鼓励其科技创新行为。在国内现有资本市场建设体系基础上，推动知识产权证券化交易体系建设。首先，择优选择和鼓励知识产权发展前景好、公司效益水平高、具有一定行业影响力的企业开展知识产权证券化业务。其次，在知识产权证券发行交易过程中，对发行主体基础资产现金流质量、稳定性等要素进行严格检查，防控知识产权证券化发行交易风险。

第三，金融领域开放度逐渐提高，监管方式逐步优化。对大宗商品衍生品柜台交易涉及的外汇结售汇，金融监管机构允许商业银行为其提供服务；创新绿色债务融资工具以鼓励绿色债券的发行和交易。外商直接投资项下的外汇登记及变更业务由商业银行而非中央银行办理，将满足条件的商业保理公司接入中国人民银行的企业征信系统以实现对行业的有效监管。同时，实现相关政府部门和银行的专线联通和数据共享以提高抵押注销和登记等业务的办理效率。

表 6-5　金融领域改革试点的典型经验

序号	简称	具体做法
1-1	个人其他经常项下人民币结算业务	个人可以办理经常项下跨境人民币结算业务
1-2	外商投资企业外汇资本金意愿结汇	外商投资企业资本金账户中经外汇局办理货币出资权益确认（或经银行办理货币出资入账登记）的外汇资本金可根据企业的实际经营需要在银行办理结汇
1-3	银行办理大宗商品衍生品柜台交易涉及的结售汇业务	允许银行为企业提供大宗商品衍生品柜台交易涉及的结售汇业务
1-4	直接投资项下外汇登记及变更登记下放银行办理	外商直接投资项下的外汇登记及变更登记业务，由中央银行下放至商业银行
6-1	保理公司接入中国人民银行企业征信系统	将满足条件的商业保理公司接入中国人民银行的企业征信系统，以实现有效监管
6-2	分布式共享模式实现“银政互通”	实现相关政府部门和银行的专线联通和数据共享，提高办理抵押注销、抵押登记等业务的效率

续表

序号	简称	具体做法
6-3	绿色债务融资工具创新	地方金融监管部门、主承销商和发债主体间建立长效沟通工作机制，鼓励金融机构加大对绿色债券的发行承销工作，金融监管部门加强对绿色债券的监管和引导工作
6-4	知识产权证券化	构建完善的知识产权证券化交易体系，严格按知识产权数量、行业影响力、利润水平等选择证券化标的企业，加强监管

资料来源：根据相关文件整理而得。

五、服务业开放领域

服务业开放是全国各个自由贸易试验区制度创新的重点内容之一。从最终形成的在全国范围内复制推广的改革试点经验来看，只有 10 项成果。第一批到第六批在全国范围内复制推广的服务业开放领域改革试点经验见表 6-6。从表 6-6 中可以看出，全国自由贸易试验区服务业制度创新最大的特点就是开放程度进一步加大。具体体现在以下方面：

第一，对外资开放的服务业领域进一步扩大。比如，允许设立外商投资资金调查公司，允许外商以独资或合资形式设立投资性公司，允许外资进入游戏游艺设备的生产和销售领域，扩大内地与港澳合伙型联营律师事务所设立范围，放宽中外合资、合作国际船舶运输企业的外资股比限制，允许设立外商独资国际船舶管理企业，允许外资独立经营国际海运货物装卸、国际海运集装箱堆场和场站业务，等等。

第二，从整体上看，服务业开放范围进一步扩大。比如，放开融资租赁公司兼营与主营业务有关的商业保理业务，支持开展融资租赁业务，融资租赁公司设立子公司不再有最低注册资本的限制，不管对外资还是内资企业均放开游戏游艺设备的生产和销售。

表 6-6　服务业开放领域改革试点的典型经验

序号	简称	具体做法
1-1	允许融资租赁公司兼营与主营业务有关的商业保理业务	内资融资租赁公司兼营与主营业务有关的商业保理业务，无须市场准入，外资融资租赁公司兼营与主营业务有关的商业保理业务，按现行规定办理相关手续
1-2	允许设立外商投资资信调查公司	在专业服务领域开放资信调查业务，允许外商投资设立资信调查公司
1-3	允许设立股份制外资投资性公司	允许外资以独资或合资形式设立投资性公司
1-4	融资租赁公司设立子公司不设最低注册资本限制	支持开展融资租赁业务，融资租赁公司设立子公司不再要求最低注册资本数量
1-5	允许内外资企业从事游戏游艺设备生产和销售	允许具有法人资格的企业（不管是内资企业还是外资企业）在经文化主管部门审核后，从事游戏游艺设备的生产和销售活动
4-1	扩大内地与港澳合伙型联营律师事务所设立范围	2014 年广东省就已开展内地与港澳律师事务所合伙型联营试点，现在要将联营律师事务所开设的范围扩大到全国范围
4-2	国际船舶运输领域扩大开放	放宽中外合资、中外合作国际船舶运输企业的外资股比限制
4-3	国际船舶管理领域扩大开放	允许设立外商独资国际船舶管理企业
4-4	国际船舶代理领域扩大开放	允许自贸区的中外合资企业和中外合作企业经营国际船舶代理业务，但仅限于公共国际船舶代理业务，并将外资股份增加至 51%
4-5	国际海运货物装卸、国际海运集装箱场站和堆场业务扩大开放	允许外商独资企业独立经营国际海运货物装卸、国际海运集装箱场站和堆场业务

资料来源：根据相关文件整理而得。

六、人力资源管理领域

人力资本积累是全国各个自由贸易试验区优化要素集聚环境的重点内容

之一。从最终形成的在全国范围内复制推广的改革试点经验来看，只有第六批改革中的5项，如表6-7所示。从表6-7中可以看出，全国自由贸易试验区要素集聚环境领域的制度创新具有以下特点：①人员出入境综合服务程序更加优化简化。比如，实行领事业务“一网通办”，在出入境业务预约、证件办理、居留证件查询、随行子女入学等方面提供“一站式”服务。②采信境外的职业资格证书，比如，直接采认中国台湾地区劳动力发展署技能鉴定中心核发的中餐、西餐烹调证书，美容美发甲乙丙登记证书。③部分行业领域进行职称评审方式改革，比如，建立航空维修产业职称评审专门委员会，在综合评审基础上开辟职称评审快捷通道。④部分职业考试实现远程化。比如，船员可利用计算机终端预约考试和远程考试。

表6-7　人力资源管理领域改革试点的典型经验

序号	简称	具体做法
6-1	领事业务“一网通办”	将APEC商务旅行卡、领事认证、外国人来华要求等领事业务整合为一个平台，相关审批业务均在该网络平台完成
6-2	直接采认中国台湾地区部分技能人员职业资格	直接采认中国台湾地区部分技能人员资格证书，比如，劳动力发展署技能鉴定中心核发的西餐、中餐烹调证书，美容美发甲乙丙等级证书
6-3	航空维修产业职称评审	建立航空维修产业职称评审专门评委会，在综合评审基础上，开辟职称评审快捷通道
6-4	船员远程计算机终端考试	建立远程考场，船员可利用计算机终端预约考试和参加远程考试
6-5	出入境人员综合服务“一站式”平台	强化涉外部门业务协同，在业务预约、证件办理、居留证件查询、随行子女入学等方面提供“一站式”综合服务

资料来源：根据相关文件整理而得。

第二节　新加坡和中国香港营商环境建设的典型经验

作为自由贸易区的新加坡和作为自由贸易港的中国香港是全球营商环境质量最高的几个国家或地区之一，在世界银行各年的《营商环境报告》中的排名均非常靠前。以2020年世界银行《营商环境报告》的数据为例，新加坡和中国香港的营商环境总体排名分别为第2位和第3位，各个一级指标及总体排名和得分情况见表6-8。

表6-8　2020年世界银行《营商环境报告》中新加坡、中国香港和中国内地的得分及排名

指标	新加坡		中国香港		中国内地	
	排名	得分	排名	得分	排名	得分
总体排名	2	86.2	3	85.3	31	77.9
1. 开办企业	4	98.2	5	98.2	27	94.1
2. 办理施工许可	5	87.9	1	93.5	33	77.3
3. 获得电力	19	91.8	3	99.3	12	95.4
4. 登记产权	21	83.1	51	73.6	28	81.0
5. 获得信贷	37	75.0	37	75.0	80	60.0
6. 保护少数投资者	3	86.0	7	84.0	28	72.0
7. 缴税	7	91.6	2	99.7	105	70.1
8. 跨境贸易	47	89.6	29	95.0	56	86.6
9. 执行合同	1	84.5	31	69.1	5	80.9
10. 办理破产	27	74.3	45	65.7	51	62.1

资料来源：2020年世界银行《营商环境报告》数据库。

从表6-8中可以看出，中国香港在办理施工许可、开办企业、获得电力、缴税及保护少数投资者等方面得分很高，说明香港特别行政区政府在这些领域为企业经营提供了极大的便利，经营成本很低。而新加坡政府也在执行合同、开办企业、办理施工许可和保护少数投资者等方面对市场经营主体的保护程度很高。与这两个国家或地区相比，中国内地的营商环境总体得分为

77.9，比中国香港和新加坡分别低 7.4 分和 8.3 分。在 10 个一级指标中，中国的执行合同指标排名最靠前，为第 5，得分为 80.9 分，比得分最高的新加坡低 3.6 分。获得电力、开办企业和登记产权三个指标的得分均较高，但是，缴税、获得信贷、办理破产三个指标得分均很低，尤其是缴税指标，在 190 个经济体中排第 105 位，得分为 70.1 分。

一、开办企业手续简单

在新加坡和中国香港，开办企业非常简单。在新加坡，除少数涉及国家安全的行业企业外，企业注册程序简单、成本低廉，只需向新加坡会计与企业管理局注册即可。

以 2020 年世界银行《营商环境报告》指标为例，在新加坡和中国香港开办企业的各项细分指标见表 6-9。两个经济体开办企业指标在 190 个经济体中分别排第 4 位和第 5 位，对营商环境总指标的贡献非常大。从表 6-9 中可以看出，在新加坡和中国香港，开办企业的程序数量均为 2 个，而在 OECD 高收入经济体，其开办企业平均需要 4.9 个程序，亚太地区经济体的平均水平为 6.5 个。同时，在新加坡和中国香港只需要 1 天半就能完成企业注册登记，所需注册成本也很低，分别为人均收入的 0.4%和 0.5%。此外，这两个经济体对企业注册登记的最低资本没有要求。

表 6-9　新加坡和中国香港开办企业的各项细分指标①

指标	新加坡	中国香港	亚太地区经济体平均水平	OECD 高收入经济体平均水平
程序数量/个	2	2	6.5	4.9
时间/天	1.5	1.5	25.6	9.2
成本/人均收入/%	0.4	0.5	17.4	3.0
最低资本要求/人均收入/%	0.0	0.0	3.5	7.6

资料来源：2020 年世界银行《营商环境报告》，经整理而得。

① 世界银行《营商环境报告》数据库在统计该指标时，区分了男性和女性在开办企业方面的差异，这里，以男性开办企业所需要的程序、时间和成本为准。

具体来看，在新加坡，注册公司所需程序和时间为：第一步，由新加坡会计与企业管理局（the Accounting and Corporate Regulatory Authority，ACRA）进行网上登记，包括查阅公司名称、提交公司注册、获取税务编号，所有程序可半天完成。新加坡政府专门开发了 Bizfile 平台以实现对企业的监管。自2007 年起，Bizfile 平台升级为 Bizfile+，一直为客户在登记时提供“一站式”营商便利服务。这些服务包括保留域名、注册商品、缴纳服务税、订阅有关电子通讯、登记最新政府采购机会的电子服务警报、开通海关账户和申请企业银行账户。第二步，在保险代理公司申请员工补偿保险，1 天完成。在中国香港，选择公司名称、领取公司注册登记证书和商业登记证书的所有程序不足 1 天，公司注册通过移动客户端和电脑端均可完成。此外，还需与私人公司或银行签订员工补偿保险及强制性公积金计划，该步骤也只需 1 天即可完成。

二、投资监管高效便捷

投资监管质量的好坏是衡量营商环境非常重要的指标。大多数情况下，企业经营都会涉及项目工程建设，投入大、风险大、周期长。如果其监管流程复杂且成本高，无疑会加大企业投资成本，不利于吸引项目投资。

以 2020 年世界银行《营商环境报告》数据为例，中国香港的办理施工许可指标以 93.5 分的高分排第 1 名，新加坡的得分为 87.9 分，排第 5 名。新加坡和中国香港办理施工许可的各项细分指标见表 6-10。从表 6-10 中可以看出，在中国香港，项目建设监管高效、成本很低。办理施工许可的程序数量最少，为 8 个；完成这 8 个程序所需时间为 69 天；完成这些程序所需成本占建筑物价值的 0.3%；建筑质量控制指数最高，为 15.0 分。以上 4 个指标不仅优于亚太地区经济体的平均水平，还优于 OECD 高收入经济体的平均水平。

表 6-10　新加坡和中国香港办理施工许可的各项细分指标

指标	新加坡	中国香港	亚太地区经济体平均水平	OECD 高收入经济体平均水平
程序数量/个	9	8	14.8	12.7
时间/天	35.5	69	132.3	152.3
成本/建筑物价值/%	3.3	0.3	3.2	1.5
建筑质量控制指数（0~15 分）	13.0	15.0	9.4	11.6

资料来源：2020 年世界银行《营商环境报告》，经整理而得。

具体来看，在中国香港，企业完成从施工许可到项目验收需要 8 个环节：①通过网络平台向一站式中心（the One Stop Center）提交申请，所需时间在所有环节中最长，为 45 天。2008 年 12 月，中国香港成立效率促进局（the Efficiency Unit，EU），负责建筑许可“一站式”服务，接收来自 6 个政府部门及私人公用事业（水务、污水及电力供应）的所有相关建筑许可证申请，并协调这些机构进行联合检查验收。②接受屋宇署对地基、地层的检查，需要 1 天。③申请并接受对建筑施工的检查，需要 1 天。④接受屋宇署的审核检查，需要 1 天。⑤提交项目完成通知书及相关申请，1 天完成。⑥通过一站式中心获取相关证书，18 天完成。⑦接受由一站式中心协调的有关许可机构的联合、最终检查，1 天完成。⑧取得供水及污水渠接驳许可，1 天完成。

三、税负较低且缴税便捷

新加坡和中国香港是全球税负较低的经济体。2020 年世界银行《营商环境报告》中两个经济体的税负及缴税情况见表 6-11。

表 6-11　新加坡、中国香港及中国内地缴税指标

指标	新加坡	中国香港	中国内地	亚太地区经济体平均水平	OECD 高收入经济体平均水平
纳税次数/次/年	5	3	7	20.6	10.3
纳税所花时间/小时/年	64	35	138	173.0	158.8
总税负/利润/%	21.0	21.9	62.5	33.6	39.9
报税后程序指数（0~100 分）	72.0	98.9	50.0	56.4	86.7

资料来源：2020 年世界银行《营商环境报告》，经整理而得。

从表 6-11 中可以看出，在中国香港，企业每年平均纳税次数为 3 次，总体税率占营业利润的比重为 21.9%，每年花费在缴税环节的时间平均为 35 小时，报税后程序指数高达 98.9。企业总体税负主要由公司所得税、雇主所支付的强制性公积金、房产税三种构成，税率分别为 16.54%、5.29%、0.11%。与中国香港一样，新加坡企业也无须缴纳增值税，企业税负主要由雇主为员工缴纳的住房公积金、企业所得税、房产税、技能发展税、道路税构成，总体税负为企业营业利润的 21.0%。其中，企业所得税仅为 2.13%。此外，新加坡政府还采取各种财政政策对企业进行政策引导和鼓励，比如采用财政补贴、参与出资等方式支持企业将生产要素投向具有前景或战略性的产业，推动产业转型升级。此外，不管是在新加坡还是中国香港，其纳税的所有环节均通过网络完成，便利度很高。

但在中国内地，企业每年纳税次数达 7 次，总体税率占营业利润的比重高达 62.5%，每年花费在缴税环节的时间平均为 138 小时，报税后程序指数为 50.0，总体排第 105 位。企业税负包括企业为员工缴纳的住房公积金、增值税、企业所得税、土地增值税、城市维护建设税、教育费附加、房产税、印花税、本地教育费附加、土地使用税、印花税等，合计税负高达 62.6%。因此，不管从纳税程序、纳税所花时间还是从总体税负上看，中国内地企业的总体税负均很高且纳税便利度也有待提高，说明税务机关还有许多工作要做。

四、对投资者保护力度大

对投资者保护力度越大，意味着市场化程度越高、法治环境越好。这对于资金、技术、人才等生产要素能更好地通过市场进行有效配置非常重要，它让要素流向市场最需要的地方。以 2020 年世界银行《营商环境报告》数据为例，新加坡和中国香港地区对中小投资者的保护力度都很大，见表 6-12。世界银行《营商环境报告》的保护中小投资者指标主要衡量资本市场对中小投资者的保护程度，主要反映上市公司信息披露、董事责任、股东诉讼便利程度、对投资者的保护力度、股东所有权和对公司的控制力度、公司管理制度等方面的情况。从表 6–12 中可以看出，中国香港和新加坡上市公司信息披露程度指数得分最高，均为 10 分。董事责任程度指数分别为 8.0 分和 9.0 分。同时，这两个地区的民事诉讼制度较为完善，得分均为 9.0 分，说明其小股民可通过便捷高效的诉讼手段保护自身利益。另外，两个经济体投资者保护力度、中小股民所有权和对上市公司的控制力度、公司管理制度透明度方面得分也均很高。

表 6–12 新加坡和中国香港保护中小投资者指标

指标	新加坡	中国香港	亚太地区经济体平均水平	OECD 高收入经济体平均水平
信息披露程度指数（0~10 分）	10.0	10.0	5.9	6.5
董事责任程度指数（0~10 分）	9.0	8.0	5.2	5.3
股东诉讼便利度指数（0~10 分）	9.0	9.0	6.7	7.3
投资者保护力度指数（0~6 分）	5.0	5.0	2.0	4.7
所有权和控制力度指数（0~7 分）	5.0	5.0	2.4	4.5
公司透明度力度指数（0~7 分）	5.0	5.0	2.6	5.7

资料来源：2020 年世界银行《营商环境报告》，经整理而得。

在新加坡，做出重大交易决定的不是部分大股东或者仅仅由职业经理人做出，而是完全由除利益相关者以外的所有股东决定。股东应全部披露所有与公司经营相关的重要事实，公司的交易对手也被要求必须在定期文件（例如年报）中披露与本公司交易和利益冲突的情况。代表公司股本 10%以上的股东可以就交易对公司造成的损害提起诉讼，但是，股东不能要求其他董事就交易对买方造成的损害承担责任。如果交易对广大股东造成利益损失，在提起民事诉讼前，代表公司股本 10%的股东就可以检查交易文件。同时，原告可以在审讯时向被告及证人索取任何与交易相关的文件。原告还可以要求被告提供不同类别的文件而不指明具体类别。此外，公司必须披露董事会成员的主要工作和在其他公司担任董事的信息，代表公司股本 5%及以上的股东就可将项目列入股东大会议程。

五、法治环境公正高效

公正高效的法治环境是市场主体公平参与市场竞争的前提和保障。因此，建立与国际惯例相衔接的高标准商事、海事及争端解决制度体系，是营商环境建设的重要内容。以世界银行《营商环境报告》执行合同指标为例，该指标衡量在一个经济体解决一个标准化商业纠纷案件所需要的时间、程序和成本，即解决商业纠纷的效率。效率越高，说明争端解决机制越完善，经济主体的市场行为越能得到有效保护，越能激发其市场行为，该经济体的经济绩效越好，发展潜力越大。

新加坡解决合同纠纷的效率最高，2020 年在世界银行《营商环境报告》190 个经济体中排第 1 名。2020 年世界银行《营商环境报告》中两个经济体的执行合同指标情况见表 6-13。从表 6-13 中可以看出，在新加坡，一个标准商业纠纷案件的解决时间最少，为 164 天，低于亚太地区经济体和 OECD 高收入经济体平均水平，也低于中国内地和中国香港。具体来说，提起诉讼和受理的时间为 6 天，审理和判决共需 118 天，执行判决需要 40 天。

表 6-13　新加坡和中国香港及中国内地执行合同指标

指标	新加坡	中国香港	中国内地	亚太地区经济体平均水平	OECD 高收入经济体平均水平
纠纷解决时间/天	164	385	485	581.1	589.6
成本/标的物价值/%	25.8	23.6	15.1	47.2	21.5
司法程序质量指数（0~18 分）	15.5	10.0	16.5	8.1	11.7

资料来源：2020 年世界银行《营商环境报告》，经整理而得。

但是，在中国上海，提起诉讼及受理、审理和判决、执行判决的时间分别为 35 天、210 天、240 天。因此，对比可以看出，虽然执行合同指标是中国在 2020 年世界银行《营商环境报告》中排名最靠前的一个指标，为第 5 名，但是，合同纠纷解决的时间仍太长，尤其是在执行判决方面，这是中国未来优化法治环境的重要方向。在中国上海，执行一个标准的商务合同纠纷案件的便利程度很高，在全球排第 5 名。案件执行成本比排第 1 名的新加坡还低，仅为诉讼标的物价值的 15.1%；司法程序质量指数为 16.5，高于新加坡和中国香港。但是，从完成整个诉讼案件的时间来看，新加坡为 164 天，而中国上海则高达 485 天，说明司法系统处理商业纠纷案件的效率还很低，这也是未来中国营商环境需要改进的地方。

总的来说，新加坡和中国香港的营商环境质量很好，主要体现在开办企业手续简单、高效便捷的投资监管环境、税负较低且缴税便捷、对中小投资者的保护力度很大、公平高效的法治环境等方面。此外，两个经济体外资准入制度相对宽松，外资企业注册程序简单，注册条件很少，禁止外资经营的领域很少。同时，金融市场的开放程度极高，证券市场完全开放，资金汇兑便捷，政府提供极为便利的投融资服务；出入境通关程序便利，实行“先入区、再报关”制度，并对部分进出口商品提供暂准进口服务。新加坡优良的营商环境质量主要体现在引入市场主体的服务型政府的双层级管理模式、完善的事中事后市场监管制度、优惠的企业所得税率、宽松且开放的金融管理制度等方面。

第三节　国内其他地区营商环境建设的典型经验

2018 年 8 月，国家发展改革委在北京召开了全国营商环境评价现场会暨优化营商环境工作推进会。自在 22 个城市展开试评价以来，各地营商环境建设取得了显著成效，在落实“放管服”改革方面积累了许多典型经验。在此，以上海、北京、深圳、广州的营商环境建设为代表，总结其典型做法，为湖北自贸区营商环境建设提供借鉴。

一、上海市营商环境建设

在世界银行《营商环境报告》（系列）中，中国的得分以上海和北京为样本，上海所占权重为 55%。中国在 2020 年世界银行《营商环境报告》190 个国家中排名从 2019 年的第 46 位上升至第 31 位，说明中国整体营商环境大幅改善。其中，上海的营商环境改革成效最为显著。2020 年 7 月，世界银行还发布了专题报告——《中国优化营商环境的成功经验：改革驱动力与未来改革机遇》。这份专题报告特别提到，上海“一网通办”的改革经验值得推广，并因此成为全球范围内经济发展绩效最优的城市之一。2020 年 6 月 22 日，中国战略文化促进会、中国连锁经营协会、中国经济传媒协会、万博新经济研究院、第一财经研究院联合发布《后疫情时代中国城市营商环境指数评价报告》，上海蝉联榜首。上海的营商环境建设水平在全国属于最好的，因此，总结其典型经验对于湖北自贸区营商环境建设非常重要。表 6-14 列示了上海市营商环境建设的典型做法和成效。

表 6-14　上海市营商环境建设的典型做法和成效

序号	主要领域	典型做法和成效
1	开办企业	1. 推出“一窗通”服务平台：申请人通过该平台一次性填写并提交相关数据资料，工商、税务、公安等相关部门通过该平台同步采集信息，实现资源共享。申请人仅在此平台即可一次性完成营业执照、涉税事项、公章备案等方面的所有工作 2. 优化流程，减少办理时间：削减办事流程的同时整合部分环节，如将社保缴费登记和用工登记合并为就业参保登记，同时，减少办理时间，如税务部门办理发票的时间由原来的 10 天减少为 1 天 3. 开展“一照多址”和“一证多址”试点：针对电子商务的兴起，从事电子商务且有营业场所的企业（内资企业），在区内增设营业场所时无须增办分支机构营业执照而沿用原有执照
2	项目施工许可	1. 分类审批：根据项目性质、土地取得方式、技术难度、资金来源等方面的不同，对工程建设项目进行科学分类，并针对不同类别设定差异化的审批方式 2. 优化审批流程：取消部分前置审批条件和行政审批事项的同时，整合部分审批流程，比如通过“多图联审、多测合一、多验合一”改革简化了行政审批事项，在工程建设项目的内部功能结构安全审批方面，实行“多图联审” 3. 审批环节通过“多规合一”业务协同平台实行“一网通办”：将“一网通办”覆盖项目施工许可全过程，通过一个平台接受审批材料，内部通过各相关部门的信息共享，实现在线并联审批 4. 由事前审批逐步向事中事后监管转变：基于诚信体系建设，监管部门在项目开工建设前实行承诺告知制，明确各方主体责任，事中特别是事后强化对工程建设项目的监督和验收。同时，建立“黑名单”制度，加大对失信企业在各方面的惩罚力度，增加企业违规违法成本

续表

序号	主要领域	典型做法和成效
3	获得电力	1. 优化电力接入流程：下放低压用户报装审批权限给供电公司，减少不同部门间的协调时间，同步完成接入电网前的所有审批环节 2. 减少电力接入申请环节办理手续：低压用户只需申请和装表两个环节，高压用户则需申请、供电方案审批、外线施工和装表四个环节 3. 优化电力接入施工方案：通过对接入工程方案的优化和物料的标准化供应，细化工程接入相关费用，减少电力接入成本。低压用户的工程接入费用大幅降低，且不再收取保证金。针对小微客户，则免费接入电力，无须任何成本 4. 提高服务质量：在政务服务大厅专门设立“供电配套”窗口，通过“一口对外、一证受理、一站服务”展开服务，为企业带来极大便利。同时，用户还可通过手机 App、电力公司网站等网络渠道办理各项用电业务
4	跨境贸易	1. 全面实现国际贸易“单一窗口”制度：在上海自贸区通关制度创新基础上，开发了上海国际贸易“单一窗口”3.0 版本，通过上海辖区口岸的所有船舶和货物均可通过该系统实现“一点接入、一点反馈、一次申报、一次放行”。同时，上海海关还开发了与“单一窗口”3.0 版本配套的手机客户端及电脑网页版，实现与企业 ERP 系统对接，极大地方便了企业通关 2. 优化通关流程，不断减少进出境通关的时间和成本：货物的报关报检环节同时进行，不必按以前的“先报检、再报关”方式进行。将“单一窗口”系统与物流、港务系统对接，让海关和进出口企业随时监控货物进出境的实时状况。对口岸费用实行公示制度，清理和规范不合理收费，最大限度地降低通关成本 3. 提升口岸代理服务企业和海关服务质量：建立完善的对口岸代理服务企业的服务质量评价体系，大力宣传代理服务企业的先进做法。同时，通过“单一窗口”监督海关通关的具体时限
5	财产登记	1. 通过网上预受理办理一般性不动产登记 2. 对于不涉及房产税的不动产办理转移登记事项，可实现当场核税，极大提高转移登记效率 3. 对于企业之间转让工业仓库涉及的不动产转移登记事项的办理，建立“绿色通道”，当日即可办结 4. 提高财产登记服务质量：客户可通过公开且独立的投诉电话，投诉不满意事项或提出改进意见 5. 建立独立的纠纷处理机制

续表

序号	主要领域	典型做法和成效
6	税费缴纳	1. 积极落实国家的减税降费政策 2. 大幅减少总费率和社会缴费率，降低企业负担，释放企业活力 3. 一般性中小企业全年的纳税时间从 2018 年的 142 小时减少到 2019 年的 130 小时 4. 提高纳税便利化程度：通过建立手机 App、手机 WAP、微信、个人电脑全覆盖的一体化办税平台，极大地提高了办税效率和便利化程度

资料来源：根据有关文献整理而得。

2017 年 12 月，上海市发布《着力优化营商环境加快构建开放型经济新体制行动方案》，这是上海营商环境建设 1.0 版本。在总结上海自贸区制度创新经验基础上，2018 年，上海市对标国际一流营商环境建设标准，重点打通制度建设瓶颈，解决体制机制方面的问题。同时，聚焦于制度的集成式创新，强调发挥各项政策制度之间的协同性和整体性。在推动高水平全方位对外开放，营造公平高效的市场环境、更具活力的创新创业环境、便捷高效的政务服务环境、公平正义的法治环境等方面形成了许多可供借鉴的改革经验。2019 年 3 月，《上海市进一步优化营商环境实施计划》出台，这是上海营商环境建设 2.0 版本。在 1.0 版本基础上，上海在营商环境建设方面更加注重政策创新的系统性、多维度和立体化。进一步提高营商便利度，尤其是在开办企业、办理施工许可、获得电力等方面。进一步提高行政服务效能，完善营商环境工作机制。2020 年 1 月 1 日，国家层面以立法形式推出《优化营商环境条例》。以此为契机，上海市持续升级顶层设计和制度创新，推出营商环境建设 3.0 版本。自此以后，上海市营商环境建设步入快车道。从 1.0 版本到 3.0 版本，上海市营商环境逐步优化，也从侧面反映了上海市营商环境建设“立法先行、法治保障”的良好经验。

二、北京市营商环境建设

根据 2020 年 6 月最新发布的《后疫情时代中国城市营商环境指数评价报告》，北京市的综合营商环境水平仅居上海之后，排第 2 名。2019 年，北京市在国家发展改革委城市营商环境试评价中综合排第 1 名。

2018 年 3 月，以参考世界银行营商环境评价标准为契机，北京市制定了优化营商环境建设的“9+N”政策，即在开办企业、办理施工许可、获得电力、缴纳税费、跨境贸易等 9 个制约北京经济社会高质量发展的重要方面，制定了 9 项主要政策和 N 项配套措施。精减企业与行政部门的交互环节，节省完成这些环节所需的时间和成本，增加行政部门规则制度的透明度和可操作性。2018 年 7 月，中共北京市委、北京市人民政府联合发布《北京市进一步优化营商环境行动计划（2018—2020）》，以指导未来北京市营商环境建设。针对企业生产经营过程中的一些难点以及与行政部门交互过程中的一些痛点，2019 年 1 月，北京市优化营商环境“9+N”系列政策 2.0 版本发布，对 1.0 版本进行了修正。2019 年 11 月，北京市推出营商环境改革 3.0 版本，从 12 个方面提出 204 项改革任务。简化行政服务流程，精简办事材料，清理多项证明事项，掌上办理不动产登记，将企业开办注销纳入“e 窗通”。同时，从推行“先建后验”、提高民商事案件解决效率等方面提高行政服务效率，从降低用水用电用气成本、免担保对进口货物放行等方面降低企业经营成本。北京市营商环境建设即将步入 4.0 时代，将全面对标国际国内一流营商环境，重点解决审批流程再造、清除隐性壁垒、推进事中事后监管、深化数字政府建设等方面的难题。

总的来说，北京市在开办企业、市政公共设施接入等方面，压缩环节、减少时间、降低成本的效果非常显著，在用电报装、注销企业、保护中小投资者、获得信贷、执行合同等方面的表现均非常出色。北京市营商环境建设的典型做法和成效见表 6-15。

表 6-15 北京市营商环境建设的典型做法和成效

序号	主要方面	典型做法和成效
1	开办企业	通过“e 窗通”平台，开办企业可实现“一天拿执照、三天全办好”。将企业开办的 7 个环节压缩到 2 个，办理时间从 25 天缩短到 3 天

续表

序号	主要方面	典型做法和成效
2	办理施工许可	通过“多规合一”协同平台，一个工程建设项目只需在一个窗口（综合窗口）一次性提交一套材料，就能完成批复，并实行由主要行政主管部门牵头的竣工联合验收制度，将事前监管转变为事中事后监管
3	公共设施接入	在水、电、气、热、通信等公共设施接入方面，市政公用服务企业推行“一站式”服务。市电力公司开展小微企业“三零”专项服务行动：“零上门”，专人上门服务，限时办理；“零审批”，取消小微企业内部工程图纸审核，低压居民报装平均 25 天内完成；“零投资”，低压供电容量提升到 160 千瓦，低压项目表箱及以上设备设施投资由电力公司全额承担
4	综合窗口改革	市区各级政务服务中心实行“前台综合受理、后台分类审批、窗口统一出件”，从“按部门设窗”到“一窗受理”
5	“四个一”改革	1. “一个政府”：企业在全市范围内任何一个政务服务大厅的任何一个窗口都能办理自己所需办理的事情 2. “办成一件事”：通过营商环境优化和政务流程改革，无论公民在哪办、办何事，务必高效办成 3. “用好一张网”：推动“互联网+政务”改革，利用大数据等先进技术，对公民实行“一网通办” 4. “改进一个作风”：通过培训考核和优化管理制度，大力改进一线窗口人员的服务态度和服务能力，提高公民办事满意度
6	招标投标	改革招投标制度，对技术相对简单、内容相对单一的采购项目，取消投标企业不满足 10 家项目不能开标的做法，转而采用竞争性磋商方式。对招投标企业均实行信用分类管理，并为高等级信用企业提供更加方便快捷的服务。同时，激励企业加强招投标信用能力建设，提高整个社会的信用水平

资料来源：根据有关文献整理而得。

三、深圳市营商环境建设

近年来，深圳市将营商环境建设作为深化改革的一号工程，并致力于打造国际一流的营商环境。根据 2020 年 6 月最新发布的《后疫情时代中国城市营商环境指数评价报告》，深圳的综合营商环境水平排第 3 名。其 5 个一级指标均位列全国前 5 名，12 项二级客观指标中，有 7 项位列全国前 5 名，体现出较强的营商环境综合竞争力。

深圳是我国改革开放的前沿，其营商环境建设历史较长，成效显著。在税收营商环境建设方面，深圳市2018年制定《国家税务总局深圳市税务局进一步优化税收营商环境行动方案（2018—2020）》，大力推进税收服务机制改革。截至2019年6月，该方案中的108项改革措施已完成70项，内容涉及落实减税降费、实施便利化改革、优化税后流程、规范税收执法等方面。在项目审批制度改革、信用体系建设方面也取得了突出成效。2018年7月，深圳推出“深圳90”改革措施，政府投资建设项目从立项到完成施工许可，审批总时长不超过90个工作日，时间减少了2/3以上。比如，政府审批办理房建类的时间不超过85个工作日；市政类工程建设项目审批的时间不超过90个工作日；社会投资建设项目审批的时间更短，从签订土地出让合同到最后完成施工许可，总时间不超过33个工作日。2020年3月，深圳市出台《深圳市2020年优化营商环境改革重点任务清单》，在14个重点领域提出共210项具体改革措施。2020年10月29日，深圳市通过《深圳经济特区优化营商环境条例》，将市场化、法治化、国际化营商环境建设作为促进经济高质量发展的重要依托和途径。该条例从培育市场主体、优化政务服务环境和企业经营环境、提高融资便利度、规范监管、保障权益等方面提出130条具体措施。此外，深圳市还建立了以信用监管为核心的完善的综合监管体系，建立覆盖全社会的征信系统，对企业信用建设情况进行分类管理。深圳市营商环境建设的典型做法和成效见表6-16。

表6-16 深圳市营商环境建设的典型做法和成效

序号	主要方面	典型做法和成效
1	税费缴纳	1. 推行“大服务”工作模式 2. 对纳税企业进行分类管理，对于优质诚信企业实行税收“白名单”绿色通道制度 3. 广泛运用大数据等先进技术，推行“互联网+政务”，拓宽多元化办税渠道 4. 提高服务质量，加强税收法律法规宣传，深入企业提供纳税咨询服务 5. 确保减税降费的红利惠及所有纳税主体

续表

序号	主要方面	典型做法和成效
2	招标投标	1. 取消 11 项需要由政府采购相关部门审批或审核的事项，简化了招投标流程 2. 大力推广电子化采购平台，推行电子化招投标改革，让企业方便快捷地参与投标 3. 为缓解投标企业的资金压力，大力推进付款提速、预付款和政府采购订单融资等方面的改革 4. 为引导企业公平竞争，建立了对供应商的诚信管理制度，对供应商履约质量进行不定期抽查和评价，并有效处理各方投诉 5. 建立招标文件“负面清单”审查机制，即政府采购机构列出禁止某些内容出现在招标企业的招标文件中，以免影响投标企业的投标决策
3	企业办理施工许可	推出“深圳 90”改革，即工程建设项目，从立项到最后全部完成所有施工许可程序，最多只需要 90 个工作日，审批时间大幅缩短
4	“秒批”备案	对企业投资项目、博士、在职人才、留学生、应届大学生引进及落户，网约车许可申办，注销药品经营许可证，高龄老人申请津贴等 40 多个事项实现“秒批”备案。截至 2020 年底，实现“秒批”备案的事项超过 200 个
5	知识产权保护	1. 成立知识产权法庭，快速查办知识产权侵权案件 2. 中国（深圳）知识产权保护中心和中国（深圳）知识产权运营中心获批建设，使深圳能更加快速地对知识产权进行确权，高效的知识产权交易机制也逐步建立
6	信用体系建设	1. 建立覆盖全社会的征信系统，并将征信情况运用于个人落户、个人申请保障房、企业工程招投标等领域 2. 综合运用各种先进技术（如大数据），根据企业的信用情况对企业进行画像，据此对企业实现分类管理，并推出智慧信用监管

资料来源：根据深圳市相关文件整理而得。

总结深圳市营商环境建设，其经验主要有：①重视创新，优化科技创新环境。②加大人才引进力度，提高引进人才满意度。③加大法治化建设力度。④加大引进外资力度。⑤对标国际高标准，建设“国际+”营商环境。⑥重点关注各项制度创新举措的整体性和协调性。

四、广州市营商环境建设

广州是较早提出优化营商环境的城市之一。经过多年发展，广州的营商软环境质量已在全国处于较为领先的位置。根据2020年6月最新发布的《后疫情时代中国城市营商环境指数评价报告》，广州市综合营商环境水平排第4名。

营商环境建设，关键在于制度先行。早在2009年，广州就出台了《关于加快推进广州市营商环境和做事规则国际化的意见》，要求各级政府坚持深化改革开放，借鉴港澳地区制度软环境建设经验。为此，广州最早提出了建设国际化营商环境的目标。近年来，广州市关于营商环境的制度建设更加完善。2018年10月，《广州市营商环境综合改革试点方案》出台，从贸易便利化、科技创新体制改革、市场监管等8个方面提出了43项改革措施，实施营商环境1.0改革。针对1.0改革中凸显的一些问题，2019年4月，《广州市进一步优化营商环境的若干措施》出台，实施营商环境2.0改革。2019年8月，广东省出台《关于大力推进法治化营商环境建设的决定》，意味着广州市拟从立法层面保障和加快营商环境建设。经过多年经验积累，广州市在营商环境建设方面已经形成了许多较为成熟的典型做法和成效，见表6-17。

表6-17　广州市营商环境建设的典型做法和成效

序号	主要方面	典型做法和成效
1	开办企业（商事登记）	1. 企业商事登记实现“人工智能+机器人”全覆盖，并实现“网上办、就近办、即时办”，将开办企业时间压缩至4个工作日内，2020年底压缩至不超过2个工作日 2. 外商投资企业商事登记实行“离岸办理”，极大地便利了外国投资者
2	办理施工许可	1. 打造工程建设项目施工许可“高速公路”，审批时间减少：对政府投资的工程建设项目，从立项到最后工程验收的行政审批和技术审查时间减少至不超过90个工作日；对社会投资的工程建设项目，从用地许可到竣工验收的行政审批时间减少至不超过50个工作日 2. 报建门槛降低：在确保技术和安全的情况下，试行分类分段办理施工许可。同时，在部分区域（如南沙）试行“带规划土地出让制度”

续表

序号	主要方面	典型做法和成效
3	不动产登记	1. 完成一般性的业务登记时间最多不超过 5 个工作日 2. 优化部分审批业务，如将建设用地规划许可证、公开出让用地的不动产权证和建设用地批准证的审批业务合并办理，不仅节约审批时间，审批材料和成本也极大减少
4	税费缴纳	1. 税费缴纳实现“全程网上办”“最多跑一次”“一机办税” 2. “四个全国率先，一个全省率先”制度：全国率先全面实现国地税联征，率先上线“税务企业号”管家式服务，率先推出“云缴税”，率先实现税款实时缴入国库，全省率先上线“一键申报”增值税，一般纳税人申报时限缩短至 5 分钟 3. 全面推行无纸化业务，特别是在国库（退税）环节，所需单据网上提交，缴税实现“云缴税”改革 4. 大幅压缩退税时间和清税申办时间。目前，退税时间和清税申办时间已分别减少 50%左右
5	知识产权保护	1. 大力压缩知识产权侵权案件的立案和审判时间 2. 建立知识产权侵权案件惩罚性赔偿制度 3. 探索知识产权管理服务工作便利化，比如在商标注册、版权登记等方面 4. 压缩知识产权融资期限，商标和专利质押融资办理时限分别不超过 5 个和 3 个工作日
6	探索建立营商环境建设国家级示范区，以此带动全市营商环境建设	1. 黄浦区：抓住粤港澳大湾区建设机遇，学习港澳地区先进的贸易投资规则。特别是在科技创新体制建设方面，改革现有制度，加速各类创新资源在区内集聚 2. 南沙自贸片区：作为自由贸易试验区和国家级新区，发挥其制度创新优势，同时借鉴港澳地区的成熟做法，推动商事制度、市场监管、行政管理模式等方面的改革，形成一批在全市、全省乃至全国复制推广的经验

资料来源：根据广州市相关文件整理。

从表 6-17 中可以看出，广州市营商环境建设经验主要体现为：①制度先行。广州市将营商环境建设放在非常重要的战略位置，把全面优化营商环境作为加快高水平对外开放、实现城市治理现代化、提升城市竞争力、推动经济高质量发展的关键手段。《广州市优化营商环境建设条例》于 2021 年 1 月 1 日正式实施，这是未来推动广州市营商环境建设的重要纲领性文件。②树立营商环境建设标杆。广州市支持引导黄浦区争创全国营商环境改革创新试验区，鼓励其积极探索，先行先试。比如，2020 年初，黄浦区出台“营商环境 10 条”，创新推出以市场主体满意度为标准的营商环境评价依据，以求真正破解营商环境建设的难题。③找准营商环境建设的重点难点进行发力。在广泛市场调研、咨询有关专家基础上，找准营商环境建设的重点和难点，针对重点领域和关键环节进行攻坚突破。比如降成本、减时间、简环节等仍是目前优化营商环境的重点内容，据此，广州市出台相关法律法规，强化政策执行和优化服务，社会公众和市场主体的满意度显著提高。④主动对标高标准，学习借鉴先进经验。广州市始终保持开放格局。在制度创新方面，以国内外最佳实践案例和先进经验作为重要学习内容，在结合工作实际基础上对其加以完善并使其成为推动营商环境建设的指南针。比如，广州市不定期组织相关专家、政府官员等集中学习世界银行《营商环境报告》（系列）内容，重点研究其指标体系，作为广州市优化营商环境的重要参考指标。

第七章
优化湖北自贸区营商环境的政策建议

第一节　建设公正高效的法治环境

一、完善自贸区商事纠纷解决机制

自贸区是改革开放的前沿，是经济活动特别是交易活动最频繁最活跃的地区，同时也是商业纠纷案件的高发地区，其商事纠纷呈现复杂性、多样性和专业性等特点。为提高解决经济主体间商业纠纷的效率，化解矛盾纠纷，自贸区需要在多元化纠纷解决机制的建立上下功夫，实现诉讼和非诉讼制度的协同发展。具体需要做以下工作：

第一，加强商事纠纷解决的司法组织结构和法律法规建设。《中国（湖北）自由贸易试验区建设管理办法》第三十九条明确规定："自贸试验区内企业发生商事纠纷的，可以向人民法院起诉，也可以按照约定，申请仲裁或者商事调解。仲裁机构、商事纠纷专业调解机构应当依据法律、法规并借鉴国际惯例，在自贸试验区范围内开展仲裁和商事调解，解决商事纠纷。"但自贸区自挂牌以来，还没有建立任何与该规定相匹配的自贸区仲裁机构、调解机构或者自贸区商事纠纷法庭等。同时，《中国（湖北）自由贸易试验区建设管理办法》只是对纠纷解决做了笼统规定，没有细化解决办法，比如，对如何建立具体的调解机制、仲裁机制和诉讼机制等，没有相应的法律法规或规范性文件进行详细说明和规定。湖北自贸区可借鉴上海自贸区的先进经验，制定专门针对商事纠纷解决机制、自贸区案件审判和执行等棘手问题的规章制度或出台规范性文件。

第二，建立多元化的商业纠纷解决机制。仲裁、调解、诉讼三种纠纷解决途径各有优缺点，其共同目的都是有效化解各方的矛盾纠纷。但是由于现有仲裁程序特别是诉讼程序的时间很长，诉讼成本很高，且还存在严重的执行困难问题，原告往往反而会赢了官司赔了钱。所以自贸区除了要完善现有的诉讼组织机构建设和推动诉讼效率提高外，还需要通过制度建设完善调解制度，因为调解解决纠纷不仅成本低、效率高、风险低，还不容易破坏纠纷各方现有的合作关系，有利于和谐商务关系的维持。湖北自贸区可以借鉴上海自贸区的先进做法，由自贸区政府设置相关机构承担部分调解职能，同时设置专门的经贸调解中心，支持各类专业、行业协会和商事纠纷调解机构，采取多种形式解决自贸区的商事纠纷问题。

第三，建立诉讼制度和非诉讼制度的有效衔接制度。作为有效解决商事纠纷的正式制度，诉讼解决商事纠纷具有权威性、强制性等优势，但同时效率较低。为有效破解诉讼程序的低效性问题，可以借鉴上海自贸区的做法，专门成立自贸区法庭以解决自贸区商业纠纷案件。同时，上海市第一中级人民法院还专门制定了《商事多元化纠纷解决机制实施细则》，其中突出的亮点就是建立法院、调解中心和仲裁机构的对接平台，让各个机构之间实现信息共享。当案件由调解或仲裁转入诉讼环节时，法院可以提前全面掌握案件第一手资料，为后续诉讼程序的开展节约时间。

二、建立科学高效的商事审判制度

商业纠纷是民事纠纷中的常见情形之一。除《商法》未做出明确规定应适用《民法》外，《商法》应是解决商业纠纷案件的具体法律规定。《商法》作为一个特殊领域的法律，拥有特定的法律主体，对商事关系有独特的调整和解决方法。既然实体法都有具体的适用问题，则与实体法相对的程序法和审判制度也应与商业纠纷案件本身的特点和《商法》本身的立法原则相适应。但是，中国目前的商事审判制度还不健全，比如，我国没有设置专门的商事法庭，而是由民事审判二庭（民二庭）来审理。因此，为提高法院对商业纠纷案件的处理效率，减少市场交易费用，为交易顺利进行提供保障，减少交易不确定性，激发经济主体的投资积极性，为交易市场化建设构筑坚实的法律屏障，结合自贸区先行先试的制度建设使命，湖北自贸区应在未来的营商环境建设中逐渐建立符合商事关系具体特征的独有的诉讼程序和审判制度，比如自由证据制度，尤其是要显著缩短案件审理执行周期等。

三、建设法治政府

“市场经济的本质是法治经济”。建设法治政府是自贸区法治化营商环境建设的起点、重点和根本。湖北自贸区在优化法治化营商环境过程中还需大力进行法治政府建设。首先，加快推进《中国（湖北）自由贸易试验区条例》的落地实施，这是湖北自贸区建设法治政府的首要工作。其次，尽快建立符合湖北自贸区行政管理特点的政府法治化建设水平衡量指标体系，用以科学衡量自贸区政府在依法全面履行政府职能、保障营商环境方面的法治建设、化解社会矛盾、依法进行行政决策、行政执法、依法解决行政争议等方面所做的工作。再次，根据湖北自贸区经济社会发展需要，全面贯彻实施最新版《自由贸易试验区外商投资准入特别管理措施（负面清单）》，对外资严格实施准入前国民待遇和负面清单制度。从法律层面出发，大力削减公共权力，有效保障经济主体活力。最后，进一步下放自贸区经济社会管理权限。凡是应交由自贸区相关行政部门的经济社会管理权限，需全部下放，且需要做好衔接协调工作。同时，需要从制度层面进一步明确政府的职能边界，详细制定自贸区内各工作部门的权利清单和责任清单，并对外公布，接受社会监督。

四、弘扬营商法治精神

营造良好的营商法治环境，是湖北自贸区建设法治化营商环境的重要内容，主要可从以下四个方面展开工作：一是加强对自贸区一线公职人员、领导干部和相关职工的普法工作，让自贸区行政工作人员带头学习与工作相关的法律法规，这必将通过其工作实践将法治精神传递给其服务对象，让各类经济主体和社会公众的守法护法意识得到全面提升，也是更好地服务于自贸区法治环境建设的首要工作。二是通过形式多样的活动广泛开展法治宣传，培养经济主体依法经营、遵纪守法的法律意识，并营造崇尚法治的社会文化氛围。比如，对企业管理人员、一线行政工作人员等展开法治培训工作，宣讲与国际贸易、国际投资相关的法律法规、行政规章、国际惯例及具体政策措施。三是对新出台的各类商事法律法规要做好政策解读和宣讲工作，让经济主体和社会公众及时准确了解政策具体内容、目标和要求等。四是对于重要的国际贸易投资惯例、习惯做法、研究报告等内容，要加快翻译和解读工作，进而形成全民学法、守法的良好营商法治环境。

五、构建科学合理的营商环境评价体系

每个国家或地区都具有各自的经济社会发展特色，这些国家或地区在不同的经济社会发展阶段也会具有不同特征，因此在不同经济发展背景下各个国家或地区营商环境建设内容也不尽相同。虽然以世界银行为代表的各种营商环境测度指标体系能在一定程度上测度营商环境质量的优劣及改进情况，但是现有指标方法具有以下缺陷：①指标体系对一个经济体内部各区域的研究不具有连续性，不利于扩大其使用范围。②对某一个经济体营商环境进行研究时往往以该经济体代表性城市作为研究对象，并假设所有城市营商环境质量具有同质性，这显然是不符合实际情况的。③在指标选取上也很难估计各经济体政治经济文化环境的差异性。④忽视了非正式制度对营商环境的影响，或者无法准确评估这种影响效应。

此外，尽管已有研究机构对自贸区营商环境测度指标体系展开研究，但也存在一些突出问题：①各自贸区的战略定位和发展目标不同，其评价指标体系也很难统一且面面俱到。②各评价指标得分具有较强主观性。比如，通过访谈或收集相关媒体报道后打分而成。③各自贸区各指标分值和权重的确定没有考虑自贸区的异质性。各自贸区区位优势及经济发展起点不同，各种

制度创新成果在自贸区发展中的作用也不同，因而应考虑其异质性。因此，湖北自贸区应抓紧时间和机遇，与权威研究机构合作，确定科学合理的营商环境评价指标体系，并把这作为湖北自贸区营商环境建设首要且基础性的工作。

第二节　建设国际化的贸易投资环境

一、进一步放宽市场准入范围

湖北自贸区建设竞争有序的市场环境，需要做以下三个方面工作：首先，全面实施最新版《自由贸易试验区外商投资准入特别管理措施（负面清单）》，并根据湖北自贸区经济社会发展的实际予以调整，调整的方向只能是减少清单内容。按照“非禁即入”的原则，允许外商投资于非负面清单的领域和范围，并按准入前国民待遇原则让外资企业和内资企业一样，享受平等的权利并承担同等的义务。其次，积极拓宽民间投资范围，允许民间资本进入公用事业、金融服务、能源、大型基础设施建设项目等领域。在民间资本的投资方式上，可实现多元化，比如与国有企业和（或）外资企业合资建设、PPP 方式等，让民间资本平等参与市场竞争。最后，支持非公有制经济通过兼并、收购、参股或控股等方式参与各类企业（包括国有企业和集体企业）的股份制改革，进而提高市场的准入程度和开放程度。

二、进一步规范市场准入程序

在借鉴先进国家或地区经验的基础上，湖北自贸区应为市场主体准入设定科学的条件和程序。各级行政主管部门则需严格按照权利清单和已设定的条件和程序，给予市场主体准入资格，不得附带任何其他阻碍性条件。各监管部门不应以任何理由、通过任何形式设定市场准入的其他限制性条件。同时，进一步缩减行政审批事项。除列入市场准入负面清单内的行业领域外，其他行政许可改事前审批为事中事后监管。对于确需政府审批的事项，应遵循简化便利、分类监管、法定审批事项只减不增等原则。在市场准入方面，湖北自贸区各级行政主管部门（包括湖北省各级行政主管部门）要通过对自身监管制度的全方位改革，不仅实现既要管得住，更要放得开，而且实现高效管理。

三、进一步降低制度性交易成本

在武汉海关现有国际贸易“单一窗口”制度基础上，武汉自贸区海关还需进一步探索优化通关管理流程的措施，加大相关部门间的信息共享力度，更好推进部门间监管互认和执法互助，将报关报检一体化、物流及结算等信息实现完全共享，不仅要切实减少通关环节，大幅节约通关时间和成本，还要助力企业优化物流程序、降低物流成本，并将企业进出口行为、结算、融资有机结合起来，降低企业投融资成本，提高其经营便利化水平。同时，在降低企业通关成本基础上，对于查验没有发现问题的货物，自贸区海关继续推行免收吊装、移位、仓储等费用，并将这一举措在整个武汉海关关区内推广使用。

四、支持发展外贸新业态新模式

在中美贸易战和新冠肺炎疫情给中国对外贸易转型发展带来很多困难和很大不确定性背景下，跨境电子商务、数字化、新能源等产业是湖北省贸易转型发展的重要方向。湖北自贸区拥有较为完善的基础设施条件，在促进贸易投资发展方面具有先天的制度性优势。未来，湖北自贸区需要在促进外贸新业态新模式发展方面做出更多改革创新，引领全省贸易投资发展，并将这些创新性制度成果在全省乃至全国范围内推广。

第一，继续完善跨境电商公共服务平台功能，培育服务更优、功能更全、竞争力更强的综合性外贸服务平台，形成完整的产业生态链，为从事跨境电商业务的企业（尤其是中小企业）提供更多便利化措施，更好地服务于中小外贸企业。由于从事跨境电商的企业大多为中小外贸企业，人员不多，市场竞争能力不强，同时，外贸业务涉及流程很长、环节很多，因此无法由单个企业自身完成整个产业链的工作。综合性外贸服务平台或公司的出现能很好地解决大多数跨境电商企业面临的问题，为它们提供注册、备案、物流、通关、退税、结算、人员招聘等在内的全流程服务，同时促进各监管部门之间的工作协同和信息共享。

第二，继续鼓励跨境电商企业在湖北自贸区集聚发展。产业集聚不仅能集聚人才，促进产业在区域内的更专业化分工，还能实现各种信息资源的快速传播和共享，这一系列优势反过来能更好地加剧产业集聚，形成跨境电商在自贸区的良性循环和蓬勃发展。

第三，继续完善湖北自贸区无票免税平台的功能。在市场竞争日益激烈的背景下，跨境电商企业面临巨大资金压力。推出无票免税平台有效解决了那些无进货凭证的出口企业需要承担的额外税费问题，有效缓解了这些企业面临的资金不足问题。

五、促进投资便利化

为支持湖北自贸区便利化营商环境建设，促进自贸区制度创新，以国家层面的相关制度和政策性规定为基础，湖北省相关行政主管部门（发展改革委、省国土资源厅、省环保厅、省工商局、省通信管理局）相继出台了一系列政策性文件。但是，这些政策性规定不具有系统性和集成性，在推进贸易投资便利化方面所起的作用不是很大。今后需要做好以下四个方面的工作：

第一，进一步放宽外资准入的限制条件，比如银行、保险、金融资产管理公司以及其他原来对外资有所限制的领域，特别是取消对持股比例的要求，使内资和外资在投资比例、权利等方面实现一致。

第二，在武汉东湖高新区试点基础上，湖北自贸区范围内应逐步完善并推广使用外商投资企业设立及变更商务审批和工商登记“四个一”制度，更好地推动“多证合一”改革，对外商投资企业设立、变更等环节的行政程序做进一步简化，提高行政监管效率，将事前审批后置为事中事后监管，降低企业经营成本，充分激发市场活力。

第三，增加监管透明度。对吸引外资、企业监管和涉及企业运营各环节的法律法规，要及时通过各种途径加以公开，以便增加经济主体对经济活动的可预见性，提高决策效率。同时，各行政主管部门每个监管环节所需证件资料、注意事项、监管结果等均应对外公开，在提高监管透明度的同时接受社会监督。当然，这些工作需要以加强信息化建设、实现部门间信息共享为前提。

第四，建立提高自贸区内各经济主体间合作水平的工作机制。自贸区内各经济主体间的关系日益紧密，对经济活动效率的要求越来越高，因此，有必要建立企业与政府机构之间、企业与企业之间、政府各监管部门之间、企业与社会公众之间、政府与社会公众之间的对话机制和合作机制。良好的沟通协调机制不仅可有效提高外资适应自贸区政策环境的能力和自贸区利用外资的质量和水平，同时，还有助于区内市场主体提高市场竞争力。

第三节　建设透明便利的政务服务环境

一、拓展电子政务服务内容

拓展电子政务服务的内容是湖北自贸区建设便利化营商环境的重点，需要从以下五个方面发力：

第一，在湖北自贸区武汉片区“三办”制度建设经验基础上，逐步完善“三办”制度并将其推广到其他两个自贸片区进而在全省内推广。第二，实现政务服务全网络化。将包括政务信息公开、公共决策网上互动、投资项目网上审批、行政管理网上办理、部门间信息共享等在内的所有政务服务内容都通过网络完成，提高企业和社会公众的办事效率，降低办事成本，进一步提高行政管理活动和社会事务活动的网上办理率，逐步弱化实体办事大厅的功能，增加网上办事大厅的功能。第三，加强互联网电子政务平台建设。通过政府购买社会服务方式，引入市场力量，扩展电子政务平台的服务范围，整合各方资源扩大其服务功能，为经营主体提供包括就业、创业、科技成果转移转化、创新成果孵化等全方位服务。第四，推广利用互联网平台，让各类行政主管部门的事前咨询、政策发布、事中事后监管等各类工作都通过网络进行。第五，加强部门间信息共享、信息沟通和协调工作。推动执法部门之间的联合执法和综合执法，让行政工作暴露在太阳光之下，接受社会公众监督，提高政府依法行政能力。

二、提高公权力运行的透明度

“以公开为原则，以不公开为例外”，推动行政过程公开。首先，公开各行政管理部门的权利清单和责任清单，并通过公共网络平台公开公权力行使的主体、内容、依据、程序、条件、要求及对公权力的监督措施等内容。其次，除通过公共网络平台及时发布、更新各类法律法规和政策信息之外，继续用好湖北自贸区定期或不定期举行的政策宣讲和解读制度，并通过网络直播平台现场解答疑问，让经营主体充分了解并用好政策，最大化发挥政策对经济社会发展的积极影响作用。再次，实现政策内容、执行过程和执行结果全公开。比如，合同纠纷案件在法院公开开庭审理并通过网络同步直播，这不仅体现法院对案件审理的自信，还对社会公众起到了较好的宣传和教育作用，对违法企业起到更大的惩戒作用，逐步形成诚信、遵纪、守法的良好社会氛围。最后，主动公开自贸区各个行政主管机构在基础设施建设工程、政府预决算、政府采购、资金使用、国有资本经营等方面的资金使用信息，对大众普遍关心的热点、突发事件等问题也应及时回应。

三、提高行政决策的公众参与度

在信息获取越来越便利、公众需求越来越多元化的今天，行政机关很难仅仅通过自身的知识储备和能力做出科学决策。而且，自贸区本身作为一种新兴事物，从中央到地方各级政府都是在先行先试，进行制度创新，因此自贸区建设更应该发挥广大群众的智慧，集体参与。为推进民主决策，提高行政决策的科学性和有效性，有必要提高公众参与行政决策的程度。首先，要对自贸区的行政决策制定专门的程序管理办法，把公示、听证、专家学者参与讨论、风险评估、集体决策、程序审查、合法性验证等作为一些重大决策特别是事关民生、公众切身利益政策制定的必经程序。其次，组建由专家学者、行业企业管理人员、社会公众构成的自贸区建设智囊团，为制定行政决策出谋划策。最后，建立行政决策的全过程闭环管理制度，特别是对政策实施效果要进行科学评价，以此测度制度创新效果，并为出台后续政策提供强有力的依据。

四、进一步深化“放管服”改革

未来，湖北自贸区需要从深化“放管服”层面出发优化行政部门的行政服务效能，主要体现在以下方面：第一，从省级层面出发，进一步下放社会经济事务管理权限，减少管理层级，提高管理效率，降低市场主体的制度性经营成本。第二，优化项目施工建设审批监管流程。在确保科学合理的前提下，将更多事前审批环节变为事中事后监管，加强各职能部门间的信息交流和共享，实现必须有的审批环节从串联到并联的转换，提高项目建设效率。第三，提高政务服务质量和客户满意度。对各个服务事项进行科学管理、分类管理和高效管理。比如，对于涉及特殊群体的民生事务，实行邮政送达、“绿色通道”等制度；对于监管和服务程序相对简单的事务，纵深推动“一网通办”。第四，继续细化行政审批制度改革，推行行政审批服务标准化模式。细化行政审批流程，同一行政审批事项无论在哪个机构办理，其所有流程相同、所需申请材料相同、办理时间相同。第五，推进部门间的信息共享，提升“互联网+政务”服务水平。无论是企业还是个人，均只需经过统一身份认证，通过互联网即可完成所有可能涉及事务的办理。

五、提升基础设施保障能力

在先进自贸区营商环境建设过程中，大家往往将更多注意力放在制度软环境上而轻视基础设施等硬环境建设。其实，中国的营商硬环境建设中还有许多硬环境需要不断优化。在《2017—2018 年全球竞争力报告》中，我们可以看到，仅网络宽带一项指标，中国的网络宽带平均速度为 14. 7Kb/s，在全球排第 106 位，而新加坡的网络宽带平均速度达到 982. 9Kb/s，是中国网络带宽的 66. 9 倍，在全球排第 5 位。

虽然各个自贸区投入了大量资金并出台了一系列政策支持基础设施建设，但与先进自贸区或先进国家相比，还存在很大差距。为此，基于湖北自贸区实际，需要做好以下五个方面的工作：第一，加强信息网络体系建设，建设高效、开放、融合的网络信息体系和信息服务网络体系，特别是在网络基础设施、互联网内容、信息网络综合治理、网络风险防控、信息安全等方面。第二，强化能源和交通等基础设施对自贸区硬环境建设的重要支撑作用。包含输配电线网络、发电设施、能源管理系统等在内的能源基础设施以及包含物流、仓储、高速公路、空港运输等在内的交通基础设施建设将对自贸区经济社会发展起到非常重要的作用。第三，提高电力服务能力，保证为企业提供完善、便捷的电力接入服务以及稳定且低成本的电力供应，降低企业运营成本。第四，以武汉“1+8”城市圈建设和长江经济带建设为契机，加快高速公路和高速铁路网络建设，拓宽城际轨道交通网络，降低道路收费标准，切实降低企业经营成本，提高企业经营效率。第五，加快互联网建设，以“智慧光谷”平台为基础，推动“智慧湖北”工程建设。

第四节　营造促进创新和技术进步的制度环境

一、强化知识产权保护

有效的知识产权保护是促进创新发展的重要基础性工作，湖北自贸区未来应从以下四个方面强化知识产权保护：第一，促进基层法院在审理知识产权案件中的制度创新。比如，设立专门的知识产权法庭，针对专业性较强的知识产权侵权案件，引入专业人士辅助收集证据并适度参与案件审理工作，促使案件得到公平高效解决。同时，通过良好的制度设计，做好知识产权侵权案件相关内容的保密工作。第二，依法查处一批典型、重大的知识产权侵权案件并对社会公开，对侵犯知识产权的企业和个人进行严厉处罚，增加其侵权成本。第三，加大对知识产权侵权案件的执行力度。在基层法院案件执行制度建设基础上，对发生在自贸区内的知识产权侵权案件，法院需要探索对被执行人财产进行有效监控的制度，切实保障知识产权权利人的合法权利。第四，建立综合性的知识产权服务工作机制。在湖北省知识产权局及其他相关部门的联动之下，湖北自贸区应以建设湖北省知识产权保护中心和快速维权中心为契机，尽快建立和完善包括审查、确权、维权等在内的一体化管理机制。

二、深化科技体制改革

《中国（湖北）自由贸易试验区总体方案》的指导思想中明确提出，湖北自贸区建设要通过一系列制度创新，“全力打造区域经济发展新引擎”。在市场竞争日益激烈的背景下，科技创新是“新引擎”的火车头。为此，湖北自贸区更需要通过制度创新，深化科技领域的体制机制改革。同时，科技创新活动不同于其他经济活动，它具有高风险、高投入、高收益等特征，而且涉及经济社会发展的方方面面。为此，深化科技体制改革是引领科技创新的重要制度保障。具体需要加强以下四个方面的工作：

第一，鼓励和引导重点产业领域技术创新。在湖北自贸区各片区产业布局基础上，大力扶持符合产业布局要求的产业领域技术创新。比如，武汉片区鼓励信息技术、智能制造、生物医药等领域的产业创新，襄阳片区鼓励发展新能源汽车、高端装备制造等领域的产业创新，宜昌片区鼓励船舶制造、电子信息、新材料等领域的产业创新。

第二，加速科技成果转移转化。通过体制机制创新，在快速确权基础上，积极搭建知识产权转移转换的运行平台，推进知识产权转移转化，快速实现知识产权创新成本的回收，从而更好地推动技术创新工作。同时，在技术革新日益加快的今天，科技成果的快速转移转化意味着创新成果能更好地运用于产业发展实际，成为推动产业转型升级和经济高质量发展的原动力。

第三，加强科技创新国际合作。对于产业和企业领域的重大知识产权创造工作，各级行政主管部门应通过体制创新，鼓励引进国外有实力的研究机构，共同努力、共担风险、收益共享，实现在某些领域的重大技术性突破。为此，应积极支持国外有实力、有经验的研究机构在湖北自贸区设立分支机构，在互利双赢的基础上引导其参与区内重点产业领域的技术创新。

第四，突出企业的创新主体地位。虽然各级主管部门能通过制度设计引导资金和技术流向符合产业发展目标和市场发展的领域，但是制度设计更应该突出企业在技术创新方面的主导作用。为此，湖北自贸区应给予企业充分自主经营权，为企业创新提供完善的服务，切实扮演好服务者的角色。

三、促进科技金融融合发展

截至 2020 年底，入驻湖北自贸区的企业近 5 万家，其中 90%以上为中小微企业，特别是科技型中小企业。缺乏资金和拥有许多先进技术和创新想法并存是大部分中小微企业的共同特点，企业具有较好市场发展前景的同时，缺少发展资金。因此，促进科技与金融的有效融合是助力这些中小微科技型企业快速发展壮大的重要工作。为此，需要做好以下四个方面的工作：

首先，在东湖高新区原有股权转让系统基础上，引入多层次的资本市场、银行信贷、科技保险、创业投资等多元化的金融资源。其次，促进各类金融资源与技术的有机融合，破解中小企业或个人科技融资难题。在知识产权高效确权和转让的基础上，完善现有股权转让系统，让权利人将其知识产权融入企业发展，实现科技创新成果有效转化。再次，鼓励在自贸区发展融资租赁业务，解决中小企业因资金不足无法采购和使用先进生产检测设备的难题，促进企业技术升级。最后，通过体制机制创新，支持自贸区科技型企业在海外上市融资，鼓励中小企业通过与海外金融机构合作完成海外上市。

第五节　建设系统性制度创新平台和载体

一、强化部门间的信息共享和系统对接

自贸区营商环境建设是一项系统性工程，需要各行政部门形成合力，构建适应新形势的信息化系统治理新体系。如果单个部门独立运作，则会出现总体目标难以统一、各项政策措施之间相互冲突相互消耗等情况，最终导致建设效率不高，目标无法达成。

为此，湖北自贸区应做好以下四点：①建立部门间统一的信息化资源共享平台。湖北自贸区信息化建设已取得显著成效，但各部门间的信息化平台相对独立。比如，信用信息监管有全国信用信息共享平台和国家企业信用信息公示系统，项目审批有各类主管部门的审批系统，国际贸易有“单一窗口”，这种相互独立的平台所需资料格式、提交方式及要求等各不相同，申请人需不断提交格式各异的材料，这无疑很难最大限度地降低市场主体的制度性成本。当然，部门间统一信息化共享平台的建立是一项浩大工程，需要以自贸区政府为主导，甚至有些信息化平台共享还需从中央层面加以协调，制定改革目标和行动方案，分步实施。②对于一些重大制度创新，更需要把系统对接和信息共享作为建设基础。③各项政策措施的制定实施应以《总体方

案》为行动指南。《总体方案》是湖北自贸区建设的纲领性文件，只要各类行政主管部门制定执行各项政策不偏离《总体方案》，其制度创新的集成性就成立，就能形成自贸区建设的合力。④以诚信建设为基础，把企业信用信息监管作为自贸区政府事中事后监管的核心和主线，实现对市场主体的全方位监管。

二、整合相关组织机构和法律法规

在自贸区政府领导下，湖北自贸区下设各类行政主管部门，建立了自贸区协调工作制度，并据此制定了一系列政策法规。但是，从实践经验来看，湖北自贸区建设尤其是制度创新方面存在系统性不强、协同性不够等问题。

为此，需要做到以下两点：①整合相关组织机构。目前，湖北自贸区下设贸易、投资、金融、创新驱动、法治保障和市场监管 6 个专题组，每个专题组有各自的牵头单位、成员单位和工作职责，负责各自所在领域的制度顶层设计和具体工作推进。但是，某些专题组对各自工作推进方案不甚明确，且部分专题组间的工作内容存在普遍的交叉现象，因此有必要对某些专题组进行整合，建立与系统集成制度创新对应的政府监管机构。比如，不管是从理论还是从实践层面上看，贸易和投资很难明显分开，应将这两个专题组进行合并。同时，贸易和投资领域相对独立的事项可以整合至其他相关专题组。比如，对于投资项目的监管可整合至市场监管专题组。②融合相关法律法规。自挂牌成立以来，湖北自贸区出台了许多政策法规，引导并推动自贸区建设取得了重要成就。但是，需要对部门法律法规及政策措施进行融合，以形成制度创新合力。比如，在引进人才方面，湖北自贸区出台了许多相关政策举措，但各项措施间的协同性不够。不断修订的《“3551 光谷人才计划”暂行办法》制定了引进不同类型人才的具体办法。同时，武汉片区又通过设立股权激励专项基金、人才基金等方式引进人才并支持其创新创业。各项政策措施之间虽然具有较强的互补性，但也存在相互冲突的地方。因此，需要整合现有引进人才和鼓励创新创业方面的政策法规。

三、明确自贸区政府在制度创新中的主体地位

中国（湖北）自由贸易试验区工作领导小组（简称“省领导小组”）是湖北自贸区建设的一级政府部门，有两项重大职责：一是研究决定自贸区发展的重大问题；二是统筹协调自贸区发展的重大事务。由此可以看出，省领导小组在自贸区制度创新中具有非常明确的主体地位。但从湖北自贸区建设实践来看，自贸区政府的主体地位还未得到很好的发挥。

为此，需要做到以下三点：

第一，理顺省领导小组、武汉片区政府、襄阳片区政府和宜昌片区政府各自的工作职责以及各自间的工作关系，尤其要明确各自在制度创新中的职责范围，同时，还需厘清各类行政主管部门在各自领域范围内进行制度创新的职责。在政府治理框架中，各级各类政府都有其主要职责，但在履行各自职责的同时，需要明确优化营商环境是要进行综合性的制度创新，需要在自贸区政府的统一领导下进行。

第二，明确各自贸片区分区制度基础上，实现各分区制度间有机融合。武汉片区是在东湖国家级新技术开发区、武汉综合保税区基础上成立的，襄阳片区是在襄阳国家级高新区基础上成立的，宜昌片区是在宜昌高新区东山园区、生物产业园区基础上成立的。因此，各片区内既有原有特殊区域的特殊政策特征，同时又具有现有自贸片区的政策特征，此时，需要实现政策间的协同和融合。以武汉片区为例，在深化监管制度创新的同时，应推动综合保税区政策覆盖整个片区，形成内外贸一体化的开放新格局。

第三，认真贯彻执行湖北自贸区相关政策法规和规范性文件，虽然自挂牌成立以来，湖北自贸区已出台许多政策法规和规范性文件，但是，完全落地实施的不多。比如，刚成立之初，湖北自贸区就出台《关于建立中国（湖北）自由贸易试验区协调工作制度的通知》，文件规定，湖北自贸区省领导小组、三个片区政府、各成员单位之间应建立良好的协调会议制度、信息共享制度、督办落实制度和学习交流制度。但是，在建设实践中却没有完全落实这些制度。

四、把重点产业领域的制度创新作为工作重点

具体需要做好以下三点：

第一，调整并确定事中事后监管的重点产业和领域。《总体方案》已确定湖北自贸区的整体发展目标以及各片区的功能划分、重点产业发展方向。为此，各片区要明确其监管的重点内容，因为这是实现安全监管的基本保障。同时，随着自贸区建设推进，其具体政策内容和工作方向也会随之变化，因此需要自贸区政府及各类行政主管部门紧盯发展实际，准确识别不同时期的重点工作方向。

第二，探索对重点产业领域进行事中事后监管的具体方法。通过一系列体制机制创新，不断探索实现对重点产业领域进行科学有效监管的措施。不同产业领域具有不同特征和发展规律，为此，对自贸区政府和各类行政主管部门来说，需要深入行业企业，在掌握不同产业领域发展特征的基础上，找出科学有效的监管措施，实现高效监管。

第三，总结对重点产业领域进行监管的经验并将其作为制度创新成果进行复制推广。重点产业领域代表自贸区发展的基本方向，因此，重点产业领域的制度创新必然代表着自贸区制度创新的基本方向。湖北自贸区应不断总结在重点产业领域的制度创新经验，并将这些经验推广至自贸区的其他产业领域。只有这样，才能实现自贸区制度创新水平和营商环境质量的整体提升。

参考文献

[1] Acemoglu D, Simon J, Robinson J. The Rise of Europe: Atlantic Trade, Institutional Change, and Economic Growth [J]. American Economic Review, 2005, 95 (3): 546-579.

[2] Acemoglu D, Antras P, Helpman E. Contracts and Technology Adoption [J]. American Economic Review, 2007, 7 (3): 916-943.

[3] Acemoglu J, Robinson A. Why Nations Fail: The Origins of Power, Prosperity & Poverty [M]. New York: Crown Publishing, 2012: 189.

[4] Anderson J E, Marcouiller D. Insecurity and the Pattern of Trade: An Empirical Investigation [J]. Review of Economics and Statistics, 2002, 84 (2): 342-352.

[5] Antras P, Helpman E. Global Sourcing [J]. Journal of Political Economy, 2004, 112 (3): 552-580.

[6] Aw B Y, Roberts M J, Xu D Y. R&D Investments, Exporting, and the Evolution of Firm Productivity [J]. The American Economic Review, 2008, 98 (2): 451-456.

[7] Belloc M. Institutions and International Trade: A Reconsideration of Comparative Advantage [J]. Journal of Economic Surveys, 2006, 20 (1): 3-26.

[8] Bernard A B, Jensen J B, Redding S J, et al. Intra-firm Trade and Product Contractibility [J]. American Economic Review, 2010, 100 (2): 444-448.

[9] Coase R H. The Nature of the Firm [J]. Economica, 1937, 4 (16): 386-405.

[10] Costinot A. On the Origins of Comparative Advantage [J]. Journal of International Economics, 2009, 2 (77): 255-264.

[11] Costinot A. Contract Enforcement, Division of Labor and the Pattern of Trade [D]. Princeton: Princeton University, 2005: 9-16.

[12] Feenstra R, Hong C, Ma H, et al. Contractual Versus Non-Contractual Trade: The Role of Institutions in China [R]. NBER Working Paper, 2012: 17728.

[13] Gibert R, Kristiansen E G. Licensing and Innovation with Imperfect Contract Enforcement [J]. Journal of Economics and Management Strategy, 2018, 27 (2): 297-314.

[14] Groot H D, Linders G J, Rietveld P, et al. The Institutional Determinants of Bilateral Trade Patterns [J]. Kyklos, 2004, 57 (1): 103-123.

[15] Hausman R, Hwang J, Rodrik D. What You Export Matters [R]. NBER Working Paper, 2012: 11905.

[16] Helpman E. Trade, FDI & the Organization of Firms [J]. Journal of Economic Literature, 2006, 44 (3): 589-630.

[17] Levchenko A. Institutional Quality and International Trade [J]. Review of Economic Studies, 2007, 74 (3): 791-819.

[18] Li J, Vertinsky I, Zhang H. The Quality of Domestic Legal Institutions and Export Performance: Theory and Evidence from China [J]. Management International Review, 2013, 53 (3): 361-390.

[19] Ma Y, Qu B Z, Zhang Y F. Judicial Quality, Contract Intensity and Trade: Firm Level Evidence from Developing and Transition Countries [J]. Journal of Comparative Economics, 2010 (38): 146-159.

[20] Martincus C V, Estevadeordal A, Gallo A, et al. Information Barriers, Export Promotion Institutions, and the Extensive Margin of Trade [J]. Review of World Economics, 2010, 146 (1): 91-111.

[21] Munasib A, Roy D. Financial Reforms, Product Differentiation, and

Trade [J] . Economics Letters, 2014, 123 (1): 37-41.

[22] North D C, Thomas R P. The Rise of the Western World [M] . Cambridge: Cambridge University Press, 1973: 57-58.

[23] North D C. Institutions [J] . Journal of Economic Perspectives, 1991, 5 (1): 97-112.

[24] Nunn N. Relationship-Specificity, Incomplete Contracts, and the Pattern of Trade [J] . Quarterly Journal of Economics, 2007, 122 (2): 569-600.

[25] Puga D, Daniel T. International Trade & Institutional Change: Medieval Venice's Response to Globalization [R] . National Bureau of Economic Research Working Paper, 2012.

[26] Ranjan P, Lee J Y. Contract Enforcement and International Trade [J] . Economics and Politics, 2007, 19 (2): 191-218.

[27] Williamson O E. The Economic Institutions of Capitalism [M] . New York: Free Press, 1985: 20-26.

[28] 艾丹. 优化营商环境要摆脱"开会依赖症" [N]. 湖北日报, 2019-05-17 (006) .

[29] 陈初昇, 燕晓娟, 衣长军, 等. 国际化速度、营商环境距离与海外子公司生存 [J]. 世界经济研究, 2020 (9): 89-104.

[30] 陈强, 丁玉, 敦帅. 基于解释结构模型的城市营商环境影响因素研究 [J]. 经济体制改革, 2021 (1): 193-200.

[31] 陈钊, 徐彤. 走向"为和谐而竞争": 晋升锦标赛下的中央和地方治理模式变迁 [J]. 世界经济, 2011 (9): 3-18.

[32] 迟福林. 优化营商环境重在实现"三大转变" [N]. 中国经济时报, 2019-05-24 (005) .

[33] 戴翔, 金碚. 产品内分工、制度质量与出口技术复杂度 [J]. 经济研究, 2014 (7): 4-17.

[34] 戴翔, 秦思佳. 营商环境优化如何提升企业出口国内增加值率 [J]. 国际贸易问题, 2020 (11): 15-29.

［35］邓海滨，廖进中．制度质量与国际 R&D 溢出［J］．国际贸易问题，2010（3）：105-112.

［36］杜运周，刘秋辰，程建青．什么样的营商环境生态产生城市高创业活跃度——基于制度组态的分析［J］．管理世界，2020（9）：141-155.

［37］樊纲，王小鲁，朱恒鹏．中国市场化指数：各地区市场化相对进程 2011 年报告［M］．北京：经济科学出版社，2011：12-43.

［38］樊纲，张立文，朱恒鹏．中国各地区间市场化相对进程报告［J］．经济研究，2003（3）：9-19.

［39］樊纲，王小鲁，马光荣．中国市场化进程对经济增长的贡献［J］．经济研究，2011（9）：12-35.

［40］方颖，赵扬．寻找制度的工具变量：估计产权保护对中国经济增长的贡献［J］．经济研究，2011（5）：138-149.

［41］郭苏文，黄汉民．制度质量、制度稳定性与对外贸易：一项实证研究［J］．国际经贸探索，2011（4）：78-86.

［42］金祥荣，茹玉骢，吴宏．制度、企业生产效率与中国地区间出口差异［J］．管理世界，2008（11）：65-77.

［43］康继军，郑维伟．中国内陆型自贸区的贸易创造效应：扩大进口还是刺激出口［J］．国际贸易问题，2021（2）：16-31.

［44］李俊青，苗二森．不完全契约条件下的知识产权保护与企业出口技术复杂度［J］．中国工业经济，2018（12）：115-133.

［45］李坤望，王永进．契约执行效率与地区出口绩效差异：基于行业特征的经验分析［J］．经济学（季刊），2010（2）：1007-1028.

［46］刘华．优化营商环境，当好法律守护者［N］．检察日报，2019-05-08（009）.

［47］刘鹏飞，李俊青．契约执行效率、契约依赖度与企业全要素生产率［N］．财贸研究，2018（5）：10-23.

［48］刘云亮．中国特色自由贸易港优化营商环境的法律途径［J］．社会科学辑刊，2021（1）：189-194.

[49] 刘中艳，曹鹏鹏，涂艳红．高收入国家一定能产生高创新表现吗？——基于118个国家和地区的模糊集定性比较分析［J］．中国科技论坛，2021（4）：171-179.

[50] 罗煜，何青，薛畅．地区执法水平对中国区域金融发展的影响［J］．经济研究，2016（7）：118-131.

[51] 马俊英，史晋川，罗德明．出口贸易、所有制部门结构与制度进步［J］．世界经济，2015（12）：109-134.

[52] 聂辉华，邹肇芸．中国应从“人口红利”转向“制度红利”［J］．国际经济评论，2012（6）：124-135.

[53] 潘向东，廖进中，赖明勇．经济制度安排、国际贸易与经济增长影响机理的经验研究［J］．经济研究，2005（11）：23-41.

[54] 潘向东，廖进中，赖明勇．制度安排与高技术产品出口——基于中国视角的经验研究［J］．制度经济学研究，2005（6）：123-138.

[55] 潘镇，殷华方，鲁明泓．制度距离对于外资企业绩效的影响——一项基于生存分析的实证研究［J］．管理世界，2008（7）：103-115.

[56] 潘镇．制度距离与外商直接投资——一项基于中国的经验研究［J］．财贸经济，2006（6）：44-49.

[57] 裴长洪，刘斌．中国开放型经济学：构建阐释中国开放成就的经济理论［J］．中国社会科学，2020（2）：46-70.

[58] 齐俊妍，王永进，施炳展，等．金融发展与出口技术复杂度［J］．世界经济，2011（7）：91-118.

[59] 钱锦宇，刘学涛．营商环境优化和高质量发展视角下的政府机构改革：功能定位及路径分析［J］．西北大学学报（哲学社会科学版），2019，3（49）：86-93.

[60] 茹玉骢，金祥荣，吴宏．制度、企业生产效率与中国地区间出口差异［J］．管理世界，2008（11）：110-125.

[61] 茹玉骢，金祥荣，张利风．合约实施效率、外资产业特征及其区位选择［J］．管理世界，2010（8）：90-101.

［62］茹玉骢，张利风．合约实施效率与中国地区产业比较优势［J］．国际贸易问题，2011（2）：78-90.

［63］盛丹，王永进．契约执行效率能够影响 FDI 的区位分别吗［J］．经济学（季刊），2010（7）：1239-1260.

［64］师菲芬．产权差异视角下营商环境改善与流通企业现金持有关系实证检验［J］．商业经济研究，2021（4）：159-162.

［65］唐天伟．我国政府效率与营商环境的趋同性及作用机理［J］．中国高校社会科学，2021（1）：114-122.

［66］王海芳，王鑫怡，王明涛，等．营商环境研究进展及前沿演进可视化分析［J］．财会月刊，2021（7）：98-105.

［67］王永进，李坤望，盛丹．契约制度与产业集聚：基于中国的理论及经验研究［J］．世界经济，2010（1）：141-165.

［68］吴汉洪，张崇圣．营商环境与产业生态：激发市场主体活力的重要着力点［J］．学习与探索，2021（3）：86-94.

［69］吴义爽，柏林．中国省际营商环境改善推动地方产业结构升级了吗？——基于政府效率和互联网发展视角［J］．经济问题探索，2021（4）：110-122.

［70］武靖州．振兴东北应从优化营商环境做起［J］．经济纵横，2017（1）：31-35.

［71］夏后学，谭清美，白俊红．营商环境、企业寻租与市场创新——来自中国企业营商环境调查的经验证据［J］．经济研究，2019（4）：84-99.

［72］谢守祥，田孟明．双循环格局下营商环境评价指标体系构建——以沿海省份为例［J］．商业经济研究，2021（8）：180-183.

［73］徐滢，赵滨元．优化天津港口岸营商环境对策研究——基于京津冀协同发展视角［J］．中国流通经济，2019（533）：30-37.

［74］许家云，毛其淋，胡鞍钢．中间品进口与企业出口产品质量升级：基于中国证据的研究［J］．世界经济，2017（3）：52-75.

［75］杨枝煌，刘泽黎，李斐．构建有中国特色的营商环境评价体系

［J］．国际经济合作，2020（5）：96-107.

［76］杨志勇．优化营商环境的价值——难点与策略［J］．改革，2018（1043）：5-13.

［77］姚战琪．人力资本、协同集聚对出口技术复杂度的影响：基于有调节的中介效应视角［J］．西安交通大学学报（社会科学版），2020（6）：80-90.

［78］易先忠，包群，高凌云，等．出口与内需的结构背离：成因及影响［J］．经济研究，2017（7）：79-93.

［79］易先忠，欧阳峣，傅晓岚．国内市场规模与出口产品结构多元化：制度环境的门槛效应经济研究［J］．经济研究，2014（6）：18-28.

［80］于健．优化税收营商环境的比较研究——基于《2020 年营商环境报告》的分析［J］．国际税收，2020（10）：74-79.

［81］俞晓波．以“证照分离”改革促进营商环境优化［N］．学习时报，2019-05-27（005）．

［82］张杰，李勇，刘志彪．制度对中国地区间出口差异的影响：来自中国省际层面 4 分位行业的经验证据［J］．世界经济，2010（2）：83-103.

［83］张杰，刘志彪，张少军．制度扭曲与中国本土企业的出口扩张［J］．世界经济，2008（10）：3-11.

［84］张美莎，徐浩．营商环境优化对中小企业创新的影响——基于 7069 项贷款事件的实证检验［J］．软科学，2021，35（3）：83-88.

［85］张三保，张志学．中国省份营商环境研究报告（2020）［R］．2020：95.

［86］赵德森，窦垚，张建民．营商环境与绿色经济增长——基于企业家精神的中介效应与遮掩效应［J］．经济问题探索，2021（2）：66-77.

［87］赵海怡．中国地方营商法治环境的优化方向及评价标准［J］．山东大学学报（哲学社会科学版），2019（3）：108-114.

［88］郑玉，郑江淮．贸易成本如何影响我国出口技术含量？［J］．经济评论，2020（4）：96-106.

［89］周泽将，高雅萍，张世国．营商环境影响企业信贷成本吗［J］．财贸经济，2020（12）：41.

［90］朱福林，赵绍全．制度质量、国际 R&D 溢出与服务出口技术复杂度［J］．经济问题探索，2018（10）：151-162.

［91］朱晓喆，马强．优化营商环境视野下动产让与担保的法律构造及效力——结合《民法典》相关规则的解释［J］．云南社会科学，2021（2）：1-11.

［92］祝树金，段凡，邵小快，等．出口目的地非正式制度、普遍道德水平与出口产品质量［J］．世界经济，2019（8）：121-145.

［93］邹薇，雷浩．营商环境对资源错配的改善效应及其作用机制——基于制造业层面的分析［J］．武汉大学学报（哲学社会科学版），2021，74（1）：121-139.